삼성이 버린 또 하나의 가족

삼성이 버린 또 하나의 가족

| 희정 지음 |

Archive

| 추천글 |

이것은 책이 아니다. 분노이자 절규이다

> 오 주여, 저마다 고유한 죽음을 주소서.
> 사랑과 의미와 고난이 깃든
> 삶에서 나오는 그런 죽음을 주소서.
> — 라이너 마리아 릴케[1]

《삼성이 버린 또 하나의 가족》에 대해 추천글을 써달라는 부탁을 받은 지 벌써 두 달이 넘었습니다. 하지만 책을 읽고 지금껏 저는 아무 말도 할 수 없었습니다. 하나같이 소박하고 가난한 사람들의 죽음에 대해 그들의 비참한 노동현장에서 멀찍이 떨어져 사는 저는 위로의 말조차 할 자격이 없다고 느껴졌기 때문입니다. 오늘 나의 삶과 우리가 누리는 풍요가 여기 이 책에 기록된 대로 자신의 생명을 소진하며 노동하는 분들의 희생 위에서 지속할 수 있다는 엄연한 사실을 생각하면, 저는 지금도 제가 이분들의 죽음의 기록 앞에서 말을 보태는 것이 염치없고 뻔뻔하기까지 한 일처럼 생각됩니다. 그럼에도 불구하고 끝내 제가 책 앞머리에 부끄러움을 무릅쓰고 몇 말씀을 보태는 것은 여기 기록된 분들의 고통스러운 삶과 죽음이 그대로 잊혀서는 안 된다는 절박한 마음 때문입니다.

생각하면 너무나 오랫동안 우리들 한국인은 우리 가운데 가장 약한 자들을 수탈하고 희생시켜 그 과실을 남은 자들이 향유해왔습니다. 흔히 우리가 한강의 기적이라고 부르는 경제성장이란 바로 그런 수탈의 다른 이름입니다. 변변한 자본도 기술도 없는 상태에서 독재적 리더십에 의해 추진된 경제개발이란, 국가 폭력을 동원하여 가장 가난한 자들을 희생시켜 이루어낸 성과였던 것입니다.

슬픈 것은 그렇게 약자를 희생시켜 전보다 조금이라도 더 잘살게 된 사람들이 그들이 누구 덕에 그런 호사를 누리는지 알지 못하고 또 알려고 하지도 않는다는 사실입니다. 그것은 많은 희생자들이 우리의 시야에 보이지 않는 곳에서 살다가 이제는 더 이상 이 세계에 존재하지 않기 때문이기도 하지만, 그들의 희생을 정면으로 바라보고 그들 덕에 우리가 이렇게 풍요로운 삶을 살고 있음을 인정하는 것이 내키지 않는 일이기 때문이기도 합니다. 그래서 많은 사람들이 지난날 경제성장을 말할 땐 가당찮게도 박정희 덕이라고 말하고 오늘날 한국경제의 성과를 말할 땐 삼성과 이건희를 입에 올립니다.

하지만 이런 야만의 역사 속에서도 이 나라가 돌이킬 수 없는 도덕적 파탄의 나락으로 떨어지지 않을 수 있었던 까닭은 탐욕과 무지의 어둠 속에서도 진리의 빛을 밝혀준 사람들이 있었기 때문입니다. 이를테면 40여 년 전 평화시장에서 한 줄기 불꽃으로 피어올랐던 전태일이 그런 사람이었습니다. 그곳에서 어떤 비참한 일이 일어나고 있는지 사람들이 알지 못하고 또 알고 싶어 하지도 않았을 때, 그는 자기의 전 존재를 걸고 시대의 어둠을 드러내고 우리를 부끄러운 거울 앞에 마주 세웠습니다. 그 한 사람의 희생이 그 이후 역사의 방향을 바꾸었으니, 그는 우리의 스승이었습니다.

어찌 전태일뿐이겠습니까? 제가 아직 푸르른 청춘이었을 때, 과자공장의 노동자들이 저처럼 하얀 손을 가진 청년들 앞에서 울먹이며 말하던 것을 저는 아직도 잊지 못합니다. 여러분들이 먹는 달콤한 사탕을 하루 종일 비닐 껍질로 포장하는 우리의 손끝에 핏물이 배는 것을 아느냐고.

물론 지금 과자공장에서는 손끝에 핏물이 배도록 노동자들이 과자를 포장하지는 않을 것입니다. 그 모든 공정은 이젠 우아하게 자동화되어 더 이상 나이 어린 노동자들이 그런 일을 하지 않아도 될 만큼 우리는 행복한 세상에 살고 있기 때문입니다. 하지만 정말인가요? 그리하여 기술이 발전하면 더 이상 누구를 희생시키지 않아도 좋으니 이제 우리는 아무런 양심의 가책 없이 사탕의 달콤함에 취해도 되는 것인가요?

이 책은 여전히 우리 사회가 약자를 희생시켜 남은 자들이 그 이익을 나누어 갖는 약탈의 경제에서 벗어나지 못하고 있음을 폭로합니다. 수십 년 전 평화시장에서 시다로 시들어가던 소녀들과 영등포 과자공장에서 사탕을 싸던 처녀들은 이제 초일류기업이라 자랑하는 삼성에 들어갑니다. 그리고 모두가 선망하는 바로 그곳에서 백혈병을 얻어 나옵니다. 하지만 한국에서 가장 부자라고 떠벌리는 이건희에게는 자기를 위해 노동하다 병든 그들을 위해 쓸 돈은 없습니다. 아니 그들을 위해 돈을 쓰지 않는 것은 물론이고 산업재해 판정을 받는 것조차 수단과 방법을 가리지 않고 막습니다. 그렇게 해서 여러 해 동안 단 한 건의 산업재해도 일어나지 않은 삼성전자는 그 덕분에 보험회사에서 보험금의 일부를 돌려받기까지 합니다.

하지만 어떻게 이건희만이 나쁜 사람이겠습니까? 박정희의 죄악을 애써 모른 척하면서 지금도 대를 이어 그를 숭배하는 사람들이 그 모든 악행의 공범이듯이, 지금 이 순간 삼성이 무슨 일을 저지르는지 애써 알고 싶어 하지 않는 우리 역시 살인을 방조하는 공범이기는 마찬가지일 것입니다. 그런 공범이 되지 않기 위해서는 알아야 합니다. 알기 위해서는 보아야 하고 들어야 합니다.

이 책은 신음이고 절규입니다. 그리고 비열한 우리 사회를 되비추는 거울입니다. 만약 우리가 그 절규에 귀 막고 그 거울 앞에서 애써 눈감는다면, 바로 우리가 다음 희생자가 될 것입니다. 하지만 우리가 부끄러운 우리의 자화상 앞에서 결단하고 가난한 이웃의 부름에 응답한다면, 지난날 끝내 정치적 민주화를 이루었던 것처럼 이제 경제의 영역에서 정의와 민주화를 이룰 수 있을 것입니다. 그리고 그때 가신 분들의 죽음은 '사랑과 의미와 고난이 깃든' 그런 죽음으로 부활할 수 있을 것입니다.

가신 분들의 명복을 빌고
남은 분들께 깊은 위로의 말씀을 드리며,

김상봉 모심

| 작가의 말 |

그들을 만났다. 그들 앞에 선 나는 당혹했다. 그들은 미소를 짓고, 농담을 하고, 큰 소리로 웃었다. 나는 멍하니 남편 잃은 아내, 자식 잃은 아버지, 백혈병에 걸린 남자, 생명이 얼마 남지 않은 여자를 바라봤다. 그들이 웃고 떠드는 모습은 낯설었다.

  그들이 눈물 바람이길 바란 건 아니었다. 그들의 표정을 상상할 수 없었을 뿐이다. 나는 그들을 몰랐다. 그들이 어떤 삶을 사는지 몰랐다.

*

정애정 씨에게는 초등학교에 들어간 아들이 있다. '반올림' 모임에 따라온 아이는 삼촌들만 쫓아다닌다. 이모들이 아무리 달래고 환심을 사려 해도 아이는 뒤도 안 돌아보고 삼촌들에게 간다. 남겨진 이

모들은 농을 한다. "얘, 우리가 얼마나 잘해줬는데 너는 삼촌들만 좋아하니? 이모 서운하다." 아이는 남자 어른을 좋아한다. 아이가 처음 보았던 남자 어른, 아빠는 6년 전 세상을 떠났다. 급성 백혈병이었다. 그때 아이는 겨우 네 살이었다. 사람들은 알고 있다. 아이가 정말 그리워하는 건, 아빠임을. 그러나 말하지 않는다. 아이와 놀아 줄 뿐이다.

*

그들을 보며 희극 배우 찰리 채플린의 말을 떠올렸다.
 '생은 멀리서 보면 희극이고 가까이서 보면 비극이다.'
 그들은 떠들고 웃었지만 아파했다. 무좀 때문에 발가락 사이사이에 휴지를 끼운 늙은 남자의 모습은 우스꽝스럽지만, 그 발을 하고 서너 시간씩 차를 몰아 백혈병에 걸린 딸이 입원한 병원에 가는 일은 비극이다. '나는 눈에 뵈는 게 없어'라는 농담은 재미나지만, 그 농담을 하는 젊은 여자의 눈이 병마에 시달려 보이지 않게 된 것은 웃고 넘길 일이 아니다.
 가족이 병으로 세상을 떠났다. 병구완은 힘겹고 지독했다. 그 시간이 길면 길수록 지쳐갔고, 짧으면 짧을수록 후회가 컸다. 죽은 이의 나이를 떠올리면 숨이 막혔고, 병에 걸린 이유를 생각하면 한스러웠다. 열심히 일한 죄밖에 없는 딸과 아들, 남편과 아내, 누이와 동생이었다.
 세월은 흘렀다. 그러나 잊지 못했다. 잊고 살 만한 것이 아니었다.

남은 가족은 우울증 치료제를 먹었다. 술을 마셨다. 잠들지 못했다. 건강을 해쳤다. 다만 잊고 사는 것처럼 굴었다. 살아보려는 아등거림이었다.

*

이윤정 씨와 정희수 씨는 8년을 함께 산 부부다. 어젯밤 남편이 술 냄새를 풍기며 늦게 들어왔다고 윤정 씨는 투덜거린다. "늦게 들어오면 혼을 내주셔야죠." 하고 받아치니 정작 그녀는 가볍게 넘긴다. "뭐 나도 사람들하고 어울리는 거 좋아했으니까 그 기분 모르는 것도 아니고." 그러면서 지나가듯 한마디를 붙인다. "이제, 보면 얼마나 볼지도 모르는데."

그러나 윤정 씨의 눈은 무심하다. 그 까닭이 항암치료 때문인지도 모른다. 감정표현을 둔하게 하는 부작용이 있다는 약물. 그녀는 시한부 1년을 선고받았다. 뇌암이었다. 처음 그녀를 만났을 때 선고 후 6개월이 지나 있었다. 약물치료의 부작용일까, 그녀는 감정을 잘 드러내지 않는다. 그녀의 남편은 간혹 묻는다. "눈물은 나?" "응, 울어. 혼자 있을 때." 돌아오는 대답이 서늘하다. 감정표현이 적어진 아내, 그러나 부부이기에 그들은 여전히 다투고 화해하면서 함께한다.

*

그들을 만났다. 인터뷰를 하고, 술을 마시고, 그들이 노는 자리에 비집고 들어갔다. 그들은 다투고 울고 장난을 치고, 미래를 얘기하고 좋아하는 것을 말했다. 그들은 부지런히 일했지만 일하기 싫어했고, 소박하게 살고 싶어 했지만 꿈은 거창했다. 그들은 건강을 지키지 못한 것을 후회했고, 자신과 가족을 이처럼 만든 이를 원망했으며, 도움을 받으면 감사하다고 말했다.

그제야 나는 알았다. 삶의 희극과 비극을 논하는 건 그 삶을 지켜보는 자들의 이야기일 뿐이라는 것을. 그들은 지켜보는 자가 아니라 살아가는 자들이었다. 희극과 비극으로 자신의 삶을 평하거나 감상에 젖지 않았다. 그들은 하루가 24시간이고 한 달이 30일이고 계절이 네 번 바뀌어 한 해를 채우는 삶을 살고 있었다.

때로는 살아지고, 때로는 견뎌내고, 때로는 버티어야 하는 삶을 살아갔다. 힘차게, 더디게, 아프게, 무던하게 제각각의 모습으로. 일을 하고 꿈을 갖고 소중한 이를 만나고 다시 떠나보내고 기억하고 잊으며 살아갔다. 그 모습은 우리 같고 또 어디선가 본 듯한 타인 같았다.

그들을 만났다. 글을 썼다. 그러니까 이 책은 그와 그녀들이 그저 그렇게 살아가는 이야기다.

2010년 반올림 가족들을 만나며

차례

추천글 이것은 책이 아니다. 분노이자 절규이다 — 김상봉 ········ 5
작가의 말 ··· 10

프롤로그 잊지 말아야 할 사람들 ································ 16

1 삼성이 숨기고 싶은 사람들 —또 하나의 가족은 없었다
1 그녀에겐 시간이 얼마 없다 ····································· 35
2 아무도 의심하지 않았다 ··· 50
3 시간을 되돌린다면 삼성에 가지 않을 거예요 ············· 72
4 사진 속 여자는 늘 울고 있었다 ······························· 82

2 침묵하는 공장 —그곳에 사람은 없었다
5 냄새만 맡아도 불임이 된다는 화학물질들 ················ 111
6 자살방지용 방범창이 있는 기숙사 ··························· 128

3 끝나지 않은 싸움 —진실을 돈으로 덮으려는 자들

    7 유독물질은 영업비밀이다   155

    8 삼성이 거짓말할 기업으로 보입니까?   170

    9 나, 끝까지 가보고 싶어   195

    10 당신들이 우리의 고통을 아는가?   212

에필로그   절대 잊지 않겠습니다   234

우리가 기억해야 할 삼성의 노동자들   245

미주   251

반올림에서 드리는 글

우리에게 삼성은 '또 하나의 가족'이 아닙니다 — 공유정옥   260

작가 후기   267

부록   반도체 공정에 대한 이해   272

| 프롤로그 |

잊지 말아야 할 사람들

"제가 백혈병에 걸렸다는 말을 듣고 많이 울었어요. 그때는 정말 죽는 줄 알았어요."

민머리에 앙상한 여자아이가 말한다. 스물두 살이라는 제 나이보다 한참이나 어려 보이던 유미는 몇 달 후, 죽었다.

열아홉 살 유미는 일기를 썼다. 대학수학능력시험 날이었다. 유미는 시험을 보러 가지 않았다. 대신 기숙사 침대에 엎드려 일기를 썼다. 회사에 입사하던 날, 유미는 기숙사 방에 침대가 있다며 좋아했다. 시골집 유미의 방에는 침대가 없었다. 재래식 화장실을 쓰는 고향 집에서 회사가 내준 아파트형 기숙사로 짐을 옮기며 유미는 자신이 출세했다고 믿었다. 그러나 얼마 지나지 않아 그것이 착각임을 깨달았다.

입사 초반엔 퇴사하고 싶단 생각을 정말 많이 하면서 울었다. 만날 울고 엄마한테도 퇴사하고 싶다면서 계속 울었다. 그러면서도 엄마 때문에 퇴사하지 못하고 참고 일했다. 차라리 친구들처럼 대학이나 갈걸. 싫은데도 참고 일하는 건 엄마한테 미안해서이다. 엄마가 대학 가라고 했는데 끝까지 우겨서 이 회사 왔는데, 엄마한테 미안해서 퇴사 못 하겠다. 슬픈 책이라도 읽고 아주 펑펑 울고 싶다.(2003년 유미의 일기)

수원은 대도시다. 바다 냄새 나는 고향 속초와 달리 사람도, 놀 곳도 많았다. 오프 날이 되면 유미는 회사 동기들과 시내에 나갔다. 스무 살 여자아이들은 CGV 영화관, 이마트, 피자헛을 돌아다녔다. 때로는 피시방에 갔다. 보안을 이유로 기숙사 안에서 인터넷을 쓰지 못하게 해 유미는 투덜거리며 나가곤 했다. 가수 '신화' 소식도 궁금했고 친구들의 싸이월드 미니홈피도 들러야 했다. 그렇게 회사 밖을 맴돌았다.

기숙사로 돌아오면 선배와 동기 들이 침대에 누워 곤한 얼굴로 자고 있었다. 그네들을 깨우지 않으려고 유미는 까치발로 걸었다. 다들 겨우 든 잠이었다. 교대근무로 낮밤이 바뀌어 자는 것도 일이었다. Day(오전근무), Swing(오후근무), G. Y.(밤근무), 서로 출근하는 시간이 다르니 자는 시간도 달랐다.[1] 출근 준비하는 룸메이트 때문에 겨우 든 잠을 깨면 왠지 서러워 눈물이 났다.

몇 날 며칠 계속되는 12시간 맞교대, 휴일도 가리지 않는 잔업, 물량달성을 외치는 상사들 앞에서 열아홉 살 신입사원 유미가 할 수 있는 것은 없었다. 할 수 있는 일은 자두는 것뿐이었다.

잠이 오지 않는 날에 유미는 침대에 엎드려 다이어리를 펼쳤다. 그곳에 일기를 썼다. "참고 또 참았다. 내가 막내니까. 엔지니어가 뭐라고 했을 때는 정말 짜증나서 눈물이 났다." 작은 실수에도 엔지니어는 윽박을 질렀다. 기계가 멈추면 속이 타들어가는 것은 정작 오퍼레이터(생산직)[2] 자신인데 말이다.

입사 초, 생소한 설비와 외국어로 된 공정 이름, 온갖 화학식 앞에서 유미는 기가 죽었다. 낯선 일이니 실수가 많았다. 선배들은 호되게 몰아쳤다. 그래야 일을 빨리 배운다고 했다. 공장은 빠르게 돌아갔다. 그 와중에 일이 더딘 신입사원은 천덕꾸러기 취급을 받았다. 모든 것이 실수 없이 신속하게 돌아가야 하는 그곳에서, 유미는 자신이 바보처럼 여겨졌다.

'엄마 말대로 공부를 할걸 그랬어.' 유미는 후회했다. 그러나 곧 고개를 저었다. 다이어리 장을 넘겨 그곳에 월급을 어떻게 쓸지 적었다. 엄마에게 돈을 보낼 때는 안도가 됐다. 아빠는 이번에 집을 새로 옮길 거라고 했다. 지금 집은 낡았다. 유미가 태어나기 훨씬 전부터 가족들이 살던 집이었다. 할머니는 바깥에 있는 화장실에 갈 때마다 고생스러워했다. 유미는 집에 가져갈 할머니 선물을 다이어리에 적었다. 매달 적금도 넣어야 했다. 내년 봄에 친구랑 쌍꺼풀 수술 상담도 받으러 가기로 했다. 사고 싶은 것도, 하고 싶은 것도 많았다. 2, 3

년만 일해서 돈 모아 대학이라도 갈까? 유미의 계획은 끝이 없었다. 옆 침대 룸메이트가 뒤척였다. 유미는 움직임을 멈췄다. 슬슬 졸음이 밀려왔다. 창문을 닫고 자야 하는데…… 눈이 감겼다. 창문으로 들어오는 바람에서 화학약품 냄새가 옅게 났다. 회사 냄새였다. 싫었다.

"차라리 그렇게 빨리 간 게 다행이에요. 너무 힘든 병이야. 너무 고생을 해."

황상기 씨가 잡은 운전대 아래로, 딸이 사준 열쇠고리 인형이 흔들거린다.

"애가 음식을 삼키지를 못해. 새 모이만큼, 그냥 먹는 흉내만 내. 항암치료 받으니까 입안이 다 헐어서 음식을 입에 넣을 수가 없어. 먹지 못해 삐쩍 말라서 몸무게가 20kg밖에 안 됐어요."

그는 뜸을 들이다 말한다.

"우리 유미는 굶어 죽은 거야."

끝없이 반복되는 항암치료와 방사선치료를 지켜봤다. 서둘러 간 것이 다행이라고 모진 소리를 하게 하는 시간이었다. 병실에 누운 딸을 보면 가슴에서 울컥 뜨거운 것이 치솟아 올랐다. 그럴 때면 유미의 회사에 전화를 걸었다. 욕을 했다.

그는 유미의 병이 회사로부터 온 것이라 확신했다. 회사가 아니고는 그 무서운 병이 어디서 온단 말인가. 유미는 열아홉에 반도체회사에 들어갔다. 회사에 들어간 지 2년 만에 딸아이는 병이 들어 돌아왔다. 친척 누구도 백혈병은커녕 암에 걸린 전력이 없었다. 백혈

큰 회사를 상대로 싸우려면 싸워보시든지요. 삼성은 말했고, 황상기 씨는 딸 유미의 일을 세상에 알렸다. 반도체산업 직업병 문제는 이렇게 세상에 알려졌다. ⓒ 홍진훤

병은 10만 명 중 2, 3명이 걸린다는 희귀병이라고 했다. 아이는 겨우 스물한 살이었다. 한창 젊고 건강할 나이였다.

몇 해 전 유미의 선임이 유산을 해서 회사를 그만둔다고 했다. 몸이 약했나 보네, 그렇게 넘겼다. 유미가 병에 걸려 집으로 돌아왔다. 왜 우리한테 이런 일이 일어난 거죠, 유미 엄마는 말했다. 얼마 후, 유미와 2인 1조로 일했던 선배[3]가 백혈병에 걸렸다. 이상했다. 유미의 병도 백혈병이었다. 후회는 분노로 변했다.

화를 내는 그에게 회사는 말했다.

"산재[4]라니요. 증거 있으세요? 큰 회사를 상대로 싸우려면 싸워보시든가요."

답답한 마음에 그는 국회의원을 찾아갔다. 지역 방송국도 찾았다. 지푸라기라도 잡는 심정이었다. 딸이 직업병에 걸렸다고 하니, 다들 말했다. "증거를 가져오세요." 그는 울었다. "힘없는 개인이 증거를 어떻게 찾아요?"

규모가 있는 언론사가 자신의 말을 믿어주지 않자 그는 아픈 딸에게 더듬더듬 인터넷을 배웠다. 인터넷으로 작은 언론사를 찾을 생각이었다. 서툴게 마우스를 쥐고 검색을 했다. 전화번호가 보이기에 무작정 전화를 걸었다.

"내 딸이 백혈병에 걸렸어요. 삼성반도체에서 일을 했는데…… 그런데 병에 걸린 게 내 딸만이 아니에요."

그렇게 월간《말》지의 윤보중 기자와 연락이 됐다. 비슷한 경로로《수원시민신문》의 김삼석 기자와도 만나게 됐다. 유미의 일이 세상에 알려졌다. 그러나 세상은 유미의 일에 관심이 없었다. 좀 더 많은 기사가 나오면 내 딸이 억울하다는 걸 사람들이 알게 될까? 그러는 사이 회복돼가던 유미의 병세가 갑자기 악화됐다.

2007년 3월 6일, 유미가 고열에 시달렸다. 이제 어떤 해열제도 듣지 않았다. 내성이 생긴 터였다. 병원에서 돌아오는 길, 유미는 몸이 뜨겁다 하다 차다 하다 했다. 가쁜 숨을 쉬었다. 그러고 더는 숨을 쉬지 않았다. 그는 차를 갓길에 세웠다. 아무것도 할 수가 없었다. 내 딸이 죽었다.

요즘도 그는 유미가 누웠던 차 뒷좌석을 문득 돌아보곤 한다. 택시를 모는 그는 그 자리에 유미만 한 아이를 태우고, 유미가 살아 있다면 그만할 나이의 아가씨들을 태운다. 처음에는 그냥 생각을 말자 했다.

그러나 잊지 못하는 것이, 딸에게 한 마지막 약속이다.

"유미야, 너 병 걸린 이유, 누구 때문인지 아빠가 꼭 밝힐게. 그 억울한 거 꼭 풀어줄게."

황상기 씨는 유미와 한 약속을 지키기 위해 사회·인권단체 사람들을 만났다. 아픈 유미를 보며 무작정 언론사에 전화를 걸던 때와 같은 심정이었다. 유미의 사연에 관심을 갖는 단체들이 있었다. 반도체산업이 알려진 대로 청정산업이나 굴뚝 없는 공장이 아니라는 인식이 차츰 사회단체들에서 생겨났다. 그렇게 반도체산업에 종사하는 노동자들의 삶이 알려지기 시작했다.

2007년 반도체 노동자 직업병 문제를 해결하기 위해 '반도체 노동자의 건강과 인권 지킴이 반올림'[5)]이 만들어진다.

황유미. 1985년생, 여성. 2003년 삼성반도체 기흥공장 입사, 3라인 디퓨전 공정 세척 업무, 1년 8개월간 근무. 2005년 6월 백혈병 발병, 2007년 사망. 당시 23세

*

"제수씨, 요즘 회사에 백혈병 얘기가 돌고 있어요. 이게 회사에서 일하다가 걸릴 수도 있는 병이라고 하네요. 민웅이도 그 병이었잖아요. 인터넷에서 찾을 수 있다는데 혹시 모르니까 한번 제수씨가 알아보세요."

남편 선배의 전화였다. 이 사람이 지금 무슨 이야기를 하는 거지? 백혈병이 회사 때문에 걸렸다고? 애정은 어떤 대꾸도 못 했다. 생각도 해본 적 없는 일이었다. 홀로 아이 둘을 키우는 살림이었다. 생각은커녕 하루하루 살아가는 것도 버거웠다. 남편이 세상을 떠난 후 그녀의 인생은 달라졌다. 다른 데 관심을 두기에는 삶이 녹록치 않았다.

그러나 남편 선배의 전화를 받은 후 자꾸 컴퓨터에 눈이 갔다. 보름 정도 지났을 때 애정은 컴퓨터 앞에 앉았다. '삼성반도체 백혈병'을 검색하니 '황유미'라는 사람의 기사를 볼 수 있었다. 황유미라는 젊은 여자가 기흥공장에서 일하다 백혈병으로 죽었다고 했다. 남편과 같은 회사, 같은 병이었다.

그날 그녀는 잠들지 못하고 뒤척였다.

'말도 안 돼. 삼성이 어떻게 우리한테 그럴 수 있겠어.'

삼성은 그녀가 열아홉 살 때부터 일해온 회사였다. 그곳에서 남편을 만났다. 삼성은 그녀에게 지금의 가족을 만들어준 울타리 같은 존재였다.

'그 사람들이 거짓말을 하며 사기 치는 게 아닐까? 나 같은 사람 이용해서 돈이라도 뜯어내려는 거 아니냐고.'

애정은 복잡한 얼굴로 잠든 아이들을 내려다봤다. 아빠 얼굴을 모르는 두 아이 희준과 예인. 말을 자유자재로 할 수 있게 되면서 희준이는 부쩍 아빠를 찾았다. 안 되겠다 싶어, 한 날은 희준이에게 아빠를 보러 가자고 했다. 아이는 몹시 좋아했다. 희준이를 데리고 간 곳

2011. 3. 6. 반도체 산재사망 노동자 추모 주간이자 고 황유미 씨의 기일 추모제

황상기 씨는 애타게 찾던 정애정 씨를 만났다. 정애정 씨의 남편 황민웅 씨는 황유미 씨와 같은 직장인 삼성반도체 기흥공장에서 일하다가 백혈병에 걸렸다. ⓒ 양희석

은 남편 유골이 있는 납골당이었다. 아무렇지도 않은 듯 납골당 곳곳을 뛰어다니던 아이는 결국 물었다.

"아빠한테는 언제 가요?"

왜 죽었을까. 그저 이상하다 생각했다. 건강하던 사람이 왜 갑자기 그랬을까. 내 운이 나쁘다고 생각했다. 왜 하필 나냐고 그랬던 적이 있다. 왜 그리 빠르게 세상을 떠났는지 알 수 없었다. 저 사람들을 만나보면 이유라도 알 수 있지 않을까. 아빠를 잃은 아이들이 적어도 아빠가 죽은 이유는 알아야 하지 않을까.

'그냥 만나만 보면 되잖아. 나는 이제 두 아이의 엄마라고. 어린

애가 아니야. 사실인지 아닌지, 그 사람들이 거짓말을 하는 건지 아닌지 이제 알 수 있는 어른이야.'

아침이 오고, 그녀는 반올림에 전화를 걸었다.

황민웅. 1974년생, 남성. 1997년 6월 삼성반도체 기흥공장 입사, 1라인 백랩(연마) 및 5라인 CMP 설비 엔지니어, 7년 4개월간 근무. 2005년 백혈병으로 사망. 당시 32세
정애정. 35세, 여성. 삼성반도체 기흥공장 5라인에서 11년간 근무

*

부산 서면역을 지나던 중이었다. 친구가 희진의 팔을 잡아 세웠다.

"저기서 뭐 하네. 삼성? 불매운동 같은 거 하나 봐."

희진은 삼성이라는 말에 고개를 홱 돌렸다. 역사 앞에서 사람들이 서명을 받고 있었다. 등 뒤로 걸린 현수막에 삼성 로고가 크게 그려져 있었다.

"가자. 저런 건 서명을 해줘야 해."

희진은 걸음을 옮겼다. 그러나 마음과 달리 발길은 조심스러웠다. 다리가 아팠다. 아픈 건 다리만이 아니었다. 눈은 침침하고 조금만 무리해도 팔이 저리고 말을 더듬었다. 이게 다 삼성 때문이었다. 삼성 불매운동을 한다면 몇 번이라도 서명을 해줄 테다. 그녀의 작은 복수였다.

4년을 일했다. '뼈 빠지게'라는 말이 어떤 건지 알 만큼 일했다.

그리고 몸에 이상이 왔다. 다발 경화증. 이름도 들어보지 못한 병이었다. 워낙 희귀병이라 원인도 알려진 바가 없었다. 스트레스가 주원인일 거라고만 했다. 삼성에서 일하면서 스트레스는 모자라지 않을 만큼 받았다. 돌이켜봐도 지긋지긋했다.

하루에 적어도 500개 이상의 LCD 패널(LCD를 완성하기 전 형태)을 검사했다. 하루에 12시간을 부려 먹을 때도 많았다. 불량 하나에도 사람 잡아먹을 듯 굴었다.

의사는 스트레스를 받지 말라고 했다. 스트레스를 받거나 피곤해지면 재발이 된다고 했다. 재발은 장애 있는 몸으로 평생 살아가야 한다는 말이었다. 한 번 재발이 돼 오른쪽 눈의 시력을 잃었다. 끔찍했다. 병상에 누워 있는 내내 울었다. 다시는 그런 일을 겪고 싶지 않았다.

그러나 스트레스를 조금도 주지 않는 회사가 어디 있을까. 게다가 자신처럼 몸이 불편한 사람을 받아주는 회사가 과연 있을까. '평생 벌이를 할 수 없는 걸까' 하고 생각하니 가슴이 답답해져 왔다. 생각을 말아야지. 스트레스 받지 말아야지. 헛웃음을 치는 희진에게 앞서 가판으로 간 친구가 되돌아왔다.

"불매운동이 아닌데?"

그제야 삼성 로고 옆에 걸린 현수막 글자가 눈에 들어왔다.

"삼성전자·반도체에 근무하다가 예상치 못한 질환을 겪으신 분들의 제보를 기다립니다."

이희진. 1984년생, 여성. 2002년 삼성전자 LCD사업부 천안공장 입사, 4년 3개월간 LCD 패널 화질·색상 패턴 검사 업무. 2008년 다발 경화증 확진

*

희수 씨는 삼성반도체에서 일한 사람들이 백혈병에 걸렸다는 시사 프로그램을 봤다. 내 아내도 이 일과 관련이 있을까 하는 의심이 들었다. 아내는 삼성반도체에서 6년을 일했다. 그는 담당 간호사를 붙잡고 물었다.

"아내도 직업병일 가능성이 있을까요?"

간호사는 말했다.

"저 사람들은 백혈병인 혈액 쪽 암이고요, 이윤정 씨는 뇌 쪽이니 관계가 없어요."

아내는 뇌암에 걸렸다. 의사는 시한부 1년을 선고했고, 아내는 머리를 열고 수술을 받았다. 삼성에서 일한 6년을 빼고 다른 직업을 가져본 적이 없는 아내였다. 삼성이 아니라면 무엇 때문에 병에 걸렸다는 거지? 멀어지는 간호사를 보며 그는 생각했다. 정말 아무 상관이 없을까?

이윤정. 1980년생, 여성. 1997년 삼성반도체 온양공장 입사, 6년간 고온 테스트 업무. 2003년 퇴사. 2010년 뇌암(악성 뇌종양) 진단

*

 "아버지, 억울해요."

 아들 진혁은 눈을 감기 전 말했다. 눈을 감은 아들의 이목구비가 반듯했다. 백혈병은 사람 못쓰게 만드는 병이라는데 얼굴 하나는 곱게 갔다. 그나마 위안이었다. 그는 잠든 것처럼 평온한 아이의 얼굴을 우두커니 바라봤다.

 아이는 정말 착했다. 속 썩인 일이 어쩌면 그렇게 하나도 없었는지 모를 정도였다. 그래, 그리 수더분했으니 힘들다 내색도 없이 일만 하다 갔겠지. 12시간 잔업을 군말 없이 했다. 어차피 10시간을 일하나 12시간을 일하나 잠잘 시간밖에 없는 건 똑같다면서 돈이라도 더 벌겠다고 했다. 아들이 젊은 나이에 한 일이라고는 돈 버는 것밖에 없었다. 그러니 '억울했다'.

 그도 억울했다. 건강했던 아들이다. 아들은 일요일이면 조기축구도 빠지지 않았다. 회사 봉사활동에도 매달 나가는 눈치였다. 운동 좋아하고 활동적이던 아이. 덩치도 좋고 건강만은 자신하던 아이. 다 키워놓은 아들이, 자신의 전부였던 아들이 사라졌다.

 1시간이고 2시간이고 둘러앉아 떠들썩하던 밥상 풍경은 사라졌다. 그와 늙은 아내가 묵묵히 밥상을 지켰다. 착한 아들은 마지막까지 부모 걱정을 하다 갔다. 친구도 많고 활달한 아버지는 안심이 되지만, 어머니가 크게 속병을 앓을까 걱정이라고 했다. 그러나 아들의 말은 틀렸다. 그는 괜찮지 않았다. 아무것도 할 수 없었다. 돈도

2010. 7. 23. 고 황민웅과 고 연제욱의 기일 합동 추모제

7월 23일은 고 황민웅 씨와 고 연제욱 씨의 기일이다. 추모제에 고 황민웅 씨의 부인 정애정 씨, 고 연제욱 씨의 동생 연미정 씨가 참석했다. 황유미, 황민웅, 연제욱, 이윤정, 이희진, 박진혁 등 시간이 갈수록 삼성반도체에서 일을 하다가 병에 걸린 이들의 제보가 늘어가고 있다. ⓒ 홍진훤

친구도 허무했다. 외아들 앞세운 부모가 무얼 위해 산다는 말인가. 아들의 죽음을 지켜보며 그는 이가 몽땅 빠져버렸지만 아픈 줄도 몰랐다. 모든 것이 헝클어졌다.

아들의 죽음 앞에 산재신청을 할 생각도 잠시 했다. 젊은이들이 흔히 걸리지 않는 병이었다. 전자회사에서 일을 했으니 약품사용을 안 했을 리 없었다. 그도 예전에 중공업에서 일했다. 냄새만 맡아도 토악질이 날 정도로 독한 물질들을 생산 현장에서 얼마나 빈번하게 쓰는지 그때의 경험으로 알았다. 그러나 그는 산재신청을 하지 않았

프롤로그: 잊지 말아야 할 사람들

다. 순순히 산재를 인정할 기업이 아니다. 숨넘어가는 아들에게서 사직서를 받아간 무서운 곳이었다. 노부부에게 싸울 기력 따윈 없었다. 그는 아내에게 말했다.

"그냥 이렇게 있는 거 다 쓸 때까지만 살자."

그러던 어느 날, 반올림이라는 단체가 있다는 소식을 들었다. 아들같이 젊은 나이에 병에 걸린 이들이 많다고 했다. 마침 삼성이 삼성일반노동조합 위원장을 허위사실 유포죄로 고소한 사건이 있었다. 삼성SDI에 다니다가 백혈병에 걸린 사람이 있다고 말한 것이 고소의 이유였다. 삼성SDI에서 백혈병으로 죽은 사람이 없다고? 그럼 내 아들은? 삼성SDI는 아들이 다닌 회사였다. 증인이 필요하면 나서주자 결심했다. 아들 죽인 회사가 더럽게 구는 꼴을 더는 볼 수 없었다.

박진혁. 1978년생, 남성. 2004년 삼성SDI 언양공장의 부품세척 하청업체인 (주)KP&G 입사. 급성 림프구성 백혈병으로 2005년 사망. 당시 28세

*

유미 씨의 아버지, 황상기 씨가 처음 삼성을 찾았을 때 그룹 홍보 관계자는 말했다. 겨우 6명이 백혈병에 걸렸을 뿐이라고. 몇 만 명이 근무하는 회사에서 6명이면, 그것은 그저 우연이라고.[6] 이제 황상기 씨는 말한다.

"거짓말만 해요. 처음에는 나한테 6명밖에 없다고 했어요. 자 이

제 봐요, 몇 명인지. 또 이야기해보라 그래요, 어떤 거짓말을 하는지."

그의 딸이 세상을 떠나고 4년이 지난 지금, 삼성전자에서 일하다가 병에 걸렸다고 반올림에 제보를 한 이는 140명에 다다른다. 사망자는 2011년 현재 50여 명이다. 제보되지 않은 죽음이 더 있을 것이다. 딸의 죽음을 산재라 의심했던 황상기 씨는 생각을 바꿨다.

산재가 아니다.

"정말 그들이 몰랐을까요? 거기서 일하는 노동자들이 무슨 약품을 사용했는지, 삼성은 몰랐을까요? 회사가 알았다면, 알고도 그대로 두었다면 이건 산재가 아니에요."

산재일 리가 없다.

"살인이에요, 살인."

반도체산업 종사자들 중 많은 수가 병에 걸렸다는 이야기를 들었다. 그들을 만나 '무슨 일을 했는지'를 물을 때까지도 나는 반도체 공정에 대해 아는 것이 없었다. 반도체를 모른다는 것은 이상한 일이다. 반도체는 우리 일상 깊숙이 자리 잡고 있기 때문이다. 단순한 손목시계부터 디지털 시대의 새 장을 열었다는 스마트폰까지 반도체의 혜택을 누리는 물건을 찾기란 어려운 일이 아니다. 그럼에도 반도체 생산에 관해 떠올릴 수 있는 것은 없었다.
하지만 우리가 익히 들어온 소문이 있는데 반도체산업이 돈이 된다는 이야기다. 반도체가 매해 몇 조 원대의 부가가치를 만들고 있다는 소문은 늘 들려온다. 이 소문은 미디어를 통해 쏟아진다. 반도체가 무엇인지 몰라도, 어쨌건 반도체는 선한 것, 이로운 것이다.
중소업체에서 사무직으로 일하다 반도체 노동자인 남편을 만난 한 여자는 말했다.
"거기가 어떤 곳인지 몰랐어요. 저는 세상에서 반도체공장이 제일 좋은 데인지 알았어요."

1

삼성이 숨기고 싶은 사람들

—또 하나의 가족은 없었다

여자의 남편은 결혼 6년 만에 백혈병으로 숨졌다. 반도체 노동자들은 내게 작업공정을 설명해주려 애썼다. 그들은 내게 자신들의 작업이 얼마나 위험했는지를 말하려 했다. 나는 이 이야기를 가족들에게 한 적이 있느냐고 물었다. 그들은 고개를 저었다.
"말해도 몰라요."
복잡한 공정, 생소한 용어들을 이해하지 못할 것이라 했다. 그리고 덧붙였다.
"괜한 걱정 끼치고 싶지 않아요."
첨단산업이 가진 복잡함, 최대 수출품 효자산업에 대한 국가의 홍보, 노동자들의 가족애가 어우러져 반도체산업은 베일에 싸여왔다. 그러던 2007년, 젊다 못해 어린 여성 노동자의 죽음이 세상에 알려지면서 반도체 클린룸에 숨겨져 있던 사람들의 이야기가 드러났다.

1
그녀에겐 시간이 얼마 없다

이윤정. 1980년생, 여성. 1997년 삼성반도체 온양공장 입사, 6년간 고온 테스트 업무. 2003년 퇴사. 2010년 뇌암(악성 뇌종양) 진단

"울긴 울어?"

 시한부 선고를 받은 아내에게 묻는다. 매일 울어도 이상할 게 없는데 아내는 도통 감정을 표현하지 않는다. 사촌누이 소개로 만난 아내의 첫인상은 불면 날아갈 듯 가냘파 보였다. 사촌누이 말로는 반도체 일이 수월치 않다는데 저 마른 몸으로 어떻게 일을 할까 싶었다. 그러나 약물치료 후 아내의 몸은 변했다. 체중이 느는 것은 그녀가 먹는 스테로이드제의 부작용 중 하나라고 했다. 얼굴은 못 알아볼 지경으로 부었다. 그러나 정작 낯선 것은 겉모습이 아니다. 약은 감정표현을 억제한다고 했다. 그래서 울지 않는 건가. 남편은 오늘도 낯설어진 아내를 지켜본다.

너무 커다란 불운

의사는 이윤정 씨에게 시한부 1년을 선고했다. 그녀를 만났을 때는 그 1년 중 3개월이 지나 있었다. 함께 간 반올림 사람들은 윤정 씨에게 의사들은 늘 최악의 진단을 내린다고 말했다. 그 말이 사실인지는 모르지만, 사실이길 바랐다. 그녀는 고작 서른을 넘겼다. 그녀의 아이들은 아직 한참 더 커야 했다.

우리의 방문에 윤정 씨는 불편한 기색을 감추지 않았다. 대답은 짧고 말은 높낮이가 없었다. 꽤나 퉁명스러웠다. 윤정 씨는 언론에 자신의 문제가 알려지는 것을 원치 않았다. 낯선 몸조차 싫은데 소문까지 내야 하다니, 그녀는 충분히 힘들었다. 복잡한 것이 싫었다. 시끄러운 것도 싫었다. 뿌옇게 흐려진 머리로 10년 전 기억을 더듬어내는 일도, 누구의 잘못인지 묻는 질문들도 그녀를 힘들게 했다. 그녀는 그저 운이 없었다고 생각하고 싶었다. 산재신청을 해서 진실을 밝혀야 한다는 남편의 말이 부담스러웠다. 그 일로 남편과 다투기도 많이 했다.

남편 정희수 씨는 아내의 병을 직업병이라 확신했다. 아내는 충남 어촌에서 자랐고, 열아홉 살에 삼성반도체에 들어갔다. 결혼을 앞두고 퇴사한 후로는 직장을 다닌 적 없는 아내였다. 아무리 생각해도 머리에 악성 종양이 자랄 만큼 해로운 것과 접했을 가능성은 6년을 일한 회사밖에 없었다.

윤정 씨는 남편의 부탁으로 우리를 만났지만 못마땅해했다. 그러나 반올림에게 그녀의 병이 직업병이라는 확신을 준 이는 바로 윤정 씨 본인이다. 그녀의 입에서 같은 공정에서 일하다 병에 걸린 다른 직원들의 이야기가 나왔다.

"우리 라인에도 아픈 애가 있었어요. 아파서 회사도 잘 못 나오고 그랬는데……."

반올림과의 첫 만남에서 윤정 씨는 후배 하나를 떠올렸다. 1년 정도 일을 한 후배였는데, 아파서 퇴사를 했다고 했다.

"혹시 유명화 씨를 말하는 건가요?"

"……맞아요."

반올림 사람들은 그녀가 말한 후배 명화 씨를 알고 있었다. 명화 씨는 이미 직업병으로 산재신청을 한 상태였다. 명화 씨는 중증 재생 불량성 빈혈을 앓고 있다. 몸이 혈액세포를 만들어내지 못해 평생 수혈에 의존해 살아야 하는 병이다. 나 또한 명화 씨를 만났고, 그녀에게 신입 시절 엄격했던 선배들의 이야기를 들었다. 그 선배들 중 윤정 씨가 있었다.

같은 공간에서 같은 일을 한 사람들이 병에 걸렸다. 그것도 목숨을 위협하는 중병에 걸렸다. 윤정 씨는 고등학교 동창이자 입사동기들 이야기도 꺼냈다. 동기 2명이 그녀와 같은 뇌종양에 걸렸다고 했다. 기억을 떠올릴수록 아픈 사람들이 속속 나왔다. 그러나 서로 다른 병명을 가지고 있다는 이유로 직업병을 의심한 적 없었다. 그래서 개인의 '불운'이라 생각했다. 윤정 씨에게도 자신의 병은 단지 너무 커다란 '불운'이었다.

그러나 불운이라고 하기에는 너무 이상한 '우연'이다. 반도체공장에는 우연이 많이 일어났다. 2인 1조를 이뤄 일한 2명의 여성(황유미, 이숙영)이 모두 백혈병으로 사망했다. 한 작업장에서 일하던 이들이 같은 시기 혈액암 계열인 백혈병과 림프종에 걸렸다. 특정 공정, 특정 라인에서는 유달리 질병자가 많이 나왔다. 이상한 우연이었다.

그래서 윤정 씨가 삼성반도체 온양공장에서 보낸 6년에 대해 물었다.

무슨 일을 했나요?

10여 년 전 작업을 기억해내야 한다는 피곤함과, 자신의 문제가 공개된다는 불편함이 윤정 씨의 부은 얼굴에 드러났다. 그녀는 겨우 몇 개월 전, 머리를 열고 수술을 받았다. 세세한 질문을 포기하고 물었다.

"6년을 떠올리면 뭐가 제일 기억에 남나요?"

"글쎄……."

그녀가 미간을 찌푸렸다.

"힘들었다는 생각밖에 안 나요."

"왜요?"

"일도 많고, 맞교대도 너무 자주 했으니까."

윤정 씨는 수십 대의 설비를 가동시켰다. 하루 12시간 주야간 맞교대도 잦았다. 쉬는 시간도 정해져 있지 않았다. 점심시간 45분이 휴식의 전부였다. 화장실에 가고 싶어도 기계가 멈추지 않으니, 동료에게 기계를 맡기고 눈치껏 가야 했다. 납품업체 직원들이 와서 여기는 다른 곳보다 더 지독하다고, 사람이 앉아 있지도 못하냐며 혀를 내두르고 갈 정도의 작업환경이었다.

이것이 그녀가 가진 6년간의 기억이다.

윤정 씨는 온양공장 번인Burn-in(고온) 테스트 공정에서 일했다. 전자제품에 들어갈 반도체는 열을 견디는 테스트 작업을 거쳐야 한다. 반도체 칩을 고온 챔버(열 기계)에 넣어 열을 견디지 못하는 불량 칩을 가려내는 것이 윤정 씨의 일이었다.

윤정 씨와 반올림의 면담 일지를 보면 그녀의 작업을 추측할 수 있다.

반올림 고온 챔버를 열면 열기가 났다고 했잖아요?
윤정 딱 열면 탄내가 났죠. 고온 챔버에서 디바이스(제품)가 타기 때문에 냄새가 안 날 수가 없죠.
반올림 자기가 맡은 설비에서 타지 않아도 옆 설비에서 타면 그 연기도 마시게 되나요?
윤정 타면 다 같이 냄새를 맡겠죠. 공간이 분리된 게 아니니까.
반올림 국소 배기장치, 그러니까 환기시설은요?
윤정 고온 챔버 위에 있었어요. 내 머리 위에 있었던 거 같아요.
반올림 그럼 소용이 없겠네요? 머리 위에 있으니, 이미 코로 흡입한 뒤 배기되니깐. 어떤 냄새가 났나요?

윤정 그냥 전자제품 타는 냄새. 역겨운……. 플라스틱, 전선 타는 냄새?

반올림 탄 불량품 처리는 어떻게 했어요?

윤정 그냥 버렸어요. 설비 옆에 리젝트 박스라고 해서 개봉된 박스에 버렸어요. 버리면서 탄 가루가 날렸죠. 입으로 들어가 먹기도 하고. 컨베이어 벨트 같은 거는 없고, 직접 버려요. 설비 바로 옆에 있었어요.

반올림 한 기계가 작동되면 그사이에는 뭘 하는지?

윤정 다른 챔버(기계)가 있잖아요. 한 30대 정도 되고…….

반올림 모든 기계가 다 가동되나요?

윤정 늘 기계 주변에 있어야 했어요.

1인당 30여 대의 설비를 가동시켰다. 설비마다 제품을 가열하는 온도와 시간이 각기 달랐다. 300여 대의 고온 챔버가 쏟아내는 고열과 전자파 사이로 윤정 씨와 동료들은 부산히 뛰어다녔다. 고온 챔버 문을 열면 탄내 섞인 열기가 끼쳤다. 손톱만 한 반도체 칩들 사이에서 불량을 가려야 했기에, 탄내 나는 보드판에 얼굴을 최대한 가까이 해야 했다. 때로는 타버린 칩의 분진 가루가 입에 들어가기도 했다.

몸도 고달팠다. 수백 개의 칩이 담긴 보드판을 일일이 고온 챔버에 옮겨넣느라 어깨와 허리에 무리가 왔다. 기계가 고장이 나거나 시간이 촉박할 때는 사람이 직접 수백 개의 칩을 보드판에서 빼내는 수작업을 해야 했다.[1]

고열을 견딘 칩을 손가락으로 집다보면 피부가 벗겨졌다. 그 손으로 얼굴을 만지면 빨갛게 발진이 돋았다. 선배들은 '디바이스 독'이 올라왔다고 했다. 작업자들의 발진은 흔한 일이었다.

윤정 씨에게 왜 칩을 맨손으로 만졌느냐고 물었다. 그녀는 당연하다는 듯 대답했다.

"빨리 해야 하니까요."

장갑 낀 손으로 보드판에서 반도체 칩을 하나씩 빼내는 작업은 더뎠다. 반도체 칩은 갈수록 작아졌다. 직원 대부분이 작업속도를 빠르게 하기 위해 장갑의 손가락 부분을 잘라냈다. 별문제 없어 보였다. 그저 맨손으로 반도체 칩 하나를 만진 것뿐이었다.

그러나 고온 챔버 안 타버린 칩에서 발생하는 역한 연기의 성분이 무엇인지 밝혀진 바는 없다. 화학물질 측정조사는 불량이 발생하지 않은 정상적인 상황에서만 이루어졌다. 제품이 탄 비정상적인 상황에서의 조사는 없었다. 열분해 과정에서 에틸렌 옥사이드 같은 독성 물질들이 발생할 것이라는 의심만 존재했다. 안전이 확인되지 않은, 타버린 칩을 맨손으로 만졌다. 그녀들의 피부에 디바이스 독이 오른 이유를 한결 설명하기 쉬워진다.

하지만 윤정 씨는 반도체 칩이 사람에게 유해할 수 있다는 이야기를 들어본 적이 없었다. 맨손과 마스크 미착용을 지적하는 이도 없었다. 잠시 밖에라도 나가면 바로 고과점수에 반영될 정도로 통제가 엄격했지만, 보호장비에 대한 언급은 없었다.

윤정 씨에게 안전교육에 대해 물었다.

"한 달에 한 번 안전교육을 했어요."

"어떤 내용이었나요?"

"요번에 기계가 하나 더 들어온다, 신제품이 출시됐다, 목표량이 얼마다, 어디가 생산량이 안 나온다, 사고 내지 말라, 불량률 낮춰라, 그런 거요."

"그게 안전교육이었다고요?"

자신이 늘 만지는 칩에 남아 있을 화학물질에 대해 들은 바가 없었다. 화학물질에 관한 교육은 받지 못해도 '기계를 멈추지 말라, 사고를 내지 말라'라는 말은 늘 들었다. 기계가 멈추면 생산이 멈췄다. 생산이 멈춘다는 것은 반도체공장에서 무엇보다 큰 죄악이었다.

억울해요?

힘들었다. 일하기가 힘들어 결혼을 서둘렀다고 농담 삼아 말할 정도였다. 그녀는 퇴사를 하고 지금의 남편을 만나 결혼을 했다. 두 아이를 낳았다. 그녀의 집을 방문했을 때, 강아지같이 작은 사내아이가 있었나. 첫째 아이였다. 둘째는 돌보기가 힘들어 시댁에 맡겼다고 했다. 아이는 엄마보다 아빠를 더 많이 찾았다. 옷을 갈아입히는 것도 양치질을 시키는 것도 아빠 몫이었다.

"원래 나는 성격이 뚝뚝한데, 남편은 다감해요. 그래서 애들이 찾으면 남편이 가고 그래요. 나보다 애들을 더 잘 돌보기도 하고."

이윤정 씨와 아들 진혁이. 윤정 씨가 건강했을 적 모습이다. 어린이날에 윤정 씨는 병원 응급실로 실려 가 시한부 선고를 받았다.

    남편 정희수 씨는 사촌누이 소개로 만난 여자가 마음에 들었다. 서울서 천안까지 먼 거리를 매일같이 찾아가 윤정 씨를 만났다. 두 사람은 신혼살림을 가게 뒤편에 차렸다. 어려운 형편은 아니었지만 부부는 작게 시작했다. 양가에 손 벌리지 않고 자신들 힘으로 살림을 마련했다. 작게 시작했음에도 불만 없이 지내준 아내가 희수 씨는 고마웠고, 윤정 씨는 종종 신혼 때 이야기를 꺼내며 장난 섞인 볼멘소리를 했다. 결혼하고 얼마 후 아이들이 태어나고 집도 넓혔다. 세 살짜리 작은아이의 칭얼거림 말고는 소란할 것이 없는 날들이었다.
    그러던 2010년 5월 5일, 어린이날이지만 윤정 씨는 아이들과 외출을 하지 않았다. 그즈음 왼쪽 발과 다리가 부어 바깥출입이 불편했다. 머리는 수증기가 들어찬 듯 무거웠다. 두통 탓인지 몸이 방향

감각을 잃고 자꾸만 부딪쳤다. 몸을 움직이기 힘들어 아이들을 남편에게 맡기고 윤정 씨는 집에서 쉬기로 했다.

어린이날 선물을 사기 위해 아이들을 데리고 마트에 간 희수 씨는 급한 연락을 받았다. 아내가 응급실에 실려 갔다는 전화였다. 진단이 내려진 뒤 희수 씨는 한동안 아내에게 사실을 말하지 못했다.

그러나 윤정 씨는 자신에게 주어진 시한부 판정을 덤덤히 받아들였다.

"싸이월드에 막내동생이 글을 썼는데, '그 의사 돌팔이' 그런 식으로 글을 남겼더라고요. 아 내가 심각하구나 하는 생각이 들어서 '뇌암 생존'이라고 인터넷에 검색을 하니까 생존기간이 최대 1년이라고 하더라고요. 그러면서 알게 된 거죠."

항암치료를 병행하니 곱던 얼굴과 몸은 몰라보게 달라졌다. 남편 희수 씨는 뒤돌아 한숨을 쉰다.

"하루는 땡강을 부리더라고요. 나는 그냥 죽겠다, 죽는 게 낫다……. 보면 눈물이 납니다."

그러나 차라리 속상하다고 이야기할 때가 보는 이의 마음이 편하다. 그녀는 속내를 드러내지 않는다. 윤정 씨의 표정은 인터뷰 내내 한결같았다.

"의사가 1년이라고 그랬으니까 '1년을 어떻게 살아야 하나' 이런 생각을 해요."

요즘은 무엇을 하며 지내냐고 물으니, "뭐, 치료 잘 받고 밝게 지내면 되죠. 얼굴이 빨리 돌아왔으면 좋겠어요. 원래대로 돌아와야

밖에도 좀 자유롭게 나가고 그러는데."한다. 그녀는 다리 하나 불편한 사람처럼 군다. 불편하고 낯선 몸으로도 곧잘 외출을 했다. 담담해 보이지만 실은 초초한 것일지도 모른다. 시간이 많지 않다는 것을 그녀는 알고 있다.

무심한 듯 구는 그녀가 반응을 보일 때가 있었다. 선고받은 시한부 기간을 넘어 살고 있거나 병이 완치된 이들의 이야기를 들을 때였다.

"그 사람은 9년째 살아 있다고요? 어떻게 그랬대?"

살고 싶다. 그러나 그녀의 머리에는 제거하지 못한 종양이 자라고 있다. 그해 10월 말, 그녀와 두 번째 만남을 가졌다. 검사를 받았는데, 다행히 종양 자라는 속도가 더디다고 했다. 오랜만에 윤정 씨의 기분이 좋아 보였다. 그래서인가 그날 그녀에게 "아무래도 산재인 거 같다."는 이야기를 들었다.

"얼마 전에도 언니가 울고 갔어요. 돈 때문에 이렇게 됐다고. 거기 들어가서 내가 이렇게 됐다고. 명화도 있고…… 나만 그러면 모르겠는데, 같이 회사에 들어온 내 친구들도 둘 다 뇌종양에 걸렸고. 그런데 내가 제일 재수가 없지. 개네들은 많이 나았어요. 운이 나빠서 나만 악성인 거지."

그녀는 잠시 생각을 하다가 말을 이었다.

"그래서 삼성에서 시골 애들을 많이 선호했던 거 같아요. 서울 애들은 알 거 다 알고, 환경이 다르잖아요. 지방 애들은 집도 멀고 모르는 것도 많고. 열아홉 살 때, 다른 직장을 다녀본 적이 없으니 여기가 힘든 곳인지 어떤 곳인지도 모르고. 다 멋모르는 애들 데려다가……. 지금 생각하면, 삼성이 약아 빠진 거 같아요."

일찍 시집을 간 언니들을 대신해 윤정 씨가 맏이 역할을 해야 했다. 그녀의 언니들은 윤정 씨의 병을 알고는 미안하다며 울었다. 그녀는 열아홉 살에 기숙사가 딸린 공장으로 들어갔다. 밤낮으로 12시간씩 일하는 맞교대도 했다. 지린내 나는 작업장을 끼니때도 떠나지 못하고 일했다. 고생스러웠고 지루했다. 그럼에도 그녀는 말을 아꼈다.

"벌 수 있는 사람이 버는 거지."

회한일지라도 그녀의 얼굴에 표정이 생겼기에, 나는 물었다.

"억울해요?"

"산재가 맞다면…… 억울하겠죠."

잠시 후, 그녀는 자세를 바로잡고 말했다.

"후회하진 않아요. 할 일을 다 하고 가니까."

그 순간 윤정 씨의 두 아이가 떠올랐다. 마침 놀이터로 나간 큰아이를 두고 윤정 씨는 말했다.

"진혁이가 크려는 건지 먹을 것을 그렇게 찾아요. 지금도 그런데 중학교 고등학교 올라가면 더하겠죠. 그때, 먹고 싶은 게 그렇게 많을 때 엄마가 해준 음식이 생각날 거잖아요. 누군가가 해주겠지만 그래도 엄마 음식이 먹고 싶을 때가 올 텐데……."

달리 대꾸할 말을 찾지 못한 채, 나는 남편 희수 씨의 걱정을 떠올렸다. 그녀는 모르는 걱정거리였다.

"산재라고 밝혀져도 문제인 게 유전이 되는 병이면요? 만약에 삼성 다닐 때, 그러니까 애들 임신하기 전에 아내가 병에 걸린 거면……. 애들까지 그렇게 되어버리면……. 나는 진짜 가서 누구 한 놈 죽여버릴 거 같아요. 아내도 그렇게 됐는데 자식한테까지 대물림된다면……. 제발 내가 바라는 거는 산재가 아닌 거, 우리 애들을 낳고 나서, 차라리 그러고 나서 병에 걸린 거예요. 만약 산재가 맞다면 얼마나 비참하겠어요. 삼성이 죽일 놈이죠, 나의 원수죠."

차라리 산재가 아니었으면 좋겠다는 희수 씨와 아내 윤정 씨는 두 번째 만남 전인 7월 산재신청을 했다.

"울어. 혼자 있을 때."

언론 인터뷰를 권하는 남편과 그냥 조용히 있고 싶다는 아내.
"억울하지도 않아?"
"이번이 마지막이라고 생각하고 할 거야."
매번 취재는 이리 승낙된다. 취재를 하러온 기자들은 두 사람이 어떻게 만나게 됐는지를 묻곤 한다.
"제가 막 쫓아다녔죠. 결혼하고 싶다고."
"아내 첫인상이 어떠셨어요?"
"말랐어요."
"마른 거밖에 없었어요?"

희수 씨는 멋쩍은지 대답을 피하다 말한다.

"사진 보면 아시겠지만, 젊었을 때 참 예뻤어요. 그러니까 내가 그 멀리까지 쫓아다니면서 결혼하자 그랬죠."

"결혼하니 어떠셨어요?"

"원래 결혼 1년 차 아내가 다르고, 2년 사니 또 다르고, 3년 사니 또 다른 사람이고…… 그렇게 살았죠."

그들 부부는 여전히 투덕거린다. 남편은 낯설어진 아내 얼굴을 보며 한숨짓지만 그래도 이들은 몇 년을 같이 산 부부다. 여전히 아이 문제로 다투기도 하고, 남편의 첫사랑 이야기가 화제에 오르기도 한다. 병은 부부의 투덕거림도, 안쓰러움도, 사사로운 정도 늘려주었다. 때로 희수 씨는 울지 않는 아내가 답답하기도 하고, 덜컥 겁이 나기도 해 묻는다.

"눈물 안 나? 울긴 울어?"

"……울어. 혼자 있을 때."

자존심이 강한 아내는 혼자 있을 때 운다. 그런 아내를 혼자 두지 않으려고 희수 씨는 애쓴다. 사람들과 어울리기 좋아하고 술 좋아하는 남편이라고 종종 구박을 받지만, 여느 결혼생활처럼 애쓰고 노력한다.

건강, 부, 가족, 윤정 씨가 이뤄놓은 모든 것이 무너질지 모른다. 돈을 벌기 위해 삼성반도체에 들어갔고 아무 의심 없이 참고 일했다는 죄로 말이다. 그러나 무너지지 않기 위해 부부는 오늘도 애쓴다. 그녀는 아직 괜찮다.

이윤정 이야기

이윤정 씨가 6년간 근무한 테스트 공정(Monitering Burn-in Test 공정)은 보드에 반도체 칩을 심고 그 보드를 고온 챔버(열 기계)에 넣은 다음 사양을 입력하여 정해진 시간 동안 고온으로 제품(디바이스)을 구워서 테스트하는 작업이다. 제품이 불량인 경우, 칩이 타면서 전자제품이 타는 것과 같은 역겨운 냄새가 났으며 그 과정에서 이윤정 씨는 유해한 연기와 흄(가스), 화학물질 등에 그대로 노출되었다. 뿐만 아니라 수십 대의 고온 챔버에서 나온 전자파에 노출되었을 가능성도 크다. 또 불량이 난 제품을 리젝트reject 바구니에 담아 공장 내 폐기물 처리통에 버리는 과정에서 분진이 날려 코와 입으로 흡입됐다. 작업장 내 배기장치가 있긴 했으나 설비 위쪽에 높이 설치되어 있어 설비에서 발생한 유해한 연기, 흄, 화학물질, 증기 등이 작업자의 호흡기로 먼저 흡입된 후 배기되었다.

　이윤정 씨는 심야노동을 수반한 교대근무를 6년간 수행했다. 4조 3교대가 기본이었으나 12시간 맞교대근무로 일한 경과를 볼 때 이윤정 씨는 인력이 부족한 상황에서 생산물량 독촉 등 과중한 업무를 수행했던 것으로 보인다. 심야노동은 2007년 세계보건기구WHO 산하 국제암연구소IARC가 지정한 발암요인이다.

*이 글은 장안석(건강한노동세상 사무국장)이 작성한 '재해 경위서'와 김현주(산업의학 전문의)가 작성한 '업무 관련 소견서'에서 일부를 발췌해 정리한 것이다.

2

아무도 의심하지 않았다

신송희. 1979년생, 여성. 2000년 삼성반도체 기흥공장 입사, 6~8라인 공정관리 파트 소속으로 5년 6개월간 웨이퍼 검사 업무. 2009년 유방암 진단

이희진. 1984년생, 여성. 2002년 삼성전자 LCD사업부 천안공장 입사, 4년 3개월간 LCD 패널 화질·색상 패턴 검사 업무. 2008년 다발 경화증 확진

송희 이야기

아파트 화단에 주저앉았다. 날이 참 맑았다. 코끝에 바람이 일었다.
"왔어? 안 들어가고 거기서 뭐하니?"
고개를 드니, 언니다. 송희는 기운 없이 웃었다. 언니가 말했다.
"어머, 너 살 빠졌다. 이제 젖살 빠지나 보다."
언니는 모른다. 살이 빠질 만큼 일이 힘들다고 말하면 알아줄까.
송희는 6년 넘게 다닌 회사를 그만두었다. 반대할 것이 뻔해 집에 다가는 퇴직 사실을 알리지 않았다. 회사를 그만두고 싶다고 하면 언니들은 말했다.

"그냥 다녀. 별 회사 없어. 너같이 고등학교밖에 안 나온 애를, 거기다가 키도 작고 얼굴이 유별나게 예쁘지도 않은 애를 그 정도 월급 주면서 받아주는 회사가 어디 있니?"

반항도 해봤다.

"여기 다니면 암으로 죽는다는 말도 있다고."

"다 어린애들이 일하기 싫어서 만든 소문이야. 그렇게 쉽게 암에 걸리겠니? 그 큰 회사에서 그게 말이 돼?"

언니들은 믿지 않았다. 그러나 송희는 엔지니어들이 주고받는 말을 들었다. 사내에는, 계속 일하면 고자가 된다는 말, 머리가 벗겨진다는 농담, 쉬쉬하지만 큰 병에 걸린다는 소문이 만연했다.

하루는 엔지니어 선배가 손이 아프다며 끙끙거렸다.

"뼈 속에 스며드나?"

"무슨 일인데요?"

선배는 약품이 묻었는데 바로 씻지 않았더니 뼈가 시큰거린다고 했다. 막연히 화학물질, 저것이 문제인가 보다 싶었다. 여사원들은 유산이 잦았다. 라인 조장 언니도 유산을 거듭한 끝에 임신을 했다. 언니는 곧 사무직으로 자리를 옮겼다. 선배들은 임신을 하면 사무직으로 자리를 옮기려 애썼다. 이직률도 높았다. 여사원들은 늘 병든 닭처럼 비실거렸고, 얼마 못 가 그만두었다. 그 덕에 송희는 입사 5년 만에 조장이 됐다.

송희도 그만두고 싶었다. 입사 첫날, 송희는 생각했다. '어떻게 이런 곳에서 일하지?' 클린룸에 들어서자마자 지린내가 코를 찔렀

삼성반도체 재직 시절 동료들과 간 나들이. 앞줄 오른쪽 끝, 모자를 쓴 채 손으로 '브이' 자를 만든 여성이 신송희 씨다.

다. 냄새가 지독했다. 이런 곳에서는 단 하루도 일하지 못할 것 같았다. 하지만 냄새가 난다는 이유로 그만둘 수는 없었다. 괜찮아, 냄새는 곧 익숙해질 거야. 그러나 익숙해질 수 없는 냄새였다. 송희는 클린룸에 들어설 때마다 진저리를 쳤다. 아니 일을 가기 위해 눈 뜨는 순간, 한숨부터 나왔다.

송희는 웨이퍼 불량 여부를 검사하는 일을 했다. 화학약품에 가공되고 세척된 웨이퍼(wafer, 반도체 제작에 쓰이는 얇고 둥근 실리콘판)가 불량이 나면 송희가 일하는 공정관리 부서로 보내졌다. 각 베이(라인에 딸린 작업실)에서 보내온 웨이퍼가 그녀 주변에 쌓여갔다. 웨이퍼가 담긴 런(웨이퍼 25장 묶음)박스를 열기 직전, 그녀는 숨을 삼켰다. 박스를 열면 참을 수 없는 악취가 났다. 때로는 울컥 구역질이 일었다. 그럴 때면 비닐봉지를 찾아 그 안에 토사물을 쏟아냈다. 그럴 새도 없이 라인에 구토를 한 적도 있었다.

벌겋게 실금 간 눈에 물기가 고였다. 화장실로 뛰어가고 싶어도, 밖으로 나가려면 방진복을 벗고 에어 샤워를 거쳐야 했다. 번거로움이 문제가 아니었다. 그러는 사이 웨이퍼 검사물량이 밀릴 것이 뻔했다. 위에서는 물량 독촉을 해댔다. 조금만 일이 늦어져도 검사를 기다리는 웨이퍼는 쌓여갔다. 하루하루가 정신없이 돌아갔다. 일이 밀려오면 저런 냄새쯤은 별것 아니었다.

그럼에도 자신이 만지는 웨이퍼에 어떤 약품처리를 했는지 궁금했다. 의심이 아니라 당연한 호기심이었다. 약품명과 화학식은 반복해 외웠지만, 성분은 알 수 없었다. 엔지니어나 관리자들에게 물으면 '하는 거나 잘해라' 하는 핀잔이 돌아왔다. 그때마다 내가 고졸이라서 안 알려주고 무시하는 게 아닐까 하는 생각이 들었다. 대학 등록금은 모으고 가자. 당장이라도 그만두고 싶은 마음을 송희는 그렇게 다독였다.

그러나 작업장에 홀로 남겨진 날, 송희는 회사를 그만두기로 마음먹었다. 일하던 라인에 화학가스가 누출됐다. 외떨어진 자리에서 작업을 하던 송희는 어떤 경보도 듣지 못했다. 수상한 정적에 고개를 들자 텅 빈 작업장이 보였다. 누군가 다가와 '왜 대피 안 하느냐. 가스누출 화재사고 났다'고 했다. 그제야 사태를 파악할 수 있었다. 그녀는 화학가스가 새는 작업장에서 혼자 정신없이 불량품을 가려내고 있었던 것이다. 손에 든 웨이퍼는 이 와중에도 무지갯빛을 내고 있었다. 이깟 것, 송희는 제 손에 들린 웨이퍼를 던져버리고 싶었다. 그러나 누누이 들어왔던 웨이퍼의 높은 단가가 떠올랐다. 비싼 웨이퍼가 잘못되기라도 하면 시말서를 쓰고, 발 동동 구르며 엔지니어들을 기다려야 했다. 지겨워……. 송희는 힘없이 중얼거렸다.

퇴사를 한 후, 송희는 대학 유아교육과에 진학했다. 삼성반도체에 근무하며 하루하루를 버티는 것이 고통이었다[1]는 그녀는 대학생활을 시작한 지 2년 만인 2009년, 유방암 2기 진단을 받는다.

왜 이런 일이 일어난 거죠?

"자다가도 내가 어떻게 되지 않을까 그런 생각이 들어요. 만날 보는 사람들도 듣는 이야기도 그러니까. 잠도 안 올 정도로……. 집에 혼자 있으면 미칠 것 같아요."

신송희 씨는 암투병 3년째다. 가을이었음에도 그녀는 두터운 점퍼를 걸치고 모자와 마스크를 쓴 채 나왔다. 암에 걸린 그녀에게는 감기조차 치명적이었다. 면역력이 약해진 몸을 보호하기 위해서 몇 겹의 옷을 둘렀다. 내 쪽에서는 그녀의 동그란 눈만 볼 수 있었다. 반도체공장에서 일한 5년여 동안 송희 씨는 하얀 방진복을 입고 지금처럼 눈만 내놓았다고 했다. 그러나 방진복은 그녀를 보호해주지 못했다.

 악성종양이라고 진단을 내리며 그녀의 주치의는 혀를 찼다고 한다.

 "결혼도 안 한 젊은 아가씨가 왜 유방암에 걸렸을까?"

 유방암 2기인 그녀는 정작 내게 물었다.

 "왜 이런 일이 일어난 거죠?"

 그녀는 자신이 맡았던 냄새 때문이라고 막연히 추측했다.

 "냄새가 늘 났어요. 잘 때도 그 냄새가 떠나지 않았어요."

 그녀는 머리가 지끈거리고 구역질이 날 만큼 냄새에 시달렸다. 화학물질과 접촉한 웨이퍼에서 나는 악취였다.

 송희 씨의 두 언니는 후회했다.

 "휴가 때 오면 집 안으로 안 들어오고 밖에 앉아 있던 게 신선한 공기를 마시고 싶었던 거였어요. 일하는 데가 하도 냄새가 심하니까. 재가 삼성에 들어가고는 살이 쭉 빠졌어요. 힘들어서 그런 거였는데 우리는 그것도 모르고, 애가 예뻐졌다고만 했어요."

 자신들의 무지를 자책했다.

 "반도체공장 하면 깨끗한 줄만 알았지, 이럴 줄 알았나. 애한테 엄살 부린다고 막 뭐라 했어요. 방송에서 보면 깨끗하고 위험해 보이지도 않아서 그런 생각을 못 한 거지."

 무지는 그녀들만의 것이 아니었다. 누구나 텔레비전에서 보아온 반도체 클린룸의 풍경을 믿었다. 은빛으로 반짝이는 네모반듯한 설비, 새하얀 방진복을 입은 작업자, 미세먼지 하나도 용납하지 않는 클린룸. 눈에 보이는 깨끗함을 믿었다.

그러나 클린룸에는 눈에 보이지 않는 것들이 있다. 그것은 반도체 세정과 증착을 위해 사용되는 온갖 화학물질이 뿜어내는 냄새다. 하나의 반도체 칩을 만들어내기 위해 수백여 가지의 화학물질이 사용된다. (2009년 서울대 산학협력단의 역학조사에 따르면, 삼성반도체 기흥공장 5라인에서만 99종의 화학물질이 사용된다고 한다. 부산물과 혼합물질까지 따지면 추정할 수 없는 수가 된다.) 반도체 노동자들은 화학물질 냄새를 싫어했다. 하지만 그것이 자신의 생명에 해를 가하리라고는 생각하지 않았다. 위험에 대해 들어본 적이 없기 때문이다.

위험은 멀리 있어도, 이들에게 청정함은 멀리 있지 않다. 반도체 산업에 종사하는 노동자들은 늘 '청정교육'을 받는다. 클린룸은 미세한 먼지조차 용납하지 않는다. 한 톨의 먼지도 웨이퍼에는 독이 된다. 1클래스의 파티클(paticle, 분진)[2]에도 수백 장의 웨이퍼를 잃을 수 있다. 분진 차단을 위해 클린룸 내부 공기는 통제된다. 노동자들은 방진복을 입고 에어 샤워를 거치고 클린룸에 들어간다. 방진복은 작업자의 몸을 둘러싸, 각질과 침과 같은 이물질을 차단하는 기능을 한다.

이제 클린룸은 '클린'하다. 웨이퍼는 안전하다. 그러나 여전히 클린룸에는 오염이 가득하다. 이 오염물은 절대 사라질 수 없다. 웨이퍼 자체가 오염물이기 때문이다. 웨이퍼는 온갖 작업공정을 거치며 화학물질과 접촉한다. 수백 가지의 불순한 화학물질과 증착, 세정과정을 거쳐 웨이퍼는 '정상'이 된다. 문제는 불순한 화학물질이 인체에 '불순'하지 않다고 확신할 수 없다는 것이다. 반도체산업에 사용되는 물질은 성분조차 정확히 알려져 있지 않다. '영업비밀'이라는 이유에서다. 생산성과 기술이 우선시되는 반도체산업에서 영업비밀은 막강한 이유다.

그러나 2010년 《한겨레21》[3]은 1997년 삼성반도체 기흥공장 엔지니어들에게 지급된 '환경수첩'을 입수해 공개했다. 외부유출이 금지된 수첩에는 트리클로로에틸렌TCE, 시너, 아르신, 감광액 등 6종의 발암물질과 40여 종의 독성 위험물질이 적혀 있었다.(표 참조)

웨이퍼는 아무래도 위험해 보인다. 클린룸에서 일하는 이들에게 웨이퍼로부터 자신을 보호할 것이 있느냐고 물었다. 반도체 노동자 대부분은 이처럼 답했다.

"방진복을 입었어요."

그러나 방진복은 사람을 위한 보호복이 아니다. 얇은 천 재질의 방진복은 사람 몸에서 나는 각질과 땀을 차단해 웨이퍼를 보호할 뿐이다. 작업 중 약품이 튀면 방진복은 금세 젖었다고 했다. 이는 화학물질이 피부와 접촉할 가능성이 있다는 이야기다. 화학물질 앞에서 방진복은 보호복이 아니다. 방진복은 오직 웨이퍼를 보호한다. 종이 마스크도 마찬가지다. 침만 튀어도 젖었다. 장갑은 너무 얇고 그마저도 벗고 작업하기 일쑤였다. 자신이 무엇을 사용하는지 모르니 노동자들은 조심할 이유가 없었다.

약품명과 사용법은 달달 외워도 외국어로 깨알같이 작게 쓰인 성분표시는 눈여겨보지 못했다. 성분표시가 적혀 있지 않은 유기용제

'환경수첩' 기재 내용 중 공정별 화학물질과 환경 영향표

공정		분류	화학물질	특성	환경영향
Diffusion (확산)		가연성 가스	H₂(수소)	가연성, 폭발성	화재
		독성 가스	HCl(염화수소) POCl₃(옥시포클린)	독성, 부식성	산성비 고엽 현상
		기타 가스	산소, 질소	조연성, 질식성	화재
CVD (화학 기상 증착)	LP	가연성 가스	SiH₂Cl₂(디클로로실렌)	가연성, 폭발성 독성, 부식성	화재 구조물 부식
		독성 가스	NH₃(암모니아)	가연성, 폭발성 독성, 부식성	구조물 부식 어류 피해
		기타 가스	질소, 이산화질소	조연성, 질식성	동식물 피해
	AP	가연성 가스			
		독성 가스	WF₆(육불화텅스텐), HF(불화수소)	독성, 부식성	동식물 피해
		기타 가스	질소, 산소	조연성, 질식성	화재
Dry Etch (건식, 식각)		독성 가스	NF₃(삼불화질소), BCl₃(삼염화붕소), 염화수소, 육불화황, 사염화규소	독성, 부식성	산성비, 고엽 현상 구조물 부식
		기타 가스	헬륨, 삼불화에탄, 프레온116, 사불화메탄	조연성, 질식성	질식
Ion Imp (이온 주입)		가연성 가스	AsH₃(아르신), PH₃(포스핀)	폭발성, 독성, 부식성	화재, 하천오염
		독성 가스	BF₃(삼불화붕소)	폭발성, 독성, 부식성	질식
Metal 증착		기타 가스	Ar(아르곤)	질식성	질식
EPI 공정 (다결정층 성장)		액화 가스	SiHiCl₃(디클로로실렌), HCl(염소), SiHiCl₃(트리클로로실렌) PH₃(포스핀), B₂H₆(디보란)	독성, 부식성	악취(질식) 구조물 부식
세정, 식각		유기용제류 (SOLVENT)	(CH₃)₂CO, IPA, ACT-CMI, CH₃Cl, TCE, 각종 THINNER	인화성 독종	식수오염 농작물 피해 생물체 암 유발
		산류	H₂O₂, H₂SO₄, HNO₃, HF, HCl, H₃PO₄, CH₃COOH, 각종 혼합산류(MIAED ETCHANT)	독성, 부식성 산화성, 접촉성	어류 피해 토양 산성화
		알칼리류	NH₄CH, NH₄F	독성, 부식성	하천오염
사진		유기화합물	사진감광액(PR) 표면밀착제(HMDS) (Cl I₃)₂CO, THINNER	독성 인화성 접촉성	식수오염 농작물 피해 생물체 암 유발
		알칼리류	사진현상액	독성, 부식성	하천오염
불순물 침적		액화가스	옥시염화인(POCl₃) 브롬화붕소	독성 부식성, 질식성	질식 식수오염
UTIUTY 유틸리티 (화학물질 가스 공급)		산류	H₂SO₄, HCl, H₂O₂, NaHSO₃, NaCCl	독성, 부식성 접촉성, 산화성	농작물 피해 생물체 암 유발
		알칼리류	Naoh, Ca(OH)₂, Na₂CO₃, KOH	독성 부식성, 접촉성	하천오염
		알코올류	CH₃OH	독성, 인화성	악취

삼성이 버린 또 하나의 가족

도 수두룩했다. 5년, 10년을 일해도 사용하는 화학물질이 인체에 유해할 수 있다는 이야기는 한 번도 듣지 못했다. 클린룸을 유지하기 위해 수십 억대의 자금이 투입되지만, 웨이퍼로부터 노동자를 보호하기 위한 방안은 미비했다(물론 삼성전자 관계자들은 안전한 작업환경을 유지하기 위해 매년 10억 원을 들인다고 말하지만). 노동자들에게는 자신을 보호할 장비도 지식도 주어지지 않았다.

통풍이 잘되지 않는 방진복을 입고 10시간, 12시간 일을 하다보면 땀이 차 몸에 피부염이 생겼다. 먼지를 차단하려고 기압을 높인 탓에 쉽게 피로했다. 코피를 쏟는 일도 잦았다. 면역력이 떨어진 몸으로 정체를 알 수 없는 화학물질 사이에서 버텼다. 이것이 일하는 사람들이 겪은 청정구역 클린룸이다.

희진 이야기

"언니, 이제 우리 방진복 안 입어도 된대요."

희진은 활짝 웃었다. 희소식이었다. 작업복이 방진복에서 제전복으로 바뀐다고 했다. 방진복은 번거로웠다. 일을 하다보면 땀이 줄줄 흘렀다. 몸에 땀띠가 나는 것까지는 참겠는데, 얼굴에 여드름 같은 뽀루지가 올라와 다들 걱정이 많았다. 이제 정전기를 차단하는 가운 형태의 제전복을 입는다고 했다.

설비라인이 바뀌는 참에 작업복 교체도 함께 이뤄졌다. 라인이 바

뛰는 것도 환영할 일이었다. 희진은 LCD 패널 화질 검사를 담당했다. LCD 패널의 화질, 색상 패턴에 불량이 없는지 확인하는 일이다. LCD 패널은 자동화된 라인을 통해 각 MT(검사자)에게 전해졌다. 자동화 라인을 따라 LCD 패널이 움직이니 앞 라인에서 불량이 나면 꼼짝없이 작업이 멈췄다. 위에서는 물량독촉을 하지, 앞 공정에서는 제품이 넘어오지 않지, 일하는 사람만 속을 태웠다. 설비가 바뀌면 작업자들이 직접 LCD 패널을 옮긴다고 했다. 자동화 라인에서 수동 작업을 하는 컨베이어 벨트로 설비를 교체하는 것이다. 그러면 앞 공정에서 라인이 멈춰도 작업자가 불량이 나지 않은 제품을 직접 가지고 와 작업할 수 있게 된다. 예전보다 작업속도가 빨라질 거라며 다들 걱정 덜었다고 좋아했다.

그러나 웃는 것은 잠시뿐이었다. 공정설비가 바뀌고 며칠 지나지 않아 작업자들은 허리와 어깨 통증을 호소했다. 하루에 LCD 패널 몇백 개를 들어 옮기니 팔이며 어깨가 성할 리 없었다. 불량이 나거나 라인이 멈춰도 직접 LCD 패널을 가져다 작업할 수 있으므로 작업속도가 빨라졌다. 더불어 작업자들이 해야 하는 일이 늘어났다. 생산성 증가를 위해 설비가 오히려 자동에서 수동으로 바뀐 것이다.

그래도 희진은 불평 없이 일했다. 힘든 것을 내색하는 성격이 아니었다. 입사 직후 1년 반 동안은 매일같이 12시간 맞교대근무를 했다. 그때보다는 낫다고 희진은 스스로를 다독였다. 하루의 절반을, 그것도 낮밤을 바꿔가며 일을 어찌했을까 싶지만 다들 그렇게 했다. 공장 안 몇천 명의 사람들이 그렇게 일했다. 희진도 당연하게 여길 수밖에 없었다.

그럼에도 일이 견딜 수 없이 싫을 때가 있었다. 자신이 발견하지 못한 불량제품이 뒤 공정에서 발견될 때였다. 그럴 경우 자신이 담당했던 모든 제품을 재검사해야 했다. 재검사는 정규근무가 끝난 후 추가로 두어 시간 동안 진행했다.

벌을 받듯 근무시간 끝나고 남아서 제품검사를 다시 하는 일은 끔찍했다. 다음 공정 작업자가 불량을 잡아내면 스무 살 갓 넘은 오퍼레이터들이 겁을 먹고 누가 불량을 낸 거냐며 수군거렸다. LCD 패널에 20여 가지의 색상이 제대로 나오는지를 검사해야 했다. 검사에 들어가는 시간은 패널 1개당 30초 안팎이다. 패널을 앞에 두고 고개를 이리저리 돌려, 눈으로 보고 또 봐가며 불량을 찾아냈다. 티끌이나 미묘한 색상차이도 지나칠 수 없었다. 몇백 개를 검사하고 나면 목이 움직이지 않을 듯 뻐근했다. 눈은 침침하다 못해 시렸다. 허리 한 번 펼 시간이 없었다. 옆에서 재촉하지, 검사는 까다롭지, 이런 환경에서 불량을 잡아내는 것이 오히려 이상한 일이었다. 그러나 위에서는 불량이 나와서는 안 된다고 못을 박았다.

빨리 돈 모아 그만두어야지, 희진은 늘 그런 생각을 했다. 그러나 그만두고 싶다고 되뇌어도 퇴사를 생각하면 막막했다. 이력서를 들고 새로 직장을 구하러 다니는 것도 일이었다. 팔다리는 점점 저려오고, 바빠서 밥을 잘 챙기지 못하니 몸은 축났다. 어쩔 도리가 없었다.

어느 날 아침, 희진의 오른손이 움직이지 않았다. 놀랄 새도 없이 연이어 다리가 움직이지 않았다. 마비가 온 것이다. 2008년 희진은 다발 경화증이라는 희귀병 진단을 받는다.

늘 제가 후회하는 일이에요

위험은 반도체 클린룸에만 있는 것이 아니다. 다른 전자산업 작업공정에도 칩과 전자부품에 화학물질이 잔존한다. 희진 씨 역시 화학물질과 접촉했을 가능성이 있다.[4]

그러나 희진 씨를 비롯한 전자산업 노동자들에게 더 심각한 문제는 따로 있다. 그들이 너무 많은 일을 한다는 것이다. 휴식시간을 묻는 질문에 희진 씨는 '영(0)'이라고 답했다.

"쉬는 시간이 없다고요?"

"있어도 못 쉬어요. 일하다가 너무 힘들거나 하면 눈치 봐서 쉬는 건데 그것도 쉬기 힘들어요. 웃긴 게, 1명이 쉬게 되면 라인이 안 돌아가니까요."

공식적으로 쉴 수 있는 시간이 점심시간 45분뿐이냐고 물었다.

"밥시간도 너무 촉박하니까 나갔다 들어오면 처량한 느낌이 들어서, 진짜 너무 배고프지 않은 이상 애들하고 간식거리 사와서 대충 먹고 쉬다 들어가는 게 마음이 더 편했어요."

처음이야 놀라지, 나는 곧 이런 대화에 익숙해졌다. 대부분의 오퍼레이터들이 비슷한 경험을 이야기했다. 삼성의 높은 노동강도는 어제오늘 일이 아니다. 삼성맨의 일주일은 주말 없이 '월화수목금금금'이라는 농담이 있을 정도다. 그것은 전자산업에도 그대로, 아니 주요산업이라는 이유로 더 강도 높게 적용됐다. 게다가 전자산업의 주야간 교대근무는 그 자체로 노동강도가 높은 근무형태다. (한국노동안전보건연구소의 실태조사에 따르면 주야간 교대근무 노동자의 84%가 수면장애에 시달린다.)

그럼에도 사람들은 희진 씨의 퇴사를 두고 한마디씩 했다. 그 좋은 회사를 왜 그만두었냐고. 직원 대우가 좋은 회사라는 인식 때문이었다. 그러나 희진 씨는 자신의 기본급을 기억했다. 80만 원이 갓 넘는 액수였다. 기본급에 야간근무, 휴일근무 수당이 붙었다. 그제야 남들이 말하는 삼성의 '센' 월급이 되었다. 근무시간 외 노동이 많으니 수당이 많을 수밖에 없다. 낮은 기본급을 메우기 위해 직원들은 수당에 더 목을 맸다.

사람들 시선이 아니어도 희진 씨 자신도 퇴사를 망설였다. 희진 씨는 팔과 다리에 이상이 생긴 후에도 회사를 그만두지 않고 그 몸으로 한 해를 다 채워 일했다.

"그만두지 않았다고요?"

나도 모르게 다그치듯 말이 나왔다. 그녀는 괴롭다는 표정을 지었다.

"그게 제가 늘 후회하는 일이에요."

일을 하는 동안 제대로 검사와 치료를 받지 못했다. 병가를 신청하지 못한 이유는 많았다. 자신이 자리를 비우면 피해를 보는 것은 동료들이었다. 일이 힘들어서 나가는 사람이 많다보니, 라인에는 늘 일손이 부족했다. 뻔히 사정을 아는데 자신마저 병가를 쓸 수는 없었다. 퇴직은 더 힘든 일이었다.

"그냥 1년 마저 채우고 그만두자 했어요."

늘 그만두고 싶었지만, 참아왔다. 결국 몸에 이상이 온 순간에도, 그녀는 참았다.

그 몸으로 어떻게 일했냐고 물으니 희진 씨는 마비된 손목을 젖히고 팔로 LCD 패널을 드는 시늉을 했다.

"그러고 하루에 패널 몇 개를 검사했어요?"

"크기에 따라 다른데, 보통 수백 개는 하죠."

"검사할 때 화면은 어느 정도 거리에서 봤어요?"

"이 정도요."

희진 씨가 눈에서 한 뼘 거리에 손바닥을 세웠다.

"그렇게 가까이요? 하루 종일 그렇게 화면을 봤다고요?"

그녀가 끄덕인다. 그녀의 노동을 이해하기 위해, 하루에 적어도 8시간을 한 뼘 거리 안에 텔레비전 화면을 놓고 본다고 상상해본다. 바로 눈앞에 화면을 두고 고개를 빙빙 돌려가며 몇 십 초 안에 20여 가지의 검사를 해야 했다. (그녀의 병이 산업재해인지를 판단하기 위해 모인 판정위원들도 이 업무의 심각성을 지적했다. 이미 이전된 그녀의 작업장을 대신해 비슷한 작업을 하는 중국 공장의 영상을 본 판정위원들은 이 업무에 대한 시정이 시급하다는 입장을 냈다.)[5]

가능한 일일까.

"기숙사 사는 친구들도 같이 하니까. 당연하게 견뎌져요. 다들 그렇게 사니까. 그런 시스템에 있으면."

이런 환경에서 인간의 몸이 얼마나 완벽한 기계가 되어 불량을 가릴 수 있을까. 검사 실수를 줄이는 방법으로 고안된 것은 시말서와 재검사 압박이다. 1시간마다 검사수량을 보고해야 했다. 작업자의 머리 위 전광판에 보고된 수량이 떴다. 1시간 안에 LCD 패널 60개를 검사하지 못하면 시말서를 써야 했다. 불량을 잡아내지 못할 때도 마찬가지였다.

"퇴근해서까지 긴장을 풀 수가 없었어요. 그다음 날이라도 못 찾아낸 불량이 있을까 봐서요. 안 좋은 시기가 있잖아요. 터지면 안 되는 게 터져가지고 분위기 싸해지고. 그다음 날이 돼도 불량이 있을까 봐 긴장하다가, 출근하기 싫어지고……."

그러나 아무도 싫다는 소리를 하지 못했다. 고등학교를 갓 졸업한 사람들이 대부분이었다. 위에서 하라는 대로 할 뿐, 문제가 있어도 누가 앞장서서 말할 분위기가 아니었다. 말 못 하는 그녀들은 자신의 몸을 혹사하는 방식으로 시스템에 맞춰갔다. 혹사당한 몸은 이상을 일으켰다.

병에 걸린 후, 희진 씨는 늘 재발을 걱정했다. 다리와 팔, 안구 등에 마비 증상이 오는 다발 경화증은 재발이 반복되는 병이다. 재발이 반복될수록 치료될 가능성은 줄어든다. 평생 신체 일부분에 장애를 가진 채 살아가야 한다는 이야기다. 의사는 재발을 예방하기 위해 무리하지 말고 스트레스를 받지 말라고 했다. 면역력이 떨어져 신경계에 이상이 생기는 병이기 때문이다.

"재발되고 며칠 동안 병원에서 내내 울었어요."

그녀는 재발로 인해 오른쪽 눈의 시력을 크게 잃었다. 재발의 위험을 안 그녀는 이제 모든 행동이 조심스럽기만 하다. "세상에 스트레스 안 받는 일이 어디 있어요?" 그녀는 반문한다. 피로와 스트레스를 몸이 견뎌내지 못하니 직장생활을 할 수 없다. 그래서 어떤 벌이도 하지 못하고 있다. 그러나 평생 일을 하지 않고 지낼 수는 없다. 겨우 스물여덟 살이다. 언니들에게 신세를 지는 것도 미안하기만 하다. 취업을 준비한다며 그녀는 컴퓨터를 배우고, 구직광고를 살펴본다. 그러나 학력이 높지도, 어리지도 않은 그녀가 이 사회에서 구할 수 있는 일은 열악한 환경의 저임금 장시간 노동뿐이다. 악순환 속에 희진 씨는 절대 받지 말아야 할 '스트레스'를 받으며 살고 있다. 사정을 모르는 친구들이 '아직도 일 안 하냐'고 물어볼 때가 제일 속상하다는 그녀다.

이들을 홀린 것

2007년에 백혈병으로 숨진 황유미 씨는 자신이 병에 걸린 이유를 이리 생각했다.

"스트레스를 너무 많이 받아 병에 걸렸나 봐요."

우선 기억나는 것이 자신을 힘들게 한 작업환경이다. 이들은 제대로 자지도 먹지도 못하고 일했다. 일상적인 교대근무와 연장근무로 생체리듬이 깨졌다. 오퍼레이터 여성 중 많은 수가 하혈을 하거나 생리가 불규칙한 증상을 겪었다. 유산도 빈번했다.

그러나 그녀들은 자신 말고 아무것도 의심하지 못했다. 밥을 잘 안 먹어서 그런가? 잠을 잘 못 자서 그런가? 피곤해서 그런 거겠지. 의심할 시간조차 부족했다. 내가 어떤 화학물질을 쓰는지, 내가 일하는 곳이 안전한지, 그런 것에 관심 둘 시간이 없었다. 하루하루를 쳇바퀴 돌듯 살아가기 바빴다. 소화가 안 되고 생리가 끊기고 현기증이 나는 것은 '그만두면' 해결되는 문제로 여겼다. 퇴사를 하고 뒤늦게 병이 발견되면, 운이 나빴다 치부했다. 그러나 운 탓을 하기에는 반도체산업의 직업병 발생 비율이 심상치 않다. 반도체산업의 직업병 비율은 다른 산업에 비해 월등이 높다. (2001년 미국 노동부 통계에 따르면 제조업의 직업병 비율이 6%를 조금 넘는 데 반해 반도체산업의 질병발생 비율은 15%를 넘어선다.)[6]

나는 여성 오퍼레이터들에게 물었다.

"회사에 들어가기 전에 반도체가 뭔지 알았나요?"

반도체가 어디에 쓰이는지, 어떤 물질을 이용해서 만드는지 알고 입사한 것인지 물었다. 그녀들 모두 고개를 저었다.

"생산직이라는 거는 알고 있었어요."

고등학교 3학년, 대학 진학과 취업이라는 선택의 갈림길에 섰다. 이들은 공부에 흥미가 없어서, 집안 형편이 어려워서, 동생을 공부시켜야 해서, 다양하지만 비슷한 이유로 취업을 선택했다. 선택지 중에 '삼성'이 있었다.

나는 다시 물었다.

"삼성반도체가 어떤 곳인지 알았나요?"

그녀들은 끄덕였다. 돈을 많이 주는 곳이라고 했다. 대기업이라고 했다. 누군가는 말했다.

"삼성은 생산직이라고 해도, 그냥 생산직이 아니라고 했어요."

열아홉 살에 삼성에 들어가, 중병을 얻고 10년째 투병생활을 하고 있는 오퍼레이터가 말했다.

"막연하게 좋다고 해서 간 거죠. 돈도 많이 준다고 하고."

"어떤 점이 좋다 그랬어요?"

"돈 많이 번다고……. 돈 많이 버는 게 제일 좋은 거죠."

희진 씨에게 삼성을 선택한 이유를 물으니 인상부터 찌푸렸다.

"모르겠어요. 뭐에 홀렸나 봐요."

나는 그녀를 홀린 것의 정체를 알았다. 언젠가 고3 학생의 진로고민 글을 인터넷에서 본 적이 있다. 삼성반도체에 취업하는 것은 어떻냐고 학생이 묻자, 아이의 담임은 "5년 정도만 열심히 일하면 1억도 모을 수 있다"며 삼성을 추천했다고 한나.

고민 글에 달린 답변들도 담임의 말과 크게 다르지 않았다. 월급은 모두 저축하고 보너스만으로 생활할 수 있는 곳이 바로 삼성이라고 했다. 삼성전자 직원 월급날이면 수원 주변 매장에 신제품이 쏟아져 나온다고 했다. 청정라인을 운영하고, 방진복을 착용하고, 1

년 365일 똑같은 온도와 습도에서 일을 하는 곳이라 했다. 이것들이 희진 씨를 비롯한 취업을 앞둔 이들을 홀렸을 것이다.

고3 학생의 고민 글은 2003년에 쓰였다. 이 글은 당시 삼성반도체에 대한 사람들의 인식을 보여준다. '삼성반도체는 여느 생산직과는 다른, 독보적이고 안전한, 벌이가 좋은 직장이다.' 2003년은 백혈병에 걸려 반도체 직업병 문제를 처음 세상에 알린 황유미 씨가 입사를 한 해이다. 전자산업의 클린룸에 대해 아무것도 알려진 것이 없던 그때, 삼성은 이들이 할 수 있는 최고의 선택이었다.

취업을 한 이들은 첨단산업의 일꾼이 되었다. 그러나 화학물질의 유해성에는 관심을 두지 않은 채, 작업에 필요한 화학식 등 온갖 코드를 외워야 하는 그들의 모습은 흡사 '기계'였다. 기계 같은 노동자들은 몇억 원대의 설비 사이에서 가장 싼 부품이었다. 회사는 저렴한 부품을 거들떠보지 않았다. 그 결과 슬픈 일이 생겼다. 노동자들이 병에 걸린 것이다. 과도한 작업, 유해한 약품에 시달려 망가진 기계는 폐기하면 그만이지만 노동자는 폐기할 수 없었다. 그래서 삼성은 그네들이 망가진 사실을 은폐했다.

그러나 병에 걸린 노동자들이 의심을 하기 시작했다.

신송희 이야기

신송희 씨는 공정관리 소속으로 8라인에서 5년간, 6~7라인에서 6개월간 일했다. 에칭(식각), 포토(사진), 디퓨전(확산) 공정 등 여러 베이에서 보내오는 불량 웨이퍼를 육안이나 현미경으로 검사하는 일을 했다. 웨이퍼 파티클(particle, 분진) 불량 코드를 매기고 오염이 심한 경우에는 리젝트(폐기)했다. 웨이퍼를 육안으로 검사하는 과정에서 호흡기와 피부가 화학물질(TCE를 포함한 휘발성 유기화합물, 중금속류 등)에 노출되었을 가능성이 크다. 또 하루에 1시간가량 작업대 청소를 위해 직접 화학물질을 취급하였다. 2003년 여름에는 라인에서 가스누출 화재사고가 발생했으나 경보기가 울리지 않아 뒤늦게 대피해, 이 과정에서 화학가스 흡입이 의심된다.

또한 신송희 씨는 5년 6개월간 야간 교대근무를 해왔다. 교대근무는 국제암연구소가 유방암을 일으키는 발암물질(그룹 2A)로 지정한 바 있다. 2008년, 1주에 1회 이상 20년간 야간근무를 해온 여성 노동자에게서 발병한 유방암에 대해 덴마크 직업병 판정위원회가 직업병이라고 인정한 사례가 있다.

* 이종란(노무사)이 작성한 '재해 경위서'와 김현주가 작성한 '업무 관련 소견서'에서 발췌했다.

이희진 이야기

이희진 씨는 2002년 11월 삼성전자 LCD사업부 천안공장에 입사해 5라인에서 4년 3개월간 근무했다. 그녀의 업무는 LCD 패널 화질 검사(불량화소 검사)였다. 하루 수백에서 1천 개의 패널이 제대로 작동하는지와 23가지의 색상 패턴이 제대로 발현되는지를 육안으로 검사했다. LCD 패널에 전원을 연결해 얼굴 바로 앞에 두고 검사를 했으므로 전자파 노출이 심했을 것이라 추측된다. 또한 고온 테스트 등 다른 공정이 모두 오픈된 한 공간에서 이루어졌으므로 다른 부서의 유해물질에 함께 오염되었을 가능성도 있다. 가공조립 공정을 거치면서 묻어나온 독성물질이 이희진 씨의 건강에 영향을 미쳤을 가능성도 배제할 수 없다.

게다가 장시간 근무와 불량이 나왔을 때 시행한 재검사 잔업으로 인한 피로와 스트레스로 면역성이 떨어져 다발 경화증이 발병하기 용이한 상태였다. 그녀는 주로 12시간 근무를 했고, 3조 2교대 근무의 경우 4일 일하고 2일 쉬고 4조 3교대의 경우 6일 일하고 2일을 쉬는 것이 일반적이었다.

* 장안석이 작성한 '재해 경위서'와 김인아(산업의학 전문의)가 작성한 '업무 관련 소견서'에서 발췌했다.

3
시간을 되돌린다면 삼성에 가지 않을 거예요

유명화. 1982년생, 여성. 2000년 삼성반도체 온양공장 입사. 2001년 중증 재생 불량성 빈혈 진단

유명화 씨가 사는 대전의 한 아파트로 가기 위해 역에 내려 택시에 몸을 실었다. 도착지를 말하자, 택시기사는 그곳이 몰락한 공단 지대라고 알려주었다. 택시는 구불구불한 길을 헤쳐 들어갔다. 택시기사의 말대로 작은 공업사들이 모여 있었다.

"여긴 공기가 나빠요. 몸이 이러니까 공기가 맑아야 하는데……."

명화 씨는 공단을 그리 말했다. 이곳을 떠나고 싶은 듯 보였다. 사람을 만나려고 해도 10분은 가야 버스정류소가 있고 버스 말고는 이동수단이 흔치 않은 동네였다. 거동이 불편한 그녀에게 한적함은 괴로운 일일 것이다.

막내 남동생이 지금의 집에서 태어났다고 했다. 천안에 있는 반도

체회사에서 보낸 1년을 제외하고 그녀는 이 집을 떠난 적이 없다. 아버지는 집 근처 공단에서 일했다. IMF 외환위기가 닥쳤을 때 여느 아버지들처럼 그녀의 아버지 또한 실직을 했다. 학교 선배들은 신입사원을 모집하는 기업이 없어 취업을 나가지 못하고 있었다. 그녀는 겁이 났다. 다들 취업을 서두르는 눈치였다. 모집공고가 나면 재볼 새도 없이 지원서를 넣기 바빴다. 일반 사무직을 꿈꾸던 명화 씨도 그런 분위기에 휩쓸려 삼성반도체에 입사했다. 부모님의 반응은 나쁘지 않았다. 웬만한 중소기업 경리로 가느니 삼성에 들어가는 게 더 낫다고 했다. 대기업의 위용은 대단했다. 명화 씨도 곧 생각을 달리했다. 고졸이라는 낙인을 달고 사무직으로 가느니, 생산직으로 몇 년 일해 돈을 모아 대학에 가자는 계획을 세웠다.

2000년 여름 명화 씨는 온양공장에 입사했다. 고온 테스트 공정으로 배정받았다. (뇌암 투병 중인 이윤정 씨와 같은 공정이다). 입사를 한 지 1년도 되지 않아, 명화 씨는 병원을 찾는 일이 잦아졌다. 하혈을 하고 어지럼증이 자주 왔다. 하루는 눈에 실핏줄이 터져 안과를 찾았다. 의사는 큰 병원으로 가보라고 했다. 그 길로 대전 집으로 내려와 대학병원을 찾았다. 재생 불량성 빈혈이라는 진단이 나왔다. 낯선 병명 앞에 가족들은 다들 어리둥절했다. 그때는 심각한 줄도 몰랐다. 건강한 체질이었고, 크게 아파서 병원에 간 것도 아니었기 때문이다. 젊으니 괜찮겠지 하며 대수롭지 않게 생각했다. 병가기간이 끝나자 회사로 복귀했다. 한 달 만에 병세가 짙어졌다. 회사를 그만두었지만, 재생 불량성 빈혈에 '중증'이 붙었다.

시간이 안 가요

10년이 지났다. 명화 씨는 한 달에 두 번 서울 병원으로 수혈을 받으러 간다. 중증 재생 불량성 빈혈은 골수 속 세포가 부족해 피가 제대로 만들어지지 않는 난치성 혈액질환이다. 일반인의 경우 혈액 $1mm^3$당 혈소판이 15만~50만 개 정도 되나 명화 씨는 5천 개의 혈소판을 가지고 있을 뿐이다.

  수혈을 받는 과정은 지루하다. 아침부터 대전에서 차를 몰고 온 명화 씨와 아버지는 병원 복도에서 하염없이 수혈 순서를 기다린다. 그사이 병원 지하식당에 내려가 점심을 해결하기도 한다. 병원을 찾은 날, 나는 명화 씨가 식당 메뉴 앞에서 한숨짓는 것을 보았다. 왜 그러냐고 물으니, 돈가스 메뉴가 품절되어서라고 했다. 그녀는 수혈받는 날에는 돈가스를 먹어야 한다고 했다. 평소에는 몸이 좋지 않아 기름기 많은 음식을 먹을 수 없는데 수혈을 받고 며칠은 몸이 괜찮으니 이때를 틈타 먹어야 한다는 것이다.

  음식을 조절하는 일은 병이 안겨준 생활의 제약 중 아주 가벼운 편에 속한다. 명화 씨에게 평범한 일상은 사라졌다. 조금만 무리를 해도 혈관이 터지고 피부에 빨간 빈점이 올라온다. 그녀에게 있어 '무리'란 얇은 방석을 깔고 방바닥에 앉는 일, 가볍게 걷는 일들을 말한다. 앉아 있어도 오래달리기를 한 듯 숨이 가빠온다. 그러니 외출도 일도 여행도 공부도, 할 수 있는 것이 없다.

  병에 걸릴 당시 명화 씨는 젊다 못해 어린 스무 살 나이였다. 당연시 여기던 일들을 하루아침에 포기해야 한다는 사실을 이해하지 못할 나이였다. 어린 그녀는 약 때문에 살이 찌자 자전거를 끌고 나가 운동을 했다. 남들 시선을 의식하고 예쁘게 꾸미고 싶은 나이였다. 하고 싶은 것도 많아 아픈 몸임에도 대학에 들어갔다. 일본책을 번역하고 싶어서 일본어학과를 택했다. 그러나 널따란 대학교정을 걷는 일도, 강의실 건물 계단을 오르는 일도 명화 씨에게는 버거웠다. 수업이 끝나고 그녀의 동기들이 삼삼오오 모일 때, 그녀는 지친 몸을 이끌고 집으로 돌아와야 했다. 학교에 가지 못하는 날이 점점 많아졌다.

건강하지 않으니 무엇도 할 수 없었다. 명화 씨는 포기를 알게 되고, 포기하는 법을 배웠다. 이제는 무엇을 시작하려 해도 두렵다고 했다. 아무것도 할 수 없는 몸으로 감당해야 하는 시간. 그녀는 시간이 두려웠다.

"시간이 안 가요."

집에는 명화 씨 혼자뿐이다. 종일 입 한 번 열지 않고 잠드는 날도 있다. 장성한 동생들은 군대로, 서울로 가고 없다. 아버지는 타지에 가 일을 하고, 어머니는 밤이 늦어서야 집으로 돌아온다.

"어쩔 때는 혼자 밥 먹기가 너무 싫어서 앞에 누가 있다고 상상하면서 먹어요."

이 말을 하는 그녀는 우울하다 못해 비참해 보였다.

외로운 명화 씨를 두고 부모가 밖으로 나가는 까닭은 돈에 있다. 10년 가까이 수혈을 받으니 철분이 체내에 쌓이는 부작용이 생겨

매일 약을 먹어야 한다. 하루치 약값만 만 원이 넘는다. 진료비, 수술비, 그리고 골수이식 검사료까지 들어가는 돈이 만만치 않았다. 그녀의 병을 알고 나서 어머니는 일을 2배로 늘렸다.

맏이인 그녀도 돈 걱정을 놓을 수 없다. 아픈 몸만 생각하라고 말을 건네면서도 그것이 뜬구름 잡는 소리임을 알았다.

"골수이식도 안 하려고 했어요. 돈이 너무 들고, 보험도 안 된다고 했거든요."

하지만 골수이식을 받지 않고는 생활 자체가 불가능하다.

"점점 몸이 나빠지니까. 재작년부터 급격하게 몸이 안 좋아져서 예전에는 한두 달에 한 번 수혈을 받아도 견뎠는데, 이제는 2주도 견디기 힘들어요. 그냥 앉아 있어도 힘이 드니까. 몸에 철분이 많이 쌓여서 간도 나빠지고 당뇨도 올 수 있다고 하네요."

점점 악화되는 병에 겁이 난 명화 씨는 골수이식을 결심했다. 그러나 이식에 적합한 골수를 찾을 수 없었다. 미국, 중국, 대만, 어느 곳에도 없다. 그저 기다릴 뿐이다. 그러니 불안만 커진다. 말 걸어줄 사람 하나 없는 집에 앉아 그녀는 나쁜 생각들을 한다. 영영 골수를 못 찾으면 어떻게 하나, 몸 상태가 이보다 나빠지면 어떻게 하나, 골수를 찾는다고 해도 수술비를 어떻게 감당하나. 자신도 도움되지 않는 걱정임을 안다. 명화 씨는 이마저도 체념한 듯 말한다.

"원래는 활달한 성격이었는데, 오래 아프고 나니까 성격도 변해요. 소심하고 우울해지고."

고과가 돈이니까

한창 밝고 예쁠 시기를 클린룸에서 보냈다. 방사선, 벤젠, 바이러스, 자가면역 질환 등이 원인이라는 중증 재생 불량성 빈혈이 명화 씨의 일과 어떤 연관이 있는지 알고 싶었다. 그러나 둘 사이의 연관을 누구보다 알고 싶어 하는 이는 명화 씨 자신이었다. 그녀가 어떤 화학물질에 노출되었는지, 물질 성분에 벤젠과 같은 발암물질이 포함되어 있는지, 자신이 사용한 기계가 방사선을 방출하는지, 아는 것이 없었다.

그저 정신없이 일했다. 돈 버는 것이 이렇게 힘들구나, 하루하루 체감하며 보냈다. 24시간 기계는 쉬지 않고 돌아갔다. 노동자들도 교대근무로 쉬지 않고 일했다. 고온 챔버가 내는 열과 탄내가 지독했지만 그것에 신경 쓸 여유가 없었다. 실수하지 않는 데 온통 신경이 맞춰졌다. 정산처리를 잘못하거나 불량을 알리는 챔버 잼이 오랜 시간 울리면 선배들의 타박이 이어졌다.

"기계에 들어간 칩이 몇 갠데, 불량이 몇 개고, 그래서 불량률이 몇 퍼센트고, 이걸 계산해서 컴퓨터에 입력하는 건데 정산처리를 잘못하면 리턴return이 와요. 작업하는 중간중간에 정산처리를 하는데 신입 때는 자주 실수를 했어요. 리턴이 오면 시말서를 써야 해요. 언니들한테 혼도 나고요. 그러다보니 기숙사에 와서도 내가 아까 잘못 계산한 건 아닌지 걱정하느라 잠도 못 자고."

작업속도는 선임들의 눈치와 인사고과 점수로 철저히 통제되었다.

"조마다 경쟁을 해야 해요. 어느 조가 더 빨리 많은 물량을 빼나. 조장 고과도 있으니까 다들 신경 쓰고 독촉하고. 설비가 쉬는 꼴을 못 봐요. 이거 왜 빨리 안 돌리냐. 조별 생산량을 복도 벽에 붙여놨어요. 그러니까 더 신경 쓰이고 경쟁하게 되고. 고과가 돈이니까. 고과점수에 따라 성과급을 주거든요."

고온 챔버를 열면 타버린 칩에서 매캐한 연기와 검은 분진이 날렸다. 신입사원 명화 씨는 챔버에 머리를 가까이 하고 보드판에 꽂힌 칩을 입으로 불어 이물질을 제거했다. 에어건을 사용하기로 되어 있으나 급한 마음에 보드판에 입을 대고 바람을 불었다. 한시라도 급히 먼지를 제거해야 했다. 불량이 생겨 일이 늦어지면 그 타박은 고스란히 자신에게 돌아왔다. 안전한가를 따질 겨를도 없었다. 고온 챔버 안에는 화학물질이 타고 있었다.

사라진 10년

"못 해본 게 너무 많죠. 연애도 못 해봤으니까. 어딜 놀러가 보지도 못했고. 저는 졸업여행도 못 갔거든요.. 삼성에 3학년 때 들어가서."

명화 씨는 작년에 제주도에 다녀왔다. 부모님을 조른 끝에 어렵사리 간 여행이다. 또래 친구들은 이제 해외로 여행을 가는데, 자신은 나들이 한 번 제대로 가본 적이 없었다. 친구들이 부러웠다. 자신만 뒤처진 것 같았다. 여행에 앞서 휠체어를 준비하고 수혈을 받는 등 조심해야 할 것이 많았다. 그러나 무리한 여행을 한 것은 단지 부러움 때문만이 아니었다. 그녀는 더 나빠질 것을 준비하고 있었다.

"더 나빠지면 못 갈 테니까. 처음에는 안 나을 거라는 생각을 하지 않았어요. 멀쩡하다가 아픈 거였으니까. 그런데 10년이 되도록 나빠지기만 하니까, 이제는 기대를 안 해요."

분위기를 밝게 하려 여행에 대해 물었지만, 명화 씨는 씁쓸히 대답했다.

"뭐 볼 만하면 몸이 안 좋아 들어가야 하고 그랬죠."

"그래도 제주도 예쁘죠?"

"……예쁘죠."

괜히 물었다. 자신이 사는 도시의 풍경을 보려 해도 큰마음을 먹어야 하는 그녀다.

"처음 아플 때는 그래도 괜찮았어요. 스무 살이었고 주변 친구들도 다들 아무것도 이룬 게 없었으니까. 그런데 친구들은 이제 다 자리를 잡았잖아요. 결혼도 하고 직장도 다니고. 그런데 아직까지 나만 백수고……. 앞길이 깜깜하달까."

지금까지 울지 않고 잘 참던 그녀가 목이 메는 걸 누르느라 큼큼거렸다.

"지난 세월이 너무 아까워서……. 그 시절을 아무 의미 없이 보냈다는 게…… 억울해요."

명화 씨는 기어코 울음을 터트렸다. 그녀의 10년을 더듬었다. 갓 서른이 된 그녀는 자신에게 20대가 없다고 말했다. 30대 또한 자신할 수 없다.

하지만 그녀는 애썼다. 명화 씨가 살아가려 애쓴 흔적은 집안 곳곳에서 찾을 수 있었다. 그녀가 만든 십자수가 벽마다 액자에 담겨 걸려 있었다. 시계, 열쇠고리, 쿠션 모두 십자수로 만든 작품이다. 그녀는 십자수가 집에서 혼자 할 수 있는 거의 유일한 소일거리라고 했다. 그녀는 무엇이라도 하려고 끊임없이 애썼다. 그녀의 아버지는 투덜거리면서도 그녀가 원하면 십자수 장식을 담을 액자를 사왔다. 성정 급한 아빠가 요즘은 불평도 없이 부탁을 들어준다며 명화 씨는 이마저 슬퍼했다. 자신의 건강이 악화되는 것이 눈에 보이니 아빠가 순해짐을 알기 때문이다.

뒤늦은 의심, 계속되는 후회

명화 씨는 애쓰고 포기하고 애쓰고 좌절한다. 그 과정을 10년이나 지속했다. 이 모든 포기와 실패의 원인은 알려주지 않은 사실을 그녀가 단지 몰랐다는 데 있다.

"일을 하는데 생리가 안 나왔어요. 안 할 때는 몇 달을 안 하다가, 한번 하면 양이 너무 많은 거예요. 무서워서 다른 사람들한테 물으면 다 그런 거래요. 남들이 다 그런 거라고 해서 정말 괜찮은 건 줄 알았어요."

괜찮지 않음을 깨달았을 때는 이미 늦었다. 병에 걸린 뒤였다. 아니 병에 걸리고도 몰랐다. 병실에 누워서도 삼성은 좋은 회사였다.

"병에 걸렸다니까 병가처리도 해주고, 사원들이 모금했다고 돈도 얼마를 주는 거예요. 고마운 거예요. 아빠도 큰 회사니까 이 정도로 해주는 거라고. 저도 신세진 느낌이라 빨리 나아서 회사로 복귀하고 싶었어요."

한참이 지난 후에야, 명화 씨는 온양공장에서 일하다 백혈병에 걸려 세상을 떠난 여성 노동자의 이야기를 들었다. 뒤늦게 의심을 하기 시작했다.

요즘도 그녀는 홀로 웅크려 후회를 한다. "가지 않았을 거예요." 그녀가 하는 무수한 후회 중 가장 첫 번째에 놓인 후회는 바로 이것이다.

"다시 시간을 되돌린다면 삼성에 가지 않을 거예요."

4
사진 속 여자는 늘 울고 있었다

황민웅. 1974년생, 남성. 1997년 6월 삼성반도체 기흥공장 입사, 7년 4개월간 근무, 1라인 백랩(연마) 및 5라인 CMP 설비 엔지니어. 2005년 백혈병으로 사망. 당시 32세

정애정. 35세, 여성. 삼성반도체 기흥공장 5라인에서 11년간 근무

"회사에서 부서별 합창대회를 했어요. 경복궁 타령을 했는데 제가 장구를 쳤어요. 장구를 치니까 애기 아빠가 앞에 와서 앉잖아요. 앞에 와서 보는데 애기 아빠 얼굴이 튀었어요. 애기 아빠도 제가 눈에 들어왔대요. 다른 사람들은 여자 한복을 입는데, 나는 장구를 들고 계단을 오르내려야 하니까 남자 한복을 입겠다 그랬거든요. 남자 한복을 입으니까 눈에 더 띄었겠죠. 그때는 말라서 지금보다 예뻤을 거야. 하하."

애정 씨는 남편과의 첫 만남을 떠올렸다. 정애정 씨와 남편 황민웅 씨는 삼성반도체 기흥공장 사내 커플이었다. 나는 애정 씨를 사진으로 먼저 보았다. 사진 속 그녀는 늘 울고 있었다. 남편의 영정을

손에 든 채였다.

　직접 만나보니, 그녀는 잘 웃는 사람이었다. 그러나 웃음 사이로 긴장이 보였다. 세상에 맞서 사는 사람의 긴장, 그건 홀로 아이 둘을 키워야 하는 엄마의 모습이었다.

열아홉 살 애정

"삼성으로 취업 나간다 그럼 학교 앞에 대형버스가 좍 서 있어요. 저희 학교에서 1차에 80명, 2차에 60명 정도 뽑혔던 걸로 기억해요. 학교 앞에 버스 5, 6대가 서 있으면 사람들이 '뭔 일 났어?' 그런단 말이에요, 촌에서는. 하하. 버스를 타고 수원 병원에 가서 건강검진을 받고 바로 연수원으로 갔어요."

　그녀는 여느 사원들과 마찬가지로 고등학교 3학년 2학기, 삼성반도체에 입사했다. 한 학년 350명 중 150명가량이 삼성전자 계열로 취업을 나갔다. 그녀와 100여 명의 동기들을 태운 삼성반도체 버스는 수원으로 향했다. 도착한 곳은 회사가 아닌 연수원이었다.

　입사가 결정되면 예비 사원들은 2, 3주간 연수를 받게 된다. 애정 씨는 이 기간 동안 반도체 공정 교육은 물론, 기업 삼성의 가치와 경영이념 등에 관한 교육을 받았다.[1]

"연수원을 통째로 빌렸나 봐요. 거기서 2, 3주 동안 삼성체제로 들어가는 거예요. 2주 동안 매점 가는 것도 차단을 시켜요. 하루 세 끼

식당에서 주는 밥에만 의지하는 거예요. 그때부터 훈련인 거죠. 10월 2일이 입사일인데 2주 연수를 했으니까 10월 중순에 나왔을 거 아니에요? 그날 하늘이 드높고 푸르렀었는데 버스를 타고 가면서 하늘만 보니까, 선생님이 '애정아 너는 서울 같은 도시 처음 보니?' 그러는 거예요. 그만큼 고립된 채 진행된 교육이었어요."

"중도에 포기한 사람은 없었어요?"

"어떻게 들어간 곳인데요. 포기한 사람은 없고, 건강검진 결과가 안 좋게 나온 애가 하나 있었는데, 그애는 교육 도중에 '짐 싸라' 해서 집에 갔어요. 그게 중한 질병에 걸린 게 아니라, 빈혈! 그것도 관리요망 정도 있잖아요."

삼성은 건강한 노동자들을 선별해서 입사시켰다. 가벼운 빈혈로도 탈락했다. 건강검진을 통과한 노동자들은 현장으로 배치됐다. 연수기간 동안 한껏 높아진 애사심을 갖고 삼성맨으로의 첫발을 내딛었다. 그러나 사람마저 새하얀 공장, 1조 원 넘는 자금이 들어갔다는 공정설비, 이 모든 것 앞에서 열아홉 살 애정 씨는 금세 위축됐다.

"와, 내가 여기서 과연 일을 할 수 있을까. 설비부터 모든 게 영어로 이뤄지고 복잡하니까. 정밀 따라잡기 급급했던 거 같아요."

한편 첫 직장이니 욕심도 났다. 빨리 일을 배워 선배들에게 인정받고 싶었다. 애정 씨는 부지런히 일했다. 반장을 맡고 선배들과 친해질 기회도 많아 승격도 빨랐다. 부서별 야유회에서 사회를 보는 일은 늘 애정 씨 담당이었다. IMF 외환위기 전에는 부서별로 행사를 많이 했는데 매년 여름이면 대천 해수욕장으로 야유회를 갔다. 여사원들만 가득한 현장을 떠나 다른 부서 남자 직원들도 볼 수 있는 기회라 젊은 애정 씨는 마음이 설레기도 했다. 그러나 회사생활이 즐거웠던 것만은 아니다. 간혹 숨통을 틔워주지만, 평소에는 바깥바람 한 번 쐬기 힘들었다.

"사원이 되면 삼성 계열사니까 에버랜드 무료이용권을 주곤 해요. 가족 단위로 4인용을 줬던 거 같은데, 그걸 매번 다 못 쓰고 남겼어요. 갈 시간이 없어서."

낮밤 바뀐 맞교대 근무에 쉬는 날에는 자기 바빴다.

"우리가 처음 들어왔을 때 4조 3교대, 계약한 게 있었을 거 아니에요? 그런데 그때는 우리가 성인이라고 생각을 못 했기 때문에, 계약을 이행하는가 안 하는가, 뭐 이런 생각도 못 했단 말이에요. IMF 외환위기 겪으면서 저는 3조 3교대도 했고 2조 맞교대도 해봤어요. 사람을 안 뽑는 거예요. 그때부터 계속 사람이 줄었어요. 12시간 맞교대를 하는데…… 정말 죽는 줄 알았어요. 원래 6일 일하고 이틀씩 쉬는 건데, 열흘 일하고 하루 쉬고 이럴 때도 있었고. 심지어 밤근무 하고 아침 6시에 퇴근하면 잘 거 아니에요? 자느라 하루를 다 보내고 다음 날 아침 6시에 출근해요. 그게 하루 쉬는 거예요. 1년을 그렇게 일한 거 같아요. 게다가 일은 얼마나 열심히 했는지……."

생산량은 인사고과에 반영됐다. 고과에 따라 보너스 금액과 승진 기회도 달랐다.

"고과를 ABCD로 줘요. A^+가 얼마였는지 잘 기억은 안 나는데,

보너스 봉투를 따로 줘요. 그러니 다들 하나라도 물량을 더 빼려고 애를 쓰는 거죠. 그런데 제조과는 사람이 많기 때문에 정말 날고 뛰지 않는 이상, 거기서 거기예요. 다들 기계로 하는 건데, 설비 완료 시간이 40분으로 정해져 있으면 빨리 해봤자 거기서 거기잖아요. 그러니깐 오토 설비를 수동으로 돌리게 되는 거고……"

그 말은 자동으로 잠금장치가 되는 설비를 수동으로 전환시켜 인위적으로 작동 중인 기계 문을 열었다는 것이다. 그런 일을 한 이유는 생산량과 속도에 있었다.

"시간이 촉박하고, 물량은 빨리 빼야 하니까. 기계가 꺼지지도 않았는데 잠금장치를 풀어서 웨이퍼를 빼는 거죠. 기계 작동도 멈추지 않았는데…… 하지만 그때는 전혀 위험하다 생각 못 했어요."

잠금장치인 인터록을 해제한 채 기계를 돌리는 것은 흔한 일이었다. 심지어 기계에 애초부터 잠금이 되지 않게 해달라고 엔지니어에게 요구하는 오퍼레이터도 있었다. 오퍼레이터의 물량 압박을 아는 엔지니어들은 상대적으로 위험도가 낮은 화학물질을 사용하는 설비에는 인터록을 해제해주었다. 잠금장치 해제는 작업현장에서 암묵적으로 용인됐다. 앞서 근무를 한 선배들은 아예 자석을 이용해 기계 문을 열어둔 채 작업을 하기도 했다.

가동이 멈추지 않은 기계에는 배출되지 못한 화학가스와 약품이 잔류해 있을 터였다. 공정 내 방사선 기계에도 사정은 마찬가지였다. 한 역학조사에 따르면 엑스레이 검사 직원들은 엑스선이 방사선을 뜻하며 자신들이 방사선 기계를 사용하고 있다는 사실조차 알

정애정 씨가 클린룸에서 근무하던 시절 찍은 사진. 사진에는 이렇게 적혀 있다.
"1996년 3월 1일 2시 35분 G. Y.(야간근무). 25베이 BPSG05 앞에서 예쁜 애정이"
눈만 드러나는 방진복을 입고 옆 동료와 경쟁을 하며 쉴 새 없이 라인을 돌린 것은 단지 몇 푼의 성과급 때문이 아니다. 지금의 노력이 미래를 위한 것이라 생각했기 때문이다.

지 못했다. 그러니 작동 중인 기계 문을 여는 것은 쉬운 일이었다.

편법까지 써가며 쉬지 않고 일했지만 일의 양은 하면 할수록 늘었다. 6년을 일하니 애정 씨 몸에 무리가 왔다. 낮밤 바뀐 생활에 체력도 떨어지고 일도 버거웠다.

"몸무게가 줄더라고요. 생리통도 심해지고, 라인에 들어가면 얼굴도 하얗게 질려서 쓰러져서 나오고 위경련도 나고. 이제 그만둬야겠다 싶어서 퇴사한다고 말까지 해놨어요. 그러니까 3개월 전에는 얘기를 해야 한다는 거예요. 하기 싫은데 붙잡아두니깐 이 울타리가 감옥 같았죠. 기숙사도 공장 안에 있으니까 회사 밖에 나갈 기회도 거의 없잖아요? 지금은 세상이 많이 바뀌어서 여사원들이 차도 사

4 사진 속 여자는 늘 울고 있었다

고 밖에 나가서 쇼핑도 하고 그러는데 저희 때만 해도 기숙사, 회사 거기서만 왔다 갔다 했거든요. 엄마한테는 얘기 못 하고 막내 삼촌한테 전화해서 그만두고 싶다고 울고 그랬어요. 약간 우울증이었던 거 같고……. 그러다가 애기 아빠 만나면서 기분이 좋아져서 그런지 몸도 회복되고 회사도 더 다니게 된 거죠."

두 아이의 엄마인 똑 부러진 그녀가 아닌 20대 애정 씨를 떠올렸다. 어린 나이에 들어온 첫 직장. 당장 죽게 생겨도, 회사에서 그만두지 못한다고 하면 달리 방법이 없는 줄 알던 때였다.

위안을 준 것은 그즈음 만난 남편이었다. 퇴사를 염두에 두고 마지막이라 생각하고 나간 사내 합창대회에서 애정 씨는 5라인 엔지니어 황민웅 씨를 만났다. 두 사람은 2001년 가을 결혼식을 올렸다. 다음 해 그녀는 회사를 그만두었다.

"그때는 좀 서운했어요, 사원증을 반납하니까. 10년 가까이 있던 곳인데, 이제 여기는 내가 다시 올 수 없는 곳이구나. 막연하게 서운하더라고요."

스물일곱 살 애정

새로운 삶이 시작됐다. 첫 아이를 유산하는 아픔이 있었지만 당시에는 몸이 약해 생긴 일이라 생각하고 말았다. 새로운 삶에 대한 기대에 부풀어 있었다. 아이도 곧 다시 들어섰다. 남편 민웅 씨도 회사에서 새로운 변화를 맞았는데, 부서가 바뀐 것이다. 그는 1라인으로 부서를 옮겼다.

"그때 애기 아빠가 1라인 세트업(설치) 업무로 배치받아 갔는데, 정말 종일 일을 했어요. 내가 왜 기억을 하냐면 하루 종일 애기 아빠만 기다리는 거예요. 당시에 입덧이 너무 심해서 아무것도 못 먹었어요. 탈진이지 탈진. 제 몸도 못 씻었거든요. 그래도 애기 아빠가 오면 좀 챙겨주니까, 내가 애기 아빠를 질리게 기다려봤어요. 만날 세트업한다고 2002년에는 남편 얼굴을 거의 볼 수 없었고. 이러다가 사람 잡겠다 싶어서 저는 친정에 가 있고. 애 낳고는 제가 다시 삼성에 입사를 해서 서로 교대근무 하느라고 바빠서 얼굴도 잘 못 봤죠."

애정 씨는 경력직원을 모집한다는 소식을 듣고 재입사를 결심한다. 재입사 날은 첫 아이 희준을 낳은 지 겨우 3주 후였다. 남편은 길길이 반대했다.

"회사를 간다니까 애기 아빠는 펄쩍 뛰는 거예요. 산후조리한 지도 얼마 안 되고. '황민웅 정애정 득남 축' 해서 회사 부서에 다 붙여놨거든요. 사람들도 다 아는데 산모가 라인에 들어오는 게 말이 되냐고. 왜 다시 들어갔냐면, 벌어야겠더라고요. 결혼하고 나서는 한 달에 쓰는 게 딱 정해지잖아요. 옷 한 번 사려고 해도 생각을 해야 하고 엄마 용돈 10만 원 드리던 거를 5만 원 드려야 하고. 이게 스트레스를 받는 거예요. 그럼 남편은 그런다. 왜 장모님한테, 면목 안 서게 그러느냐, 똑같이 드려라. 나는 안 드리고 싶어서 그러나.

결혼하면 또 그게 아니잖아요."

날이 빠듯해 애정 씨는 몸조리도 제대로 하지 못하고 회사에 들어갔다. IMF 외환위기를 겪으며 애정 씨처럼 재입사하는 이들이 늘어났다. 결혼이나 임신을 한 여직원들의 퇴사율도 눈에 띄게 줄었다. 몇 해 전만 해도 결혼하면 당연히 퇴사하던 분위기가 사라졌다. 경제위기를 겪으며 직장을 유지해야 한다는 생각이 강해진 탓이었다. 심지어 임신을 숨기고 일하거나, 사무직 자리가 부족해 임신을 한 상태에서 클린룸에 들어가 일하는 경우도 생겼다.

그러나 클린룸에서의 작업과 주야간 교대근무는 유산의 위험성을 높인다. 자연유산과 월경불순을 일으키는 것으로 알려져 있는 안티몬, 2-메톡시 에탄올 2-Methoxy Ethanol 등은 반도체산업에 주요하게 사용되는 물질이다. 게다가 일회용 마스크와 방진복도 만성적인 산소부족을 야기해 산모에게 위험하다.[2)] 이에 회사가 취한 조치는 임산부의 클린룸 근무를 금지하는 것이 아니었다. 회사는 허리가 느슨한 임산부용 방진복을 만들었다.

산모인 애정 씨에게도 회사의 배려는 클린룸에서 그나마 앉아서 할 수 있는 작업을 주는 것뿐이었다. 갓 아이를 낳은 몸으로 애정 씨는 클린룸에 들어갔다. 몸을 추스르지 못하고 왔으니 작업은 이태 전보다 더 버거웠다.

"제가 몸이 잘 부어요. (클린룸) 라인 들어가면 몸이 더 붓는 데다가 애 낳으니까 붓기가 안 빠지는 거예요. 몸이 부어서 맞는 옷이 없으니까, 애기 아빠가 젊을 때 입던 청바지랑 티 입고 출근했었어요.

지금 생각하면 창피한데 그때는 몰랐어요. 애 낳은 지 얼마 안 되니까 파마도 못 하고 머리는 고무줄로 동여매고. 우리 애 아빠는 그게 너무 창피했었던 거야, 하하. 나중에 들은 얘긴데, 애정 언니가 1년 만에 망가져서 왔다고 다들 그랬대요."

애정 씨는 옛적을 떠올리며 자주 웃었다. 그녀는 당차고 생활력이 강한 사람이다. 어릴 적부터 일을 해온 경험 때문인지 일을 무서워하지 않았다. 고만고만한 집안의 아들로 자라 허세부린 적 없이 착실히 직장생활을 해온 민웅 씨는 그런 그녀의 모습에 안심하지 않았을까. 막연히 부부의 마음을 더듬어본다. 신혼생활에 대해 물으니, 애정 씨는 다시 웃는다.

"둘 다 교대근무 하느라고 집에서 잠만 자니까 우리 집을 하숙집이라 불렀어요. 같이 뭐 한 일이 없었으니깐 회상할 것도 별로 없고……. 그런데 큰 추억은 없어도 애기 아빠가 자잘하게, 내가 생각해봐도 너무 고맙게, 섬세하게 잘 도와줬어요. 정말 성격이 깔끔한데 잔소리는 없어요. '너는 왜 안 하니?'라는 말도 절대 하지 않아요. 음식 하나를 하더라도 애기 아빠는 설거지 다 하고 음식물 쓰레기까지 버리고. 나 자고 있으면 자기가 국도 다 끓이고 먹고 가라 그러고.

저는 살면서 행복하다, 신랑이 너무 예쁘다, 정말……. 좋아서 신랑 졸졸 따라다녔어요. 소파에 누워서 TV를 잘 보거든요? 그럼 좁은 소파에 둘이 눕는 거예요. 그럼 '아 귀찮다'면서 '좁은 데 왜 붙어 있냐'고 애기 아빠가 일부러 그래. 나 놀리는 거 좋아하는 사람이었어요. 잘해주니깐 마음이 고맙더라고요. 너무 짧죠. 너무 짧아. 3년 살았으니깐. 1년은 애 낳는다고 떨어져 있고 그 뒤로는 바쁘고 아프고……. 9개월 아팠지."

결혼기념일 3주년을 앞두고였다. 매번 바빠서 못 챙긴 기념일을 올해는 꼭 챙기기로 약속한 터였다. 그러나 남편은 결혼기념일 선물 대신 예상치 못한 소식을 전해주었다.

"감기가 걸렸는데 안 낫는 거예요. 원래 감기도 잘 안 걸렸어요. 우람하고 건장한 건 아니지만 누가 봐도 활기차고 에너지가 충만한 사람이었어요. 자기 몸도 잘 챙겨서 몸이 조금이라도 안 좋다 그럼, 병원에 가서 바로 진료받고요. 그런데 감기가 한 달이 다 되도록 안 낫는 거예요. 큰 병원으로 갔는데, 그 즉시 항암치료에 들어간 거죠. 급성 백혈병이라고."

당시 그녀는 둘째 예인이를 임신했다. 배부른 몸으로 병구완이 시작됐다. 백혈병은 면역력 싸움이기에 환자를 모든 세균과 격리시켜야 했다. 환자 손에 닿는 모든 것을 소독해야 했다. 보호자의 손이 갈 일이 많았다.

"10층에 공동으로 쓰는 목욕탕 있잖아요? 애기 아빠 목욕 한 번 시키려면 욕실 청소를 내가 혼자 다해야 해요. 욕조가 또 깊어요. 키도 작은데 배는 불러서 몸 굽히는 게 너무 힘든 거예요. 그거 청소 다하고 애기 아빠를 닦아줘야 하니까 나는 너무 힘든 거예요. 늘 잠도 부족해가지고. 애를 가져서 나는 잠이 늘었는데 남편은 예민해져서 잠을 못 자니까, 나도 덩달아 못 자는 거죠. 좀 잤음 좋겠다 그러고 다녔어요."

남편을 살려야 한다는 일념으로 온갖 고생을 다했던 일, 그게 부부의 마지막 추억이 됐다.

"마지막에 애기 아빠가 중환자실로 실려간 거예요. 막 소생술 하면서 비상 엘리베이터 타고 중환자실에 내려가는 것까지는 봤어요. 그다음부터 애기 아빠를 볼 수가 없는 거예요. 무서웠어요. 겁이 나서 면회를 못 했어요. 그러다 어느 순간, 더 늦기 전에 내가 가진 가야겠다 하고 내려갔어요. 중환자실 간 지 10일 만에 죽었는데, 거의 그때도 죽은 거였지……."

다행히 남편은 둘째가 태어났다는 소식을 들은 후 숨을 거뒀다. 임신한 그녀를 붙잡고 고맙다고 울던 남편을 애정 씨는 기억한다. 마지막 인사도 제대로 못 하고 남편을 보냈지만, 그녀는 남편의 진심을 알았다. 아픈 그를 찾아온 삼성전자 사내방송국SBC 카메라 앞에서 민웅 씨는 고백을 했다.

"아내가 너무 많이 고맙고…… 이 세상에서 그 어떤 여자보다 가장 사랑하고요. 제일 행복하게 해줄 수 있는 그런 남편이 될 거예요."

약속을 지키지 못하고 민웅 씨는 2005년 세상을 떠났다. 남편의 죽음을 채 정리하기도 전에 그녀에게는 생활이라는 문제가 닥쳤다. 어느새 자신은 두 아이의 엄마가 되어 있었다. 첫 아이를 낳고 남편과 서로 '희준 아빠, 희준 엄마'라 부르며 쑥스러워 웃던 그때가 아니었다. 그녀는 홀로 남았다.

"애를 낳긴 낳았지만 엄마한테 맡겨놓고 계속 우리는 알콩달콩 연애하는 것처럼 살았는데 갑자기 엄마가 돼야 하는 거예요. 그것도 강한 엄마가. 하하. 순간적으로 어른이 확 되더라고요."

교대근무로는 두 아이를 돌볼 수 없었다.

"일하면서 보육교사 자격증을 따러 다녔어요. 3시간, 4시간 자면서. 정말 세수하고 나서 스킨로션 바를 시간도 없이 그냥 쓰러지는 거예요. 자격증 따고 2007년 3월에 회사 나올 때는, 처음에 퇴사할 때는 아쉬웠다고 그랬잖아요, 그런데 그때는 후련하더라고요! 내가 여기를 안 다녀도 되는구나. 힘들었어요. 그때는 위험하다는 건 몰랐는데……."

퇴사를 했다. 삼성과의 인연은 여기까지인 줄 알았다. 그러던 2008년, 어린이집 교사로 일하며 아이들을 키우던 애정 씨에게 남편 선배가 전화를 걸어왔다.

"'제수씨, 요즘 회사에서 일하다가 백혈병에 걸릴 수도 있다는 얘기가 돌고 있다. 제수씨도 한번 알아봐라.' 그 얘기가 다였어요. 그래서 내가 '에?' 이랬어요. 아예 생각도 못 해본 거라서. '이게 말이 되냐?' 저는 산재라는 것도 몰랐고, 어디 팔다리가 부러져야 산재라고 생각했기 때문예요. 뭘 어디서 어떻게 시작해야 할지 까마득한 거죠. 일을 하면서도 한 번씩 생각이 나는데. 처음에는 80~90%는 무시를 했던 거 같아요. 그게 말이 될까? 병이 일하면서 걸렸을까? 그러다 인터넷으로 '삼성 백혈병'을 검색해보니까 황유미 씨 기사가 있더라고요. 그거 보고 다산인권센터(반올림에 참가하는 인권단체) 전화번호를 알게 됐어요."

반올림은 애정 씨의 전화를 반겼다. 고 황유미 씨의 아버지 황상기 씨가 애정 씨를 찾고 있던 참이었다. 투병 당시 유미 씨와 민웅 씨는 같은 암병동에 있었다. 삼성반도체 직원이 유미와 같은 병으로 입원해 있다는 이야기를 들은 황상기 씨가 병실을 찾아갔을 때, 이미 민웅 씨는 없었다. 엇갈린 후에도, 황상기 씨는 민웅 씨와 애정 씨를 찾고 있었다. 삼성반도체 직원 중 겨우 6명만이 백혈병에 걸렸다고 이야기될 당시였다.

그러나 애정 씨는 망설였다. 삼성이 남편을 죽였다고 말하는 사람들을 만나야 했다. 퇴사한 후에도 삼성 사원증을 안 버릴 정도로, 삼성 직원들의 자부심은 컸다. 그것을 무너뜨리고 가야 했다.

"심지어 우리는 삼성맨이지 공장에 다니는 사람, 생산직이 아니었어요, 우리가 생각할 때는. 그렇게 생각할 수밖에 없었던 게, 이제 기흥공장도 공장이 아니라 캠퍼스라 부르잖아요. 생산직도 절대 생산직이 아니라 오퍼레이터. 다 영어고 세련된 표현을 쓰니까 공장이라 생각해본 적이 없는 거예요. 나는 삼성인이라는 자부심. 거기다가 기숙사, 회사만 알고 10년을 살아오니까, 삼성 밖에 있는 사람들은 나를 이용할 수도 있다, 못 믿을 곳이다, 이런 생각도 있었던 거 같고. 그래도 일단 나갔어요. '나는 이제 더 이상 어린애가 아니야' 이러면서 나갔던 거 같아요. 하하."

막상 만나보니 반올림 사람들은 반도체 현장에 대해 알고 있는 것이 없었다. 2008년 당시 반올림에 들어온 제보 수는 미약했다. 반올림이 알고 있는 것이라고는 삼성반도체에 같은 병으로 죽어간 이들이 여럿 있다는 사실뿐이었다. 그런 반올림 사람들이 답답해서 애정 씨는 자신이 일한 경험을 들려주었다.

"이야기를 하다보니까 '옛날에 내가 어떻게 일했더라' 생각을 하게 되고. 예전에 썼던 반도체 용어들이 생각 안 나면 후배들한테 전화를 해서 '그게 뭐였지?' 묻고 그렇게 작업을 기억해내면서, '그게 문제일 수 있었겠구나, 한 번도 이게 문제일 거라 생각 못 했는데 문제일 수 있었겠구나' 스스로 생각을 했던 거 같아요. 내가 얘기하는 거하고 전문가들이 말하는 거하고 맞아떨어지고, 그러면서 점점 확신이 서고."

남편의 문제도 마찬가지였다. 작업복에 화학약품을 늘 묻히고 다니는 엔지니어들을 보면서도, 저들과 남편을 별개로 생각했다. 그녀는 엔지니어들의 작업환경을 떠올렸다.

"기계를 만지기 때문에 엔지니어 선배들이 손을 엄청 많이 다쳤거든요. 장갑을 껴야 하는데 주부들도 그렇잖아요, 속도가 안 나니까 고무장갑 벗고 그냥 맨손으로 하잖아요? 엔지니어들도 그래요. 설비 안쪽에 있는 곳은 청정을 덜 지켜도 되는데, 서비스에어리어거든요, 거기가 엔지니어들이 설비 다루는 공간이에요. 청정수칙 검사를 담당하는 잡job이 하나 있는데, 그 사람이 설비 뒤로 엔지니어들이 있는 서비스에어리어까지 가지는 않아요. 그곳은 청정을 그다지 강조하지 않기 때문에 마스크도 안 해요, 답답하니깐.

거기다 애기 아빠는 세트업 업무를 했단 말이에요. 라인이 세트업은 됐을지 몰라도 테스트 과정이란 말이에요. 다 완성된 것 체크하는 유지보수가 아니라, 정말 다 분리해서 조립하고 새로 만드는 공정이기 때문에, 안전장치나 누출방지기 같은 건 다 정상적으로 가동될 때 얘기예요. 그게 지금 생각나는 거예요. '맞다, 내가 그걸 왜 생각 못 했을까' 그랬죠."

생각을 못 한 이유는 분명했다. 바빴다. 일을 손에서 내려놓을 수 없으니 생각은 사치였다.

"엊그제 기자가 와서 가스누출 때 경보기가 울리면 안전대책을 어떻게 했냐고 물어보던데. 경보기 울리는 거랑 우리랑 상관이 없다, 내가 일하는 설비가 죽지 않는 한 나는 계속 런 빼고 런 넣고 그러는 거다, 그랬어요. 기계를 멈추는 건 상상도 못 했어요."

설비를 계속 가동시키는 것, 생산현장에서 그것은 최고의 가치였다. 사람의 가치는 종종 잊혔다.

"10년 넘게 근무하면서 '웨이퍼 맨손으로 만지지 말라', 이 말을 딱 한 번 들었거든요. 그때는 왜 만지지 말라고 하는지도 몰랐어요. 어느 공정은 완성되면 웨이퍼 색깔이 되게 예뻐요. 무지갯빛에 황금빛도 나는 거 같고. 그럼 갖고 싶기도 하고 한 번 만져보고도 싶어요. 그런데 '하지 말라'를 딱 한 번 들은 거예요. 그 말 해준 언니도 왜 만지지 말라고 하는지 몰랐을 거예요. 그 언니도 선배 말을 흘려들었겠지. 무서운 거예요. 그 큰 회사에서 안전교육 하나 없었다는 건지."

이미 기자들을 만나 몇 번이나 했던 말을 애정 씨는 반복한다. 그녀는 기자뿐 아니라 전문가, 정치인 가리지 않고 찾아갔다. 자신의 이야기를 들어주는 사람은 누구든 만났다. 하는 이야기는 언제나 같았다. 남편이 일했던 그곳이 얼마나 위험한지였다.

서른다섯 살 애정

반올림을 만나는 자리조차 꺼려했던 그녀는 3년이 지난 지금 근로복지공단, 국회, 삼성본사 어디에든 모습을 보인다. 다른 직업병 노동자들의 병원에서도 그녀를 본다. 근로복지공단 이사장 면담을 요청하며, 공단 직원들을 향해 울부짖던 애정 씨의 모습이 내 기억에 오래 남아 있다.

"너희들이 아빠 얼굴도 모르는 자식을 보는 심정을 알아!"

그녀의 아이들은 아빠를 찾지 않는다. 대신 큰아이는 태권도를 배우겠다고 떼를 쓴다. 엄마를 지켜주겠단다. 작은아이는 어린이집 다닐 나이에 잔심부름을 가리지 않는다. 엄마를 도와주어야 함을 아이들은 알고 있다. 아빠의 빈자리를 알고 있다.

"애들한테 호칭이 엄마니깐 엄마인데 솔직히 엄마가 뭔지도 모르겠고, 나도 애기 아빠가 떠난 게 헷갈려 죽겠는데……. 아무것도 아닌 것처럼, 사람은 죽을 수도 있다고 애들한테 알려주고 싶기도 했어요. 아빠는 하늘나라에 갔다고 얘기를 했어요. 우리 희준이가 네 살 때 전철을 탔는데 '엄마, 우리 아빠 하늘나라 갔죠?' 하고 묻는

2010. 6. 27. 산재사망 노동자 합동추모제
"엄마도 아빠가 보고 싶죠?" 아들 희준이는 묻고는 한다. 희준이는 커갈수록 아빠를 닮아간다. ⓒ 홍진훤

거예요. 아이 목소리가 까랑까랑하게 전철 안에 퍼지는 순간 내 얼굴이 막 달아오르는 거예요. 다섯 살이 되니깐 질문이 막 쏟아져요. '아빠는 언제 와요?' '미국 가면 아빠 볼 수 있어요?' '왜 우리는 아빠랑 같이 안 살아요?' 나중에는 내가 말을 자꾸 피했어요. 그런데 애가 여섯 살이 되니깐 스스로 깨달아요. 아빠는 죽었다, 돌아올 수 없다, 이 이치를 깨달은 거예요. 그래도 가끔 '엄마도 아빠가 보고 싶죠?' 물을 때가 있어요."

두 아이 키우기도 버거울 텐데, 몇 년이 걸릴지 모르는 산재신청을 한다는 것은 쉽지 않은 결정이었다. 남편과 만나는 인연을 만들어준 직장, 자신이 10년 넘게 몸담았던 직장을 하루아침에 아이들의 아빠를 빼앗아간 원수로 삼아야 했다. 어려운 결심을 한 것은 아이들 때문이었다.

"아이들이 살아 숨 쉬잖아요. 애들에게 자기 아빠 죽음에 대해서 규명을 해줄 수 있어야 하는데, 너네 아빠 회사 다니다가 돌아가셨어, 그건 아니거든요. 그건 규명이 아니에요."

두 아이의 엄마인 애정 씨는 삼성에 대한 헛된 추억이 아닌, 아이들을 위한 진실을 선택했다. 반올림 일 때문에 서울에 올라오면, 애정 씨는 그녀의 어머니가 이제는 늦느냐고도 안 물어본다며 농을 한다. 주 6일 보육교사로 일하고 주말에 서울행을 하는 딸을 보는 어머니의 마음은 어떨지, 당사자인 그녀의 몸은 얼마나 피곤할지, 주말에야 놀아줄 수 있는 어린 것들이 얼마나 눈에 밟힐지, 짐작하기도 버겁다.

삼성 앞 1인시위와 집회를 할 때, 애정 씨는 자기 곁을 스쳐 지나가는 또래의 사람들을 보며 생각한다.

'나도 저들과 똑같은 평범한 사람일 뿐인데, 나는 왜 피해자가 돼서 여기 앉아 있을까.'

애정 씨는 평범했다. 남들과 다를 바 없는 삶을 살았고, 다를 바 없는 꿈을 꾸었다. '먹고시는' 일의 버거움을 알고, 월급 꼬박꼬박 주는 회사에 성실할 줄도 아는 사람이었다. 피해자라는 딱지를 붙였지만, 그녀 말대로 불쌍하거나 특별한 삶을 살지 않았다. 그녀는 누구나 부러워했던 초일류 대기업의 정규직원이었다. 그녀는 적당히 부유하고 적당히 소박한 삶을 좇았다. 다른 데 관심을 둘 여유가 없

2011. 3. 6. 반도체 산재사망 노동자 추모 주간이자 고 황유미 기일, 삼성본사 항의 방문
남편의 영정을 들고 찾아간 삼성본사에 한 발짝도 들어가지 못하고 내쫓긴 애정 씨가 바닥에 주저앉았다. ⓒ 양희석

었다. 그녀는 많은 것들을 무심히 넘겼다. 자신의 작업현장을, 자신이 사용했던 화학물질을, 안전교육을, 상하 수직적인 사내 소통구조를, 무노조 방침을.

얼마 전 화제가 되었던 김용철 변호사의 《삼성을 생각한다》를 읽을 기회가 있었다. 삼성 이건희 회장에 대해 말해놓은 구절 중 눈이 가는 부분이 있었다.

"나 이건희에게는 큰 약점이 있는데, 월급을 받기 위해 일하는 사람의 마음을 모른다는 것이다."

그것은 내가 아는 사실과 달랐다. 이건희 회장은 월급받는 사람의 마음을 알고 있었다. 월급을 받기 위해 자신의 목숨을 위협할 수 있는 많은 것들을 무심히 넘겨야 하는 직장인의 습성을 잘 알고 있었다. 그렇기에 이건희 회장은 몇 조의 순이익을 내는 삼성전자를 일궈낼 수 있었다.[3]

그러나 월급받는 사람들의 인생이 하루아침에 달라졌다. 그것도 소중한 사람의 목숨을 앗아가는 방식으로. 애정 씨가 무심히 넘겼던 것들이 그녀를 향해 달려들었다. 돈만 벌면 되는 줄 알았는데, 그것들은 온갖 생채기를 냈다. 인생이 달라진 지금 그녀는 무심했던 것들을 다시 돌아본다. 시키면 시키는 대로 군말 없이 일하던 월급받는 이는 사라졌다. 그녀의 인생이 달라졌다.

황민웅 이야기

황민웅 씨는 1997년 7월 입사해 2002년 8월까지 5라인 '연마 공정(Chemical Mechanical Polishing, CMP)'에서, 2002년 8월부터 2004년 10월까지 1라인 백랩Back-lap 공정에서 설비의 설치 및 유지·보수 업무를 하였다. '연마 공정'이란 웨이퍼의 앞면을 매끈하게 하여 다음 작업을 용이하게 하는 공정이다. 이때 연마제로 사용하는 슬러리slurry의 구성성분은 주로 실리카(이산화규소), 암모니아수 등인데, 이 중 실리카는 폐암을 일으키는 발암물질이다(물질안전보건자료에 따름). 그 외 황민웅 씨는 모든 공정에서 일반적으로 사용하는 이소프로필알코올IPA, 아세톤 등의 독성물질과 접촉했을 것이다.

1라인 백랩 공정이 처음 설치된 것은 2002년 8월로, 황민웅 씨는 한 달 정도 장비설치 세트업 작업을 했다. 처음 장비를 설치하고 제품을 만들기까지는 불완전한 조건에서 설비를 가동하고 여러 가지 시험을 하기 때문에 누출사고 등이 수시로 발생하였다. 황민웅 씨는 이 기간에 집중적으로 유해물질에 노출되었을 것이라 판단된다.

* 성명애(노무사)가 작성한 '재해 경위서'와 공유정옥(산업의학 전문의)이 작성한 '업무 관련 소견서'에서 발췌했다.

반올림으로 들어온 제보

"소화불량으로 갑자기 체중이 많이 불었습니다. 당시 라인에서 근무하면 생리불순이나 소화불량에 걸리는 사람이 많다고 들었기 때문에 시간이 지나면 괜찮아지겠지 생각했습니다. 이유 없이 코피가 자주 흘러내리고 잇몸출혈이 심했고 어지러움도 잦아 너무 힘들었습니다."
(2010년 10월 7일)

"라인에만 들어가면 머리가 너무 아프고 속도 메슥거리고 어지럽고 구토가 나올 것 같더라고요. 병원에서는 라인병이라면서 약이 없다고 아무런 대책 없이 딱 잘라 말하더라고요. 직장님께서 '우리 라인은 청정구역인데 머리 아픈 거 꾀병 아니냐? 다른 건강한 사원들은 뭐냐?' 그렇게 몰아세우니 어이가 없고 할 말이 없었어요." (2008년 2월 29일)

"라인에서 가스사고도 자주 났고요. 작업하는 곳은 설비가 다 원자력으로 만든 건지 이상한 마크가 붙어 있었고요. 그때는 위험할 걸 잘 몰라서 어렴풋이 나쁘다는 걸 알면서도 할 수 없이 일했습니다. (반도체) 웨이퍼 가루가 눈으로 튈 때도 있고 손에 박힐 때도 많았고요. 웨이퍼도 종이 마스크하고 비닐장갑만 착용하고 핀셋과 커팅칼로 잘랐어요. 그리고 용액에 담갔던 오른손이 왼손에 비해 항상 저립니다."
(2010년 5월 22일)

"LCD도 라인 냄새 장난 아니게 심합니다. 퇴근하고 돌아오면 가족들이 역겨운 냄새가 난다고 해요. 거기서 사용하는 약품들이 정확하게 어떤 건지 모르겠습니다. 몰리브덴이나 크롬[4]을 사용했던 것은 알고 있습니다. (바꿨는지는 모르겠습니다. 불과 2년 전만 해도 바꿔야 한다는 말을 들었던 거 같아요.) 하지만 여전히 라인에서는 똥냄새가 진동을 하고 저 같은 경우 전에 없던 선크림 알레르기가 생겨서 지금은 아예 안 바르고 다닙니다." (2010년 11월 6일)

"기흥공장 TW공장(2000년 입사 당시 10개 라인 공장에서 더부살이로 작게 시작된 공장으로, 거의 버릴 만한 오래된 설비를 빌려왔다고 했음)에서 1년 일하다가 몸이 안 좋아져서 퇴사했습니다. 일할 때 생리 색깔이 이상하고 작업할 때 감광제 PR[5] 등등 냄새가 꾸준히 났어요. 라인에서 가스사고도 자주 났고요. 가스사고가 난 것도 모르고 일할 때가 자주 있었습니다.……

남편은 엔지니어고요. 부모가 됐는데 아이한테 나쁜 영향을 줄까 걱정되고 저희한테도 나쁜 병이 찾아올까 두렵습니다. 퇴사 후 두 번 유산을 했고요. 저는 우리 아이들 자손한테 영향이 없길 바라고 저와 남편이 아프지 않고 살길 바랄 뿐입니다." (2010년 5월 22일)

"백혈병의 일종인 다발 골수종으로 동생이 죽었습니다. 동생은 TV 브라운관을 구워내는 일을 하였습니다. 일하는 곳의 온도가 섭씨 45°를 넘나든다면서 때로는 뼈가 녹는 듯한 느낌이 들었다고 하더군요. 당시 삼성에 문의를 했었는데 전혀 근거 없는 이야기라고 해서 크게 관심을 안 두었습니다. 그러나 삼성에 근무한 사람 중에 많은 사람들이 백혈병에 걸렸다면 제 동생 또한 무관하지 않다고 봅니다." (2010년 4월 14일)

"삼성전자에 재직했던 1인으로서 말하는데 삼성전자는 특근을 강압적으로 하는 회사입니다. 4조 2교대였지만 4일 쉬고 4일 일하고 3일 일하고 3일 쉬고 반복했지만……. 그러니 5일 12시간 일하고 3일 쉬고 4일 12시간 일하고 이틀 쉬고 엔지니어들은 잠도 안 자고 15시간씩 일하는 게 예사였습니다." (2011년 1월 25일)

"사실 삼성전자는 돈 벌면 라인 개선부터 해야 합니다. 생산성 높이려고 투자한다고 비싼 장비만 사지 말고, 근로자 입장에서 철저히 냄새가 차단된 환경을 만드는 노력을 해야지요. 그리고 그 안에서 사람이 2교대, 3교대 한다면 얼마나 오랜 시간 라인에 있는 겁니까? 사실 말이 그렇지 당시 오전 8시 출근에 오후 11시 퇴근인 적이 다반사였습니다. 라인에서의 1시간은 그냥 사무실에서의 1시간과 많이 다릅니다. 일단 기압이 달라요. 더 피로합니다. 게다가 방진복을 입고 마스크를 써서 더 답답합니다. 또 계속 앉아서 일하는 환경이 아닙니다. 끊임없이 라인 내를 돌아다녀야 하는 업무가 많아서 서 있는 시간이 더 많습니다. 퇴근쯤 되면 거의 실신 상태가 되어서 기숙사 가서 자면 바로 일어나서 출근해야 했습니다. 거의 인생이 없었어요. 게다가 새벽에 교대로 돌아오는 G.Y.(밤근무)도 잦고, 주말에 거의 쉬지도 못하고, 가끔 평일에 쉬는 날 생기면 하루 정도라 뭐 하기도 힘들고, 밥도 거의 제때 먹어본 적이 없는 것 같아요. 식사시간쯤 되면 불량 나고 사건 터지고, 제한된 근무 인원들로는 불량 대응도 안 되고, 매번 사고 수습하고 식사하러 가보면 식당시간 끝났다고 정리하곤 하던 기억이 나네요. 게다가 라인은 냄새도 많이 나고, 알지도 못하는 화학약품 천지이고, 사람이 근무하는 환경이 건강에 의심이 드는 환경이라면 어떻게 일을 마음 편히 잘할 수 있는지……." (2011년 1월 8일)

김주현 씨는 낡은 저층 아파트에 사는 가족들을 큰 평수의 아파트로 옮겨주고 싶다고 했다. 그것이 그에게 행복이자 꿈이었다. 대기업 입사는 행복으로 한 걸음 다가간 일이라 믿었다. 1년 후, 그는 죽었다. 그의 죽음은 가족의 행복을 깨트렸다. 가족들은 울며 삼성본사를 찾았다.

주현 씨의 가족을 따라 삼성본사에 가는 일은 불편했다. 삼성에 고용된 용역 직원은 가족들을 조롱했다. 사유재산을 지키고자 사적으로 고용된 경비들(때로는 공적인 경찰) 앞에서 할 수 있는 것은 없었다. 밀치면 밀침을 당해야 했고, 비웃으면 비웃음을 들어야 했다. 그곳에서 나는 알량한 소비자의 지위를 잃어버리고, 거대기업 앞에서 한갓 개인이 얼마나 작은 존재인지를 깨달아야 했다. 그것은 헐벗은 양 민망하고도 불편한 일이었다.

불편한 걸음을 돌리며, 나는 주현 씨의 생전을 떠올렸다. 주현 씨는 클린룸 안으로 들어가기 위해 소비자(시민)의 지위를 벗고 방진복으로 갈아입었을 것이다. 얇은 방진복에 의지해 거대기업

2

침묵하는 공장
—그곳에 사람은 없었다

앞에서 보잘것없는 자신을 매일 확인했다. 그를 버티게 한 것은 가족들에게 사줄 넓고 좋은 집이었다.

이 글의 김주현도, 연제욱도, 한수영도 모두 같은 꿈을 꾸었다. 행복하길 원했다. 가족들이 잘살길 바랐다. 하지만 그들이 사는 사회는 행복과 꿈을 구매해야 하는 것이라 말했다. 그들은 행복을, 행복이라 믿은 것을 사기 위해 일했다. 노동강도가 높은 만큼 높은 연봉을 준다는 삼성은 그들의 꿈과 욕구에 맞아떨어지는 직장이었다.

그리고 그들은 아프거나 죽었다. 회사는 많은 일을 시켰고, 위험한 화학물질들을 사용케 했으며, 짧은 휴식을 주었고, 안일한 안전대책을 세웠다. 그들이 '사고자 했던' 행복은 사라졌다. 그들의 빼앗긴 꿈은 이야기되지 않았다.

5
냄새만 맡아도 불임이 된다는 화학물질들

한수영(가명). 1969년생, 남성. 삼성반도체 기흥공장 디퓨전 공정 엔지니어. 34세에 베게너육아종증 진단

1996년 연수기간 동안 3라인 오퍼레이터들과 함께 클린룸에서 일하던 신입 엔지니어 한수영(가명) 씨는 놀라운 광경을 접했다. 여사원들이 아무렇지도 않게 플루오린화 수소HF[1]를 사용하고 있었던 것이다. HF는 웨이퍼 세척약품으로 쓰이고 있었다. HF는 대학 시절 실험실에서도 조심스럽게 사용하던 물질이었다. 실험 중 HF 증기가 나오면 다들 멀찍이 피했다. 냄새만 맡아도 불임이 된다는 이야기가 있었다. 그 독성 강한 물질을 밀폐용기에 담아 사용하는 것도 아니었다. HF가 담긴 용기에는 뚜껑조차 없었다. 오퍼레이터 여사원들은 HF를 비롯한 화학약품에 웨이퍼를 담갔다 빼며 세척작업을 했다. 담갔다 빼는 행위로 인해 '퐁당퐁당' 작업이라는 별명까지 얻은 일상적인 작업이었다.

그러나 이를 지적하는 사람은 없었다. 내가 잘못 알고 있었나? 신입사원 수영 씨는 자신을 의심해야 했다.

몇 년 후 세척작업을 한 여성 2명이 백혈병에 걸려 사망했다. '퐁당퐁당' 작업을 한 이들이었다. 한 조를 이뤄 같은 작업을 한 이들이 같은 병으로 숨졌으니 회사가 술렁거렸다. 직업병이라는 말이 떠돌았다. 그러나 얼마 못 가 잠잠해졌다.

"그게 무섭다는 건 아는데, 그 상황에서 안 쓸 수는 없거든요. 저게 위험하다, 뚜껑 있어야 한다, 일개 사원이 얘기할 수가 없었어요. 설비를 바꾸는 데 돈이 한두 푼 드는 것도 아니고. 위험할 텐데 하면서도 회사에서 쓰는 거니까 안전하겠지, 뭐 이런 식으로 생각을 한 거죠."

한수영 씨도 상사들을 제치고 할 수 있는 말은 없었다. 백혈병으로 숨진 2명의 여사원은 황유미 씨와 이숙영 씨였다. 나는 수영 씨에게 다시 확인했다.

"엔지니어들은 문제가 있다는 걸 알고 있었다는 거지요?"

"황산이나 불산 같은 거는 '가까이 하면 고자가 된다', 그런 식으로 엔지니어들끼리 이야기하고 그랬어요. 저도 지금 애가 없고, 그 이유인진 몰라도 하여튼 애가 없어요. 다들 농담처럼 말했어요. 모르고 한 게 아니죠. 알지만 못 나서고 일부러 무시한 거죠. 자식 낳고 가족이 생기면 직장에서 함부로 말할 수가 없죠. 직장이라는 게 생명끈이나 마찬가지거든요."

단지 병에 걸릴지도 모른다는 염려로 생명끈을 잘라버릴 사람은 없다. 모두가 입을 닫고 일을 했다.

그런데 이 말을 전하는 한수영 씨의 입가에 하얗게 각질이 일어 있었다. 입술은 부르트고 잔기침이 이어졌다. 어딘가 지친 기색이었다. 그는 면역력이 약해져서 그런 것이라 했다. 삼성반도체에서 공정 엔지니어로 10년을 일한 한수영 씨 또한 베게너육아종증이라는 희귀병에 걸렸다.

"처음에는 감기로 동네 병원에 갔는데, 2주 정도 됐는데도 안 낫더라고요. 병원에서 신장수치가 많이 안 좋다고 빨리 큰 병원으로 가래요. 가서도 원인을 못 찾았죠, 육아종이 희귀한 병이라서. 입원해서 많이 아팠다는 기억밖에 없어요. 두 달인가 의식이 없다가 깨어났거든요. 깨어나니까 중환자실 침대에 누워 있고, 목에 호스 꽂고 있고. 아내 말이 병원에서 마지막을 준비하라고 했대요. 예전 폐 사진 보면 의사들이 깜짝 놀라요. 이 상태에서 어떻게 살았냐고요. MRI를 찍으면 원래 폐가 까맣게 나와야 하는데 다 하얗게 나왔대요."

장기가 제 기능을 잃어 몸이 번개 맞은 사람처럼 까맣게 변했다. 베게너육아종증은 면역체계가 신체를 보호하는 것이 아니라 이상을 일으켜 역으로 몸의 장기를 공격하는 질병이다. 그의 몸은 백혈구가 혈관을 공격해 혈관조직이 썩어가고 있었다. 입원 당시 그는 패혈증, 전신적 진균감염, 바이러스 질환 등 합병증에 시달렸다. 자신은 기억도 못 하는 사이, 죽음의 문턱까지 다녀왔다.

"아플 즈음에 일을 많이 했어요. 대리 말이어서 과장을 앞두고 고과를 받아야 했고. 그걸 떠나서 일을 많이 주워와야 하니까 신경도 많이 쓰고. 진급에 대한 스트레스를 많이 받았죠."

과장 자리에 오르려는 노력은 헛것이 됐다. 건강에 문제가 생기니 한직으로 물러났다. 지금껏 자신이 '설마' 하고 넘겼던 것들이 병의 원인이라는 생각이 머리에서 떠나지 않았다. HF 등 화학물질을 사용해 세척작업을 하던 황유미, 이숙영의 죽음이 떠올랐다. 자신의 부서에도 희귀병에 걸린 직원이 2명이나 있었다. 자신의 상사인 주교철 부장은 백혈병에, 남택○ 대리는 흑색종(피부암)에 걸렸다. 두 사람은 후에 병세를 이기지 못하고 세상을 떠났다.

한수영 씨는 산재신청을 준비했다. 회사는 자신들이 해주마 하고 나섰다. 그러나 산재신청은 차일피일 미뤄졌다. 서류준비도 해놓지 않고 몸 가누기도 힘든 그를 몇 번이나 헛걸음하게 하는 등 회사는 산재처리에 의지를 보이지 않았다.

마침내 부서 과장이 찾아와 그에게 퇴직을 권했다. 위로금을 지급하겠다고 했다. 삼성을 비방하지 말 것, 민형사·행정상 소송을 하지 말 것, 만약 재판을 걸어 승소해도 추가로 돈을 요구하지 말 것이 조건으로 따라왔다.

거절을 하자, 이번에는 후배를 통해서 퇴사를 권유했다. 인사과 소속도 아닌 후배에게 퇴사 이야기를 들은 그는 배신감을 느꼈다. 10년 넘게 몸담아 온 회사였다.

"지방대를 다녔지만 나 나름대로 열심히 공부를 했거든요. 여기까지 온 것에 자부심이 있었는데, 아프고 나서 한순간에 상황이 변하니까……. 아 회사가 나를 버리는구나. 차라리 정당하게 버렸으면 좋겠는데 이런 식으로 버리니까. 저도 알잖아요? 건강이 안 좋으니 나가야 할 시기가 온 건 아는데. 이런 식으로 유치하고 추잡스럽게 나를 버리니까. 뭐라고 해야 되나……. 미움이 많이 생긴 거 같아요."

반도체 공정 엔지니어로 보낸 10년이라는 세월에 후회만 남겼다.

신화 속 사람들

엔지니어 시절, 출근해 회의를 마치고 클린룸에 들어가면 오퍼레이터 여사원들이 길게 줄지어 있었다. 엔지니어를 기다리는 줄이다. 오퍼레이터들은 서로 먼저 엔지니어를 데려가려고 아우성이었다. 설비나 공정에 문제가 생기면 보수정비는 엔지니어 몫이다. 클린룸 들어가는 것이 늦어지기라도 하면 전화에 불이 났다. 기계가 멈추면 몇백 개의 웨이퍼가 사용이 불가능해졌다. 속 타는 오퍼레이터 마음을 모르는 바 아니었다. 하지만 그 또한 끊임없이 나오는 정비 요청에 지쳐갔다.

"단지 불량을 고치기만 하는 게 아니에요. 왜 인터록이 에러가 났나, 어떤 조건이 맞질 않았나, 원인을 분석해야 해요. 그러려면 전후 공정을 다 파악해야 하고요. 불량 하나에 대한 분석이 1분 내로 끝

삼성전자 기흥공장. 취업하고 싶은 기업 1위, 삼성전자. 삼성전자에 취업한 이들은 1위의 삶을 누리고 있을까. ⓒ 홍진훤

나는 경우도 있지만, 한 달이고 몇 달이고 분석해도 원인을 못 찾는 경우도 있거든요. 보이질 않으니까. 또 파티클 관리에, 실험은 실험대로 해야 하고, 보고서는 보고서대로 내야 하니깐 많이 힘들죠."

수영 씨는 삼성반도체 공정기술이 일본과 대만에 비해 월등한 수준이라고 했다. 그러나 자랑하는 사람의 어투가 아니었다.

"공성소선이나 공정 불량을 집는 게 다른 회사보다 뛰어나요."

그가 말했다.

"많이 쪼고, 그만큼 닦달을 하니까. 불량 잡는 게 다 사람이 하는 거니까. 선배들이 닦아놨으니까 그렇게 할 수 있겠죠."

발달된 공정기술은 엔지니어와 연구원들의 노동으로 만들어진 산물이다. 상대적으로 더 많은 테스트를 하여 만들어낸 결과다. 더 많이 일한 결과다. '세계 1위 메이드인 코리아'[2]라는 반도체산업은 1975년 한국반도체를 합병하며 시작됐다. 손목시계에 들어가는 단순한 반도체 칩 생산으로 시작해 30여 년이 지난 지금 세계시장의 40% 이상을 점유(DRAM 분야)하고 있는 삼성반도체의 성공은 신화로 치켜세워진다.

신화가 감동이 되는 순간에는 사람들의 이야기가 있다. 누구보다 성실히 일한 사람들. 설립 초 각오를 다지기 위해 진행된 64km[3], 25시간의 행진을 감행한 직원들. 미국 현지법인으로 파견돼 문익점이 씨앗을 구해오듯 기술을 배워온 직원들. 86 아시안게임을 알지도 못한 채 2박 3일 내내 기계를 돌렸다는 직원들. 종일 현미경을 들여다보느라 빨개진 눈으로 서로를 보고 로보캅 같다며 웃던 연구원들. 당시 선진국도 짓는 데 18개월이 소요된 공장을 삼성 이병철 전 회장의 말 한마디에 6개월 만에 완성시킨 현장 직원들.

이들의 노고로 반도체는 성공했다. 그 후 30년이 지나고, 수영 씨는 삼성의 공정설비 기술이 최고라는 말을 자랑 없이 한다. 쉼 없이 일했던 직원들은 신화적 성공의 보상을 제대로 받았을까. 적어도 수영 씨는 그렇게 보이지 않는다. 그는 자신에게 남은 것은 병든 몸과 버려진 심정뿐이라 한다.

"인터넷으로 삼성 백혈병 문제를 찾아보다가도 한번 빠지면 막 적개심이 생겨서……. 나중에는 내가 아프더라고. 화병이라고 그러죠. 적개심을 표출할 방법도 없고, 당장 가서 따지고 얘기를 하고 싶은데, 어떻게 할 수가 없으니까. 차라리 생각을 안 하려 하죠."

수영 씨는 자신이 병든 후, 버려졌다 생각한다. 하지만 홀대의 역사는 길었다. 다만 모르거나 모른 척했을 뿐이다. 그를 비롯한 수많은 엔지니어와 오퍼레이터는 반도체 위에 서본 적이 없다. 회사는 끊임없이 웨이퍼의 안전을 챙겼다. 그러나 노동자의 안전에는 무심했다.

이 사실을 많은 이들이 증언했다. 반올림을 통해 퇴·현직 엔지니어들이 제보를 해왔다.

설비 엔지니어로 일한 이성현(가명) 씨도 제보자 중 1명이다. 그는 반도체 생산현장에 화학가스 누출이 빈번하다고 알려왔다.

"알려진 것보다 더 빈번하죠. 위에서 문책할까 봐 숨기는 것도 많고. 사소한 거는 보고도 안 되고."

가스누출 때 어떤 조치를 취하냐고 물었다. 그는 말했다.

"내려가 찾죠. 냄새나는 곳을."

"대피는 안 하고요?"

그는 엔지니어가 대피를 하면 가스누출을 누가 막느냐고 되물었다.

"그럼 보호장비는 착용하고 가죠?"

나는 마지못해 물었다. 보호장비에 대해 긍정적인 대답을 들은 적이 없기 때문이다.

"쓰고 있던 마스크도 턱 아래로 내려요. 대부분 코로 직접 냄새를 맡아 찾아야 하니까요."

"코로 맡는다고요?"

"가스누출을 검사하는 기계가 있어요. 가연성 물질이라든지, 독성가스 같은 것은 측정되는데⋯⋯ 그중에도 측정이 안 되는 게 있어요. 참 곤란한 거죠. 가스 부산물들이 서로 혼합되니까 성분을 모르니 기계로도 못 찾는 거예요. 그럼 코로 찾는 거죠. 냄새가 나면 오히려 나아요. '아, 가스가 새는구나' 알잖아요. 근데 무색무취 냄새가 안 나는 것들이 있어요. 그럴 땐 답이 없죠. 사실은 뭐 하루 종일 냄새가 나도 그냥 지나가는 경우도 있어요. 오퍼레이터 여사원이 전화를 해서 '선배, 냄새가 나는데요, 우리 쪽 아닐까요?' 그러면 '무슨 냄샌데?' 물어요. 그럼 그쪽에서 풍부한 상상력을 동원해 설명을 해줘요. 그럼 듣다가 '우리 거 아닌 거 같은데?' 그러기도 해요. 그런데 나중에 보니깐 우리 거야. 그런 경우도 많았어요. 하루 종일 방치되거나 하는 일이 많았죠."

나는 바보 같은 질문을 했다.

"몸에 해로운 가스도 있을 텐데요?"

"위험한 거야 있죠. 디보란[4]이나 포스핀 이런 거 많이 썼는데요. 포스핀 같은 경우는 제2차 세계대전 때 아우슈비츠에서 썼던 독가스 있잖아요, 그거예요. 디보란도 유해하고요. 그거 말고도, 부산물로 나오는 것들은 성분도 몰라요."

그의 말을 섣불리 믿지 않으려 했다. 그러나 그가 사실을 말했다는 증거를 곳곳에서 찾을 수 있었다. 그를 만나고 얼마 후, 반올림

온라인 카페에서 유사한 제보 글을 보게 됐다.

> TOXIC(독성) 가스들이 알게 모르게 조금씩 샐 때가 있습니다. 어느 베이에서 냄새가 나면 일단 해당 부서 엔지니어가 직접 가서 냄새의 근원지를 찾아야 하는 게 문제죠. 그 가스들이 위험한 독가스인데 그게 샌다고 사람보고 어디서 새는지 찾으란 말은 직접 코를 대고 냄새를 맡아보든지 하란 말인데. 웃음밖에 안 나옵니다. …… 라인에서는 이런 TOXIC 가스의 농도를 24시간 체크하고 있습니다. 어떤 가스가 새면 센터장이나 사장한테 환경안전그룹에서 보고가 들어가죠. 그런 보고가 들어가면 그 부서는 난리가 납니다. 농도가 기준치 이상 올라가서 보고 수위에 도달하기 전에 찾으려면 결국 사람이 냄새로 찾아야 하는, 참 바보 같은 짓거리를 했습니다.

삼성에 악감정이 있는 사람이 남긴 제보일 수도 있다고 생각했다. 그러나 불행하게도 삼성 스스로 이성현 씨의 말에 동의하고 있었다. 삼성전자 사보를 통해 김관식 안전그룹장은 감지 시스템에 대해 말했다.

"유기화합물의 경우 별도의 감지 시스템이 구축되어 있지 않으며 대신 산업안전보건법 상의 작업환경 측정을 통해 관리 및 개선을 추진하고 있다. …… 반도체 라인에서 냄새가 발생할 경우 순환공조로 인해 발생 시 60초 이내 확산될 수 있고, 이 냄새가 유해한 물질을 포함할 경우 작업자 건강이 저하될 수 있다."(《그린삼성》,

2007년 여름, 제83호, "반도체 공정 작업환경 실시간 모니터링 시스템 구축 사례" 중)

일부 전문가들도 반도체 공정의 가스누출 위험성을 인정했다. 서울대 산학협력단이 시행한 삼성반도체 기흥공장의 화학물질 노출평가 자문보고서에 따르면, 2009년 6개월간 가스검지기 경보가 46회 발령되었다. 심지어 '인명 및 건강에 즉각적인 위험IDLH'[5] 농도의 32%나 되는 고농도 가스가 1시간 35분이나 누출되는 일도 있었다. 이는 가스가 누출되면 안정장치가 가동되어 누출이 자동적으로 차단된다는 삼성의 주장과는 다른 발표이다.

기흥공장 5라인에서 사용하는 총 99종의 화학물질 중 자체적으로 성분을 확인한 경우는 한 건도 없다는 사실도 밝혀졌다. 99종의 물질 중 60%는 언제부터 사용했는지조차 모르는 제품이고, 10종은 영업비밀이라는 이유로 성분자료조차 확인되지 않았다.

전문가들 또한 그 영향과 유해성을 다 알 수 없다는 화학혼합물을 코로 냄새 맡아 찾는다. 위험한 일임은 엔지니어들도 알고 있다.

"그래서 가스 많이 마신 날은 '가스 마셨으니까 오늘은 삼겹살이나 굽자' 그래요."

그 과학적인 사후처리에 말을 잃은 나를 두고 성현 씨는 나름의 결론을 냈다.

"사고 대책 같은 걸 고민하긴 해요. 수칙을 바꾸고 새로 정하기도 하고요. 반도체 자체에 워낙 유독물질이 많아서 완벽한 관리를 고민 안 할 수가 없어요. 하기는 하는데……. 모든 게 다 생산, 생산을 어떻게 할 거냐, 이 말에 무로 돌아가요. 이런 식으로 절차를 복잡하게 만들어놓으면 생산이 빨리 안 되니까. 근본적인 문제는, 생산성을 너무 올리려고 하다보니깐 위험이 있어도 그냥 넘어가게 된다는 거죠. 문제가 일어나도 '조용히 해' 하면서 대충 넘어가는 거죠."

그가 예를 하나 들었다. 설비보수 작업을 할 때, 작동이 멈춘 기계 내부에서 화학가스를 모두 배출시키는 것이 매뉴얼에 따른 작업이라 했다. 그러나 현실에서는 지켜지지 않은 이야기다.

"보통 설비에서 가스를 다 빼내려면 8시간이 걸리는데, 그럼 공정이 난리가 나요. 가스 빼는 동안 작업을 못 하니까 다 배출 안 시키고 들어가서 작업을 하는 거예요. 4시간만 배출하고 작업에 들어가는 거죠."

"그래도 괜찮은가요?"

"안전검사를 하긴 해요."

"아, 안전검사를 하는구나."

내가 성급하게 안심하자 그는 고개를 저었다.

"'웨이퍼가 안전한가' 하는 검사예요. 가스가 다 빠지지 않은 상태에서 작업을 해도 웨이퍼가 무사하냐, 그런 검사를 하는 거죠. 사람이 안전한가 하는 검사는 없어요."

가스가 완전히 배출되지 않은 설비 안에 들어가 작업을 한다. 나는 물을 수밖에 없었다.

"그런데도 들어갔다고요?"

"그런 곳에 들어가고 싶은 사람이 어디 있겠어요?"

그가 도리어 반문한다.

"우리가 마루타냐, 저희끼리는 그랬죠. 그래도 문제가 생기면 일단 해결할 사람이 있어야 하니까, 또 워낙 빈번하게 일어나니까 무감각해지는 거죠. 처음에는 충격을 받지 않습니까? 그런데 계속 충격을 받다 보면 나중에는 '당연히 그런 거 아냐?' 이렇게 되는 거죠."

한수영 씨에게도 같은 말을 들어야 했다.

"일부러 무시한 거죠. 직장이라는 게 생명끈이나 마찬가지거든요."

시간을 더디게 하는 작업들이 밀려났다. 생산량을 늘리기 위해 거추장스러운 것들은 제외됐다. 잠금장치, 보호장비, 안전수칙이 제외됐다. 순위 맨 꼭대기에 올라와 있는 것은 물량달성, 그 물량이 만들어내는 돈이다. 결국 거추장스럽다는 이유로 제외된 것은 노동자들의 건강이었다.

신체의 안전선 vs 삶의 안전선

온양공장에서 7년간 일한 한 오퍼레이터는 의문을 제기했다.

"내가 과연 이 물질이 위험하다는 걸 알았다고 해서 말할 수 있었을까요? 나 혼자 그만두고 말았겠죠. 여사원들은 모를 수 있지만 엔지니어들은 다 모르지는 않았을 거예요. 하지만 조직에서 누구 하나 총대를 메기가 힘들잖아요. 내가 돈을 벌기 위해서, 내가 필요해서 회사에 들어간 거잖아요. 그러면 일단 회사에서 원하는 조건에 내가 맞춰야 하잖아요. 아직까지 조그마한 중소기업도 그런데, 대기업은 체계가 더 잘 잡혀 있으니까. 나라도 말할 수 없었을지 몰라요."

개인은 말할 수 없다. 그렇다면 조직은? 그러나 삼성에는 조직이 없다. 직원들과 회사 관리자들의 의견을 조율하는 노사협의회가 있으나 '노사동호회'라 불리고 있다. 노사협의회에서 합의할 수 있는 항목이라곤 기숙사 내 물품설치, 주택융자, 통근버스, 명절선물 지급과 같은 후생복지에 한정되어 있다.[6] 삼성반도체에 근무했던 이들에게 노사협의회에 대해 물었다. 대부분의 이들이 이렇게 대답했다. 노사협의회 위원이 되면 회사에서 보내주는 해외여행부터 간다고.[7] 노사협의회 위원들에게 사원들이 묻는 것이라고는 인센티브 성과급밖에 없다고.

삼성의 무노조 경영은 유명한 이야기다. 노동조합 관련 온라인 사이트(삼성반도체 직업병에 관한 온라인 사이트와 기사 또한)를 클릭하면, "근로기강 및 업무 효율성 강화를 위해 차단했다"는 내용의 경고문이 뜬다고 한다.

이름을 밝힐 수 없는 현지 엔지니어를 붙잡고 물었다. 노동자의 입장에서 안전을 요구할 권리가 필요하지 않느냐고. 그것을 나는 노동조합으로 표현했다. 그는 필요함을 안다고 했다. 그러나 그는 회사를 다니며 갖는 가장 큰 두려움을 이것이라 했다.

"회사 다니면서 정말 놀란 게 있어요. 부서 직원 돌잔치에 부장님이 애를 데리고 왔는데, 깜짝 놀랐잖아요. 애가 초등학교도 안 들어간 거예요. 보는 순간 '애가 참 귀엽다' 이런 생각이 드는 게 아니라 '우리 부장님 앞으로 뭐 먹고사나.' 진짜 그 생각이 들었다니까요. 임원분 자식 중에 아직 고등학교도 졸업 안 한 애들이 있어요. 입이 딱 벌어져요. 뭐 먹고사나. 저 아이들을 언제 다 키우나. 그때까지 회사에 있을 수 있나. 그럼 내 아이는?"

당장 먹고살 걱정이 앞선 사람들에게 안전과 권리라는 말은 먼 나라 이야기다. 박민규의 소설 《카스테라》에서 주인공이 출근길 전철로 달려드는 사람들을 보며 한 말이 떠오른다.

"신체의 안전선은 이곳이지만, 삶의 안전선은 전철 속이다."

신체의 안전선과 삶의 안전선은 다르다. 월급받아 생활하는 사람들이 택하는 것은 삶의 안전선일 수밖에 없다.

한수영 씨는 말했다.

"1년에 한 번 만족도 조사를 해요. 외부적으로 삼성의 이미지에 대한 프라이드를 느낀다, 내가 삼성 다닌다는 것에 자부심을 가진다, 그래요. 왜 그러냐면 하도 언론에 그렇게 나오니까요. 반면에 부서 내에서 느끼는 만족감 같은 건 굉장히 낮게 결과가 나와요. 그게 문제죠."

"아이러니하네요."

아이러니한 것이 아니었다.

현직 엔지니어는 말했다.

"화학약품은 물 빼고는 다 독성이에요. 완벽하게 관리하려고 해도 결국은 알 수 없는 화학작용을 하고 변수가 생기는 거죠."

변수를 감당해야 하는 것은 일하는 사람들이다.

노동자를 보호해줄 것이 최고경영자의 아량밖에 없는 회사다. 노동자들은 한 줌의 아량에 기대어 자신의 '생명끈'이 날아갈까, 오늘도 병에 걸리고 있다.

한수영 이야기

한수영 씨는 삼성반도체 기흥공장 7라인 디퓨전 공정에서 설비 엔지니어로 2년, 7~9라인 디퓨전 신규 공정의 세트업 작업을 1년, 이후 6~7라인 디퓨전 공정에서 공정 엔지니어(주로 7라인 근무)로 근무했다.

반도체 웨이퍼 제조(가공) 공정의 특징 상 수많은 화학물질(산류, 알칼리류, 유기용제류)과 가스, 방사선이 사용된다. 화학물질들이 서로 반응하여 이온화되고, 또 세부적으로 공정과 공정 사이에 많은 유기용제를 사용하여 세척하므로 직접 접촉된 피부나 호흡기가 노출되었을 가능성이 있다. 클린룸에서는 불화수소, 염화수소, 아세톤, 황산, 불산, 포스핀, 아르신, 방사선, 니켈, 포름알데히드, 트리클로로에틸렌, 납, 이소프로필알코올, 에틸렌글리콜, 각종 신너류의 화학물질 등 나열하기 힘들 정도로 많은 물질이 사용되었으며 이들이 서로 화학반응하여 생성하는 새로운 물질들에 대하여는 다 알 수조차 없다.

디퓨전 공정에는 라인당 70~80명의 노동자가 일했는데, 6~7라인 디퓨전 공정(150명 정도 근무)에서만 비슷한 시기에 희귀질환인 백혈병, 흑색종, 육아종 발병자가 생겨났다.

* 이종란이 작성한 '재해 경위서'에서 발췌했다.

6
자살방지용 방범창이 있는 기숙사

김주현. 1986년생, 남성. 2010년 삼성전자 LCD사업부 천안공장 FAB 컬러필터 공정 설비 엔지니어로 입사, 그해 자재관리 부서로 이동. 2011년 1월 기숙사 13층에서 투신 사망. 당시 26세

연제욱. 1982년생, 남성. 삼성전자 LCD 탕정공장 설비 엔지니어로 입사. 2009년 종격동암으로 사망. 당시 28세

2011년 1월 초 삼성전자 신입사원이 사내 기숙사 13층에서 몸을 던져 목숨을 끊은 사건이 있었다. 사건의 당사자인 김주현 씨는 평소 업무 스트레스로 우울증을 앓아왔다. 그의 나이 스물여섯, 입사 1년 만의 일이다. 그 작은 숫자에 이끌려 빈소를 찾았다.

  빈소는 장례식장 특실에 마련돼 있었다. 식당일 하는 어머니와 학원차량을 모는 아버지를 둔, 가난한 노동자의 자식에게 어울리지 않는 대우였다. 삼성전자 직원이 특실을 잡아두었다고 했다. 경황이 없는 가족들에게 삼성 직원은 삼일장으로 장례절차를 빠르게 밟아갈 것을 권했다. 주현 씨의 누나 김정 씨는 그제야 정신이 번뜩 들었다. 그녀는 지금 장례가 중요한 것이 아니지 않느냐고 직원에게 반

문했다. 가족들은 주현이가 죽은 이유를 밝히는 것이 우선이라고 했다. 그러자 삼성 직원들은 빈소에서 철수했고, 장례는 예정 없이 미뤄졌다. 그렇게 시간이 갔다. 더는 찾아올 문상객조차 없는 빈소는 울음 하나 없이 적막했다.

1년 전, 주현 씨는 삼성전자로부터 입사 통보를 받았다. 그는 일류기업 삼성에 걸맞은 최고의 엔지니어가 될 것이라는 기대에 부풀었다. 잘살고 싶었다. 그가 바라는 행복이란 그저 '가족들하고 넓은 집에 사는 것'이었다. 크고 안정된 직장을 가졌으니 꿈에 한 발 다가선 것이라 믿었다. 그는 웃으며 다짐했다.

"1년은 죽었다고 생각하고 살자."[1]

6개월 후, 주현 씨는 다른 마음을 먹었다.

"업무가 바뀌고 사람도 바뀌고 힘들다. 모든 걸 다 놔버리고 싶다. 높은 곳에서 뛰어내리고 싶다."[2]

몇 달 후, 그 말을 실행했다.

2월 6일

김주현 씨의 아버지, 김명복 씨를 만났다. 그는 영정 속 주현 씨와 많이 닮았다.

"우리 주현이, 걔가 삼성으로 들어가는 버스만 봐도 뿌듯하다고 하던 애예요."

그런 아이가 입사한 지 한 달도 되지 않아 '내가 생각하던 삼성이 아닌 것 같다'고 했다. 하지만 가족들은 대수롭지 않게 여겼다. 입사 초반에 겪는 적응과정이라 생각했다. 그러는 사이 주현이는 변해갔다. 말수가 줄었다. 한두 달에 한 번 집에 와 내리 잠만 자다 갔다. 장난치길 좋아하고 살갑던 예전 모습은 찾을 수 없었다. 아들과 친구처럼 지내던 아버지는 그런 변화가 이상하기도 하고 섭섭하기도 했다. 아들이 입고 온 옷은 늘 후줄근하고, 밥때도 안 됐는데 과자를 입에 달고 있었다. 그럴 때마다 아버지는 삼성맨 옷차림이 그게 뭐냐고, 다 커서 군것질을 하냐고 잔소리를 했다.

그러나 아버지 김명복 씨는 모르고 있었다. 하루 10시간 이상 근무하는 주현 씨는 빨래할 시간은커녕, 밥 먹을 시간도 없었다. 군것질은 밥때를 챙기지 못해 생긴 버릇이었다. 간식을 입에 달고 사는데도 아들은 체중이 10kg이나 줄었다. 그보다 눈에 띄는 변화는 아토피 재발이었다. 회사에 들어가기 전까지 가볍게 앓던 아토피가 진물이 흐를 정도로 심해졌다. 양말과 옷에 가린 피부는 벌겋게 짓물렀다.

그럼에도 주현 씨가 회사를 그만두겠다고 했을 때 가족들은 반대했다. 삼성은 큰 회사였다. 누구나 부러워하는 회사를 제 발로 나온다는 아들을 이해할 수 없었다.

"'삼성 아니냐. 다른 회사도 아니고 삼성인데 이겨내야 될 거 아니냐' 그런 소리나 했어요. 그러니까 얘가 나중에는 '정말 내가 일하는 걸 봐야 알겠냐!'며 화를 내더라고요. 그제야 심각하구나 싶었

김주현 씨의 사원증
이 사원증을 얻기 위해 그는 노력했다. 노력의 결과로 삼성에 들어간 그는 머리를 가로저었다. "내가 생각한 삼성이 아닌 거 같아." 그가 생각한 삼성은 무엇이었을까. 적어도 12시간 넘는 장시간 노동을 당연시 여기는 회사는 아니었을 것이다. 적어도 업무 스트레스에 시달린 사원이 죽음을 선택하는 회사는 아니었을 것이다. ⓒ 오렌지가좋아

어요."

주현 씨는 우울증 진단을 받고 회사로부터 2개월 병가를 허락받았다. (주현 씨가 요청한 것은 5개월 병가였으나 회사는 이를 받아들이지 않았다.) 회사와 멀어지니 언제 그랬냐는 듯이 쾌활하고 유순하던 예전 모습을 되찾았다. 가족들은 안심했다. 주현 씨는 중학교 때부터 우유배달에 고깃집 서빙까지 온갖 아르바이트를 했을 만큼 일이 손에 익은 아이였다. 안경알을 만드는 공장에서 병역특례로 2년 동안 일할 때도 힘들다는 소리 한 번 없던 아이였다. 돈 버는 것이 쉽지 않

6 자살방지용 방범창이 있는 기숙사

다는 것을 아는 아이라 믿었다. 그만큼 강한 아이라 믿었다. 그 믿음이 병가기간이 끝나가자 초조해하는 주현 씨의 모습을 지나치게 했다.

가족들은 뒤늦게야 알았다. 주현이가 밥을 먹다가도, 기숙사 침대에 누웠다가도 호출만 오면 다시 회사로 달려가야 했다는 것을. 많게는 하루에 15시간 근무했다는 것을. 일주일이 '월화수목금금금'이라는 우스갯소리가 주현이에게는 현실이었다는 것을. 겨우 기숙사에 돌아와 좁은 침대에 누워 웅크리고 쪽잠을 자야 했다는 것을. 작은 설비 실수에도 반성문 같은 보고서를 20장이나 제출해야 하기에 늘 긴장 상태였다는 것을. 방진복에 감싸여 12시간 일한 몸에 진물이 흘러내렸다는 것을.

주현 씨는 그곳으로 돌아가지 않았다.

1월 11일

이른 아침 김명복 씨는 문자 메시지 알림 소리에 잠에서 깼다. 잠결에 본 문자는 아들 주현이에게서 온 것이었다.

"엄마, 아빠, 누나, 힘내시고 죄송합니다."

병가기간이 끝난 아들이 회사가 있는 천안으로 내려간 다음 날이었다. 그는 안쓰러운 마음에 답장을 했다.

"주현아, 엄마 아빠는 항상 너한테 미안하게 생각한다."

그런데 '죄송합니다'라는 메시지의 마지막 문구가 자꾸 눈을 잡아끌었다. 이상하게 여겨 주현이 엄마에게 물어보니, 그녀의 핸드폰에도 같은 시각 같은 문자 메시지가 와 있었다.

"섬뜩한 거야. 그때부터 전화를 넣기 시작한 거예요. 예감이 이상해서. 전화 안 받아요. 그런데 나는 일을 나가야 하고. 엄마랑 걔 누나 둘이서 전화기 2대 갖고 전화를 하는데, 연락이 안 되는 거예요. 사람 미치겠는 거야. 1시간 이상 계속 전화를 건 거죠. 일을 가서 사람들 태우고 운전하고 있는데 전화가 딱 왔어. 누나 정이야. 아유, 연락이 됐나보다. 그러고는 전화를 받는데 울음소리가 들리는 거예요. '아빠, 추락했대.' 돌아버리는 줄 알았어요. 일이고 뭐고 집으로 가서 택시 바로 잡아 타고 천안 순천향병원으로 가자고. 정이가 건 전화를 구급대원이 받았다고 하더라고요. 심폐소생술 중이라고. 차를 타고 가는데, 나는……."

누나 김정 씨에게서 이야기를 들었다.

"갔는데, 김주현을 찾으니까 안치실로 가보라더라고요. 순간, 안치실이 뭐지? 그랬어요. 아무것도 안 떠오르는 거예요. 안치실이 뭐야? 정말 그렇게 됐다는 건 상상을 못했어요."

주현 씨는 회사 복귀를 1시간 남긴 6시 44분, 26세의 나이로 세상을 떠났다.

2011. 4. 17. 김주현 씨의 장례식
김주현 씨의 장례식 날. 아버지 김명복 씨는 100일 가까이 장례식장에 머무느라 아들의 마지막 길에 양복 하나 갖춰 입지 못했다. ⓒ 오렌지가좋아

3월 6일

"너희들이 내 동생 얼굴을 봤어? 내 동생 얼굴이…… 지금 썩어가고 있다고!"

삼성본사 앞, 사람들이 오가는 길목에서 김주현 씨의 누나 정 씨는 그녀를 밀쳐내는 삼성 경비직원들을 향해 소리를 질렀다. 그녀는 겨울 내내 같은 점퍼를 입고 있다. 주현 씨의 시신도 그 시간만큼 안치실 냉동고를 떠나지 못했다.

뒤늦게 주현 씨가 일한 사정을 알게 된 가족들은 삼성에 사과를 요구했다. 장시간 노동, 쉴 곳 없이 비좁은 기숙사,[3] 과도한 업무 스트레스, 이를 제공한 삼성의 사과가 있기 전까지 장례를 치를 수 없다고 했다. 가족들은 집이 있는 인천으로 돌아가지 않고 빈소에 머물렀다.

새벽이 되면 아버지는 운전대를 잡는 대신 아들의 영정사진이 담긴 피켓을 들고 주현 씨가 일하던 삼성전자 LCD사업부 천안공장을 찾았다. 주현이가 그토록 자랑스러워했다는 삼성 출근버스가 오면 피켓을 치켜들었다. 출근버스 안 사람들의 얼굴은 피로해 보였다.

그사이 어머니는 주현 씨의 식사를 챙겼다. 영정 앞에 매일 새 음식을 올리고 향로를 닦고 향을 피웠다. 점심때가 되면 서울 강남에 있는 삼성본사로 가, 정문 앞에 서서 '책임자 나오라' 하고 소리쳤다. 전처럼 집으로 돌아와 가족이 모여 밥을 먹고 좋아하는 텔레비전 방송을 보는, 그런 일상은 사라졌다. 찬바람을 맞고, 울고, 싸우는 것이 일상이 됐다.

어느 날(그날은 백혈병으로 숨진 황유미 씨의 기일이기도 하다)은 삼성본사로 항의방문을 간 주현 씨의 아버지가 삼성 경비직원들에게 사지가 들려 끌려나왔다. 아들 영정사진이 담긴 액자가 깨져 유리 파편이 손을 찔렀다. 피 범벅이 된 손으로 가슴을 움켜잡은 아버지는 그 길로 병원 응급실로 실려 갔다.

병원으로 달려온 아내와 딸은 믿어지지 않는다는 듯 되물었다.

"사람을 집어던졌다고?"

6 자살방지용 방범창이 있는 기숙사

믿을 수 없었다. 50여 일이 꿈인 것만 같았다. 아들의 죽음도, 아들이 그런 곳에서 일했다는 사실도, 초일류 기업이라 믿었던 삼성이 보여준 모습도 모두 거짓인 것만 같았다.

"삼성으로부터 주현이의 죽음에 관한 어떤 진실도 듣지 못했어요. 심지어 주현이가 떨어졌다는 소식도 삼성을 통해 들은 게 아니에요. 애가 떨어졌는데, 삼성은 가족에게 알리지도 않았어요."

주현 씨의 누나는 말했다. 죽음을 알린 이는 가족이 건 전화를 우연히 받은 구급대원이었다. 삼성은 주현 씨의 투신 장면이 찍힌 CCTV 화면을 공개하지 않았다. 후에 가족들의 성화로 공개된 CCTV 화면 속 주현 씨는 몇 차례 자살 시도를 하며 창틀에 올라앉았다. 보안요원들이 취한 행동은 주현 씨를 기숙사 방으로 데려다놓은 것뿐이었다. 방금 전 자살을 시도한 사람을 방에 혼자 둔 것이 그들이 취한 보안 조치였다.

가족들의 가슴에 못이 하나씩 박히기 시작했다. 사과를 요구했지만 삼성은 곧이듣지 않았다. 주현 씨가 세상을 떠난 지 이틀 후, 삼성에서 사람이 찾아왔다. 이야기를 하자며 주현 씨의 아버지를 차에 태웠다.

"커피숍으로 가는 줄 알았는데, 모텔로 쑥 들어가더라고요. 방에 들어가니 회사 차장이라고 하는 사람이 앉아 있는 거예요. 그 사람이 대뜸 무슨 얘기를 하냐면, '1년 치 퇴직금, 거기다가 플러스로 위로금을 드릴 테니까 합의하고 장례를 치르도록 합시다.' 사과부터 할 줄 알았더니 대뜸 그 얘기를 하는 거예요. 그런데 '산재[4]'는 뺀

금액입니다.' 그래요. 나는 그때는 산재는 생각도 못했기에 산재 얘기가 여기서 왜 나오지 했는데, 알고 보니 산재는 안 된다는 말이었던 거예요. 됐다고 일어나니까 박 차장이라는 놈이 '이렇게 삼성에서 적극적으로 협조해주고 있는데, 빨리 얘기가 끝나야지 나중엔 피해를 볼 수 있다'고 하더라고요. 그다음 날부터 장례식장 밖에만 나가면 삼성 사람이 붙는 거예요. 생각 좀 해봤냐면서."

가족들은 주현 씨를 떠나보낸 후에야 주현 씨가 '내가 일하는 걸 봐야 하겠어?'라고 했던 말의 의미를 깨달았다. 1등기업 삼성이라는 현란한 광고를 곧이곧대로 믿은 자신들이 바보임을 알았다. '그래도 삼성인데……' 이 짧은 말 한마디가 아들이, 자식 같은 이들이 개처럼 부려지는 것을 용인했다는 사실을 뒤늦게야 깨달았다.

주현 씨의 아버지는 울었다.

"삼성에서 근무하면 출세한 것처럼 자랑스러워했던 저 자신부터가 죄인입니다."[5]

누군가는 죄인이 맞다고 했다. 가족들의 잘못이라고 했다. 주현 씨의 죽음이 언론에 알려지고 사람들의 반응을 접할 수 있었다. 고인의 명복을 비는 사이로, 회사를 그만두고 싶다는 아들의 말을 흘려들은 가족을 탓하기도 했다. 어딜 가든 남의 돈 먹기가 쉬운 일이 아니라며 불효를 저지른 주현 씨를 책망하는 이도 있었다.

그사이로 눈길을 멈추게 하는 반응들이 있었다. 자신도 삼성에 근무할 당시 너무 힘들어서 우울증이 왔고 회사를 그만두고 싶어 가족들을 한참 졸랐다는, 주현 씨와 비슷한 경험을 가진 전직 삼성맨들의 이야기였다.

삼성반도체 온양공장에서 일하다 백혈병에 걸린 김옥이 씨는 삼성에서 일한다면 자살은 충분히 가능한 일이라고 했다. 그녀와 같은 직장에서 근무했던 남편 또한 우울증에 시달렸다.

"충분히 그럴 수 있는 게, 저희 애기 아빠도 스트레스로 잠을 못 잤어요. 잠을 못 잘 정도로 엄청난 업무 스트레스. 한동안 신경과도 다녔어요. 스트레스가 정말 엄청나요. 옆에서 다 봤으니까…… 나는 그걸 알죠."

온양공장 도금공정에서 일한 송창호 씨는 자신의 친구 소식을 전했다.

"어느 날 만났는데 삼성을 그만뒀대요. 왜 퇴사했냐고 그러니까, 거기 있으면 죽을 거 같다고. 출근하다가 너무 어지럽고 그래서 주차장에 차 세우고 자고, 회사도 못 가고 그랬대요. 계속 그러더래요. 약품 많이 쓰고 그래서 그런 것 같다고."

삼성반도체 기흥공장 기숙사에 달린 방범창이 사실은 자살방지용이었다는 이야기도 듣게 됐다.

"떨어져 죽는 사람이 많으니까요."

삼성반도체 기흥공장에서 11년을 근무한 정애정 씨의 말이다.

"나 때도 젊은 여자애 둘이 떨어졌어요. 그런데 희한한 게 삼성은 죽기만 하면 다 남자 문제 때문이라고 하더라."

김주현 씨가 죽기 8일 전, 주현 씨가 투신한 바로 그 기숙사 18층에서 한 여성 노동자의 자살사건이 있었다.[6] 그녀 또한 젊디젊은 스물셋 나이였다.

흔한 일이다. 스스로 목숨을 버릴 만큼 정신이 피폐해지는 것은. '하루 12시간을 넘기 일쑤인 장시간 노동, 품질과 물량 성과에 대한 압박, 화장실조차 자유롭게 다닐 수 없을 만큼 바쁘고 통제된 작업 환경, 타 지역 출신의 젊은 노동자들을 주로 고용했기 때문에 가족과 떨어져 공장 기숙사에 고립되어 지내야 하는 일상, 노동조합 결성을 비롯한 단결권이 원천봉쇄되어 있는 곳'[7]이면 어디든 가능한 일이다.

삼성은 자살을 방지하기 위해, 사내 심리상담사를 늘리고 기숙사 창문이 10센티미터 이상 열리지 않도록 안전장치를 달겠다고 발표했다. 그만한 방지책으로 막을 수 있는 자살이었다면, 15년 전 기흥 공장 창문에 방범창을 설치한 이래 어떤 걱정도 없었을 것이다.

죽음의 책임을 인정하고, 해결책을 약속하라며 주현 씨의 가족들은 삼성본사를 매일 찾았다. 초봄 바람은 싸늘하다 못해 아렸다. 본사 건물로 또각또각 구둣발 소리를 울리며 직원들이 들어갔다. 주현 씨 사진이 담긴 피켓을 든 가족들이 본사로 한 걸음만 내딛어도 경비직원들이 달려왔다. 가족들은 울고불고 하는 꼴을 보이며 부끄러움도 모르는 사람, 죽은 아들을 가지고 몇 푼 흥정하는 사람 취급을 당했다. 용역 직원들은 실실 웃고, 그 옆에서 경찰은 '이런 거 말고 좀 다른 점잖은 방식도 있지 않습니까' 하며 훈계 아닌 훈계를 했다.

그러나 어떤 점잖은 방법을 써야 저 두터운 삼성의 울타리를 뚫을

6 자살방지용 방범창이 있는 기숙사

수 있을까. 죽음의 책임을 인정한 삼성의 사과를 받을 수 있을까? 달리 방법이 없는 가족들은 환대받지 못하는 삼성본사를 꾸역꾸역 찾았다.

4월 17일

주현 씨가 세상을 떠난 지 100일 가까이 지났다. 더는 아들을 차가운 냉동고에 둘 수 없어 유가족은 삼성의 비공식적인 사과를 받아들였다. 노동자의 죽음에 대해 삼성으로부터 받은 최초의 사과였다. 최초지만, 스물여섯 살 젊은 나이에 죽은 생이 아까워 차마 대단한 일이라고 말할 수도 없다.

삼성의 '사과한다'는 문구는 건조했고, 그마저도 언론에 공개되지 않았다. 기자들이 빈소에 있다는 이유로 삼성은 약속했던 공장장 조문을 취소했다.

다음 날 새벽, 1인시위를 나가기 위해 매일 분주하던 빈소는 조용했다. 오랜만에 모두 깊은 잠에 들었다. 그러나 주현 씨의 아버지는 홀로 깨어 빈소를 서성거렸다. 선날 '기숙사(아들이 죽은 곳) 한번 가보고 싶은데……' 라는 말을 입에 달더니 차마 가질 못하고 망설였다.

주현 씨 어머니는 영안실에서 손님 접대를 하는 도우미 아주머니와 오래 대화를 나눴다. 두 여자는 결국 울었다. 조곤조곤 하는 대화가 들리지는 않았지만, 간혹 그동안 고마웠어요, 내 일 같아서 하는 말이 들려왔다.

장례절차가 시작되고, 다시 사람들은 분주해졌다. 주현 씨의 아버지는 다행이라고 했다. "도망치듯 끝내게 될까 봐 두려웠어요. 이렇게 모두들 모여서 주현이를 보낼 수 있어서 다행이에요."

발인을 기다리며 빈소에 남은 사람들은 벽보를 하나하나 떼어 정리했다. '노동자는 소모품이 아닙니다'라고 쓰인 벽보가 떼어졌다.

그날 나는 90여 일 동안 빈소를 찾은 사람들이 쓴 '일지'를 보았다. 긴 시간을 말해주듯 두터운 공책 한 권이 오고간 사람들의 기록으로 가득 찼다. 그중 누군가가 써놓은 글귀 하나에 눈이 갔다.

"죽지 않도록 싸우는 건 너무 필요하고 소중한 싸움이다."

4월 17일, 김주현 씨는 98일 만에 유골이 되어 가족들 품에 돌아갔다.

다시 4월 16일

장례식 전날 주현 씨의 입관이 있었다. 다른 이들에게 알리지 않은 채 가족들은 조용히 입관실로 향했다. 입관실에 들어서자 외마디 비명이 쏟아졌다. 그곳에 주현 씨가 있을 터였다. 누나 김정 씨는 "불쌍해, 미안해" 이 두 마디만을 끝없이 쏟아냈다. 강단 있고 억척스러워 보이던 주현 씨 어머니의 울음소리는 들리지 않았다. 통곡을 해도 괜찮은데, 나오지 않는 울음에 그녀는 두 눈만 벌겠다. 주현 씨 아버지는 입관실에 들어서지 못하고, 소리 내어 울지도 못하고, 미안하다는 말도 못 했다. "이걸 어떻게…… 이걸 어떻게…… 안 되는데……." 그의 흐느낌은 계속됐다.

가난한 집 맏아들 주현 씨, 그에게 쏟아내는 가족들의 부채감을 보며 나는 다른 반올림 가족들을 떠올렸다. 모두들 아이를 억지로라도 대학에 보내지 않은 것을 한탄했다. 부모가 가난해서 솜털이 아직 가시지 않은 열아홉 살짜리를 화학약품 들끓는 공장에 보냈다며 숨이 탁탁 막혀 했다. 아이가 맞교대로 낮밤이 바뀌어 잠들지 못하고 뒤척일 때 자신은 어떻게 편히 잠들었을까 하며 죄책감에 시달렸다. 아이가 끼니도 거르고 정신없이 기계를 돌릴 때 자신은 입에 어디 맛난 것이라도 넣었을까 봐 괴로워했다.

이런 부모들에게 삼성은 오히려 죄책감을 얹어주었다. 직업병이 아니라 유전이라고 했다. 부모가 가진 지병을 끄집어내어 자식의 병이 유전임을 주장했다. 회사 입장에서는 업무와 상관 없는 '아무것도 아닌 병'이라 주장하기 위해서였겠지만, 부모에게는 자식 죽인 죄인의 누명을 덧씌우는 일이었다.

삼성은 삼성전자 탕정공장 사원 연제욱 씨의 가족에게 같은 일을 저질렀다. 연제욱 씨를 죽음으로 몬 종격동암의 원인이 어머니의 위암에서 기인한다고 주장했다. 연제욱 씨의 어머니는 지금도 우울증 약을 먹는다.

이날 영정 앞에서 사과하러 온다던 삼성 관계자를 멍하니 기다리는 주현 씨의 가족들을 뒤로 하고 연미정 씨를 만나러 갔다. 미정 씨는 연제욱 씨의 동생이다.

연제욱 씨와 김주현 씨는 닮은 점이 많았다. 생을 마친 나이도 비슷했다. 제욱 씨가 스물여덟, 주현 씨가 그보다 두 살 어린 스물여섯 살이었다. 엔지니어였던 두 사람은 모두 삼성이 첫 직장이었다. 그러나 회사생활은 달랐다. 주현 씨가 삼성전자에 들어간 지 얼마 되지 않아 힘들다고 토로한 반면, 제욱 씨는 동생 미정 씨에게도 삼성에 들어오라고 권할 만큼 삼성맨이 된 것을 뿌듯해했다. 제욱 씨는 회사 일에 열심이었다. 고등학교 때부터 그의 꿈은 삼성이라는 대기업에 들어가는 것이었다.

탕정공장 포토, 에칭(식각) 공정에서 일한 제욱 씨는 근속 4년 동안 야근을 가장 많이 한 직원으로 손꼽혔다. 고과점수도 항상 좋았다. 착실히 모은 월급으로 회사 아파트도 분양받았다.[8] 그러나 분양받은 아파트에서 채 몇 달도 살지 못하고 그는 병원신세를 져야 했다.

종격동암 판정을 받고도 제욱 씨는 병실에 노트북을 가져와 일을 했다. 항암치료로 머리가 다 빠져서도 통원치료를 하며 일을 했다. 가족들이 말리는 것을 제욱 씨는 '이렇게 안 하면 진급을 못 한다'고 일축했다. 고과점수는 단지 숫자가 아니었다. 몇 푼의 보너스를 위한 것도 아니었다. 그것은 미래와 직결됐다. 아픈 몸을 이유로 미래의 삶을 모두 포기할 수는 없었다.

주현 씨가 힘에 겨워 병가를 내고 포기할 수밖에 없었던 것들을 제욱 씨는 놓을 수 없었다. 그러나 두 사람의 마지막은 같았다. 주현 씨는 안정된 직장, 삶의 윤택함이라 믿었던 것을 포기하고 무력감에 시달리다가 13층에서 뛰어내려 생을 마감했다. 제욱 씨는 붙잡고 있던 미래를 허망하게 중환자실에서 놓아버렸다. 그들은 또래의 삼성 직원들이 병으로 생명을 빼앗기며 마지막으로 했다는 그 말, '억울하다'를 외며 눈을 감았을지 모른다.

피부가 짓무를 정도로 통풍이 잘되지 않는 방진복을 입고 고기압의 무게를 몸으로 버티며 안전성이 검증되지도 않은 화학약품 가까이 얼굴을 들이밀고 하루 열몇 시간을 일하다 황량한 기숙사로 돌아와 쓰러져 짧고 지친 잠을 자는 생활을, 누군가는 참으로 잘 견디었고 누군가는 버텨내지 못했다. 그러나 결과는 같았다. 두 젊은이는 생명을 잃었다. 사람이 감내하지 못할 노동환경은 버틴 자에게는 부식된 몸을, 버티지 못한 자에게는 자괴감을 안겨주었다. 두 사람의 죽음은 애초 그들이 일한 환경이 잘못되었음을 말해주지만, 정작 삼성은 사과 한마디 없다.

3년 전

2008년 7월, 연제욱 씨의 동생 미정 씨는 휴일임에도 호출을 받고 회사로 나왔다. '시위진압'을 하러 가야 했다. 천안공장에 '반올림'이 온다고 했다. 미정 씨와 여사원들이 앞에 섰다. 뒤로 남자 직원들이 열을 지어 섰다. 반올림 단체가 본관으로 들어오지 못하게 하는 것이 삼성 경비업체 에스원 직원 미정 씨의 역할이었다.

삼성 계열사인 에스원에서 근무하던 미정 씨는 오빠 연제욱 씨와 마찬가지로 삼성을 최고로 아는 사람이었다. 입사 초 미정 씨는 여느 신입사원처럼 삼성 배지를 달고 출근을 했다. 삼성에 대한 자부심이었다. 연차가 올라간 선배들은 배지를 달지 않았다. 배지를 달면 백이면 백 신입사원이라고 했다.

입사 직후부터 일은 넘치게 주어졌다. 주간근무, 야간근무, 휴일이 이틀씩 돌아오는 교대근무였지만 휴일이 제대로 지켜진 적은 없었다. 4일 연속으로 야간근무를 한 적도 있었다. 시간이 지날수록 선배들이 배지를 달지 않는 까닭을 알게 됐다. 일이 고되니 퇴사율이 높고, 그만둔 직원들의 자리를 남은 인력으로 메우느라 악순환은 계속됐다. 에스원만이 아니었다. 생산직 퇴사율은 더 높았다. 입출입을 관리하다보면 하루에 수십 개의 퇴사증을 받을 때도 있었다. 미정 씨는 삼성에 들어가고서야, 어른스럽던 오빠가 왜 직장생활을 하며 엄마에게 밥을 챙겨달라 약을 챙겨달라 응석을 부렸는지 알게 됐다. 밥도 잠도 제때 해결할 수 없는 생활이 그녀 앞에 놓여 있었다.

그러나 이만한 회사가 없다고 생각했다. 이미지도 좋고 월급도 나쁘지 않았다. 약속시간이 빠듯해 회사 유니폼을 입고 나가면 친구들은 삼성 다니냐며, 삼성 유니폼은 밖에서 입고 다녀도 된다고 치켜세웠다. 그녀는 자신의 목표를 삼성의 여성 임원이 되는 것으로 삼

2010. 7. 12. 삼성 직업병 산재 은폐 증언대회

고 연제욱 씨의 동생 미정 씨. 조용하지만 야무지고 당당한 그녀는 오빠 이야기만 나오면 울었다. "2년이 지나도 똑같아요. 생각나고 슬픈 게. 처음이랑 다른 게 하나도 없어요." 삼성은 그녀의 슬픔을 알려 하지 않았다. ⓒ 오렌지가좋아

고 묵묵히 일했다.

반올림 사람들이 직원들에게 나누어준 유인물을 회수하며 그녀는 직업병에 대해서 알게 되었다. 선배들에게 물으면 생산라인에서는 안 좋은 물질을 쓰는 것이 맞다는 답이 돌아왔다. '내 아내, 여자 친구도 거기서 일하는데 건강이 안 좋다, 퇴사를 해야겠다'는 이야기로 이어졌다. 그럼에도 반올림 유인물을 회수해 폐기했다. 어쩔 수 없는 일이었다. 시키면 안 할 수 없는 것이 회사 일이다. 오빠가 죽기 전까지는 미정 씨에게도 어쩔 수 없는 일이었다.

오빠가 죽은 후 미정 씨는 회사에 산재신청을 요구했다. 회사는 서류조차 제대로 준비하지 않고 형식적으로 산재신청을 했다. 회사가 낸 산재신청 서류에는 오빠가 일한 공정이 제대로 적혀 있지 않았다. 제욱 씨는 화학물질을 많이 사용하는 포토 설비에서 일했지만, 서류에는 이 사실이 빠져 있었다. 산업재해보험 처리를 담당하는 근로복지공단은 역학조사도 없이 산재 불인정 판정을 냈다.

미정 씨는 인정할 수 없었다. 누구보다 건강했던 오빠였다. 몸 관리 한다고 술담배도 안 하던 사람이었다. 그녀가 원한 것은 죽음에 관한 진실이었다. 그러나 삼성 직원들은 부모를 찾아와 합의를 보자고 했다. 오빠의 병은 아무것도 아닌데, 삼성이 큰 회사니 이 정도 돈이라도 주는 것이라 했다. 뜻을 굽히지 않자, 집에 찾아온 삼성 관리자는 그녀가 걸리적거린다는 듯 '미정 씨는 시집도 안 가요?'라며 농을 하다가 눈을 부라리다가 했다. 그것은 켜켜이 상처로 쌓여갔다.

삼성 임원이 되고 싶다던 당찬 미정 씨는 이제 회사를 퇴직하고, 우울증과 온갖 병치레를 하는 엄마를 돌보며 지낸다. 오빠가 저세상으로 간 뒤로 엄마는 계속 아팠다. 엄마가 걱정되어 그녀는 외출도 쉬이 하지 못한다.

"어떨 때는 억울하고 삼성 얄미워서 더 잘살아야지 하는 생각을 하기노 해요."

그녀는 겨우 스물아홉 살이다. 그리고 이미 스물아홉 살이었다. 집에 갇혀 있기 아까운 나이였고, 직장을 새로 구하기는 어려운 나

2011. 3. 6. 반도체 산재사망 노동자 추모 주간이자 고 황유미의 기일 추모제

반도체·전자산업에서 일하다 직업병으로 목숨을 잃은 46명의 영정 사진이 걸렸다. '더 이상 죽을 수 없습니다.' 이것이 반올림과 삼성직업병 피해자들이 싸우는 이유이다. ⓒ 양희석이였다. 삼성은 미정 씨의 미래까지도 앗아가려 하고 있었다. 보상은 먼 일이었다. 가족들은 직업병이 아니라는 근로복지공단의 판정을 인정하지 못하고 재판을 준비 중이다. 항소에 항소가 거듭돼 언제 끝날지 모르는 일이다.

"아직도 힘들어요, 저희는요."

그녀가 눈물을 보인다. 나는 주현 씨의 입관식을 떠올렸다. 그녀도, 그리고 내가 만난 반올림 가족들 모두 입관식 같은 일을 겪은 이들이다. 그 서럽고도 안타까운 기억을 가슴에 묻고 웃고 울며 산다. 미정 씨는 말했다.

"정의를 생각하면 끝까지 싸우는 게 맞는데 부모님 생각하면 그만두는 게 맞나, 그런 생각이 드는 거예요. 오빠는 뭘 원하고 있을까, 그런 생각도 나고."

"오빠는 뭘 원할 것 같아요?"

"……모르겠어요."

그녀는 간격을 두어 말했다.

"지금 보면 삼성이 원하는 대로 되어가는 것 같아요. 그래서 억울해요."

"삼성에서는 이제 연락이 없나요?"

"또 연락이 오겠죠. 그분들 찾아오면 엄마는 벌벌 떠세요, 분노하셔서."

"화나면서도 오면 또 봐야 하잖아요. 혹시나 하는 기대에. 이번에는 혹시 사과하지 않을까……."

"맞아요. ……사과하면 다 끝날 것 같아요. 돈이 얼마인지 그런 것 상관없이 진심으로 다가온다면……."

그녀는 주현 씨의 일이 정리된 것을 부럽다는 듯 말했다.

"사과를 받았네요."

나는 그것이 몹시 부족한, 비공식적 사과라는 점을 설명했다. 그럼에도 그녀는 물었다.

"우리도 사과를 받을 수 있겠죠?"

연제욱 이야기

연제욱 씨는 삼성전자 LCD사업부 탕정공장에 2004년 6월 3일에 입사, 포토 설비기술 파트에서 설비 엔지니어로 2년, 제조설비 유지보수에서 2년, GB에서 1년 설비 엔지니어로 근무하였다. 작업환경 측정자료에 드러난 것만 보아도, 유해요인은 사진감광액, 염산, 불산, 질산, 염소, 오존, 크롬, 납, 니켈, 망간, 이소프로필알코올, 아세톤, 기타 각종 복합 유기용제 등이 있다. 감광제 성분에서 1급 발암물질인 벤젠이 검출된 사실이 있으니, 벤젠 노출 또한 의심된다.

  2004년에는 탕정공장 설비를 세트업하였는데, 안전성이 확인되지 않은 초기 세트업 작업에는 유해물질에 의한 노출이 높을 수밖에 없다고 알려져 있다.

* 이종란이 작성한 '재해 경위서'와 공유정옥(산업의학 전문의)이 작성한 '업무 관련 소견서'에서 발췌했다.

만약, 고 황유미가 고 황민웅을 만나지 못했다면, 고 이숙영이 퇴사를 하고 병에 걸렸다면 삼성 백혈병 노동자이자 '반도체산업 최초의 직업병 노동자 황유미'는 없었을 것이다. 황유미는 그저 개인 질병자였을 것이다. 그녀의 병은 개인의 책임이 되고, 황유미의 '퐁당퐁당 작업'은 계속됐을 것이다. 그리고 또 다른 '개인 질병자'가 생겨났을 것이다.

피해 노동자가 직업병임을 인정받는 과정은 서럽다. 아픈 몸을 이끌고 병과 업무의 연관성을 입증하러 다녀야 한다. 서류를 떼고, 회사에 정보를 요청하고, 공무원들과 전문가들에게 머리를 조아린다. 수개월에서 수년이 걸리는 과정이다. 시간에 지친 노동자들은 자신을 의심하게 된다. 내가 몸이 약해서, 불운해서 생긴 문제가 아닐까? 화학물질에 노출된 채 12시간 이상을 일했지만 내 문제인가 싶어진다. 결국 산재신청을 포기한다.

노동자가 오랜 고민을 하고 있을 때, 전문가 집단은 짧은 시간에 명료한 판정을 내린다. 직업병 여부를 판단하는 전문가 집단은 서류 몇 장을 훑으며 노동자의 몇십 년 노동을 훑는다. 그 과정에

3

끝나지 않은 싸움

―진실을 돈으로 덮으려는 자들

서 종종 손쉬워 보이는 노동자의 단순반복 작업이 몇십 년 동안 365일 지속되었다는 사실을 간과하기도, 인간의 몸은 기계가 아니라는 사실을 놓치기도 한다. 그럼에도 '과학적 입증'이라는 말은 잊지 않아, 직업성 암에 걸린 이들은 과학적으로 업무 연관성이 인정되지 않은 경우가 많다. 그러나 타 국가보다 몇 배나 적은 수의 발암물질을 규제하고 있는 나라의 과학을 믿자니 의심만 생길 뿐이다.

의심을 품은 노동자들은 산재보험금을 내줄 수 없다는 근로복지공단을 향해 이렇게 묻는다.

"그럼 근로복지공단은 왜 있는 거지요?"

근로복지공단은 직업병 노동자들이 낸 산재불승인 처분 취소 소송에 삼성이 고용한 대형 로펌을 부르는 것으로 대답을 대신했다.

7
유독물질은 영업비밀이다

박지연. 1987년생, 여성. 2004년 삼성반도체 온양공장 입사, QE그룹 품질 실험 특성 검사 및 엑스레이 검사. 2년 7개월간 근무. 2010년 3월 백혈병으로 사망. 당시 24세

삼성전자 공장 안에는 무재해 시계가 있다. 목표시간과 달성시간이 나란히 놓인 시계는 무재해 기록 달성을 늘려가고 있다. 이를 두고 한 현직 엔지니어는 말했다.

"무재해 달성 기념행사까지 했어요. 기계에 끼이거나 폭발사고야 늘 있는데 시계가 왜 안 멈추는지 모르겠어요."

삼성의 무재해 역사는 길다. 삼성전자 기흥공장은 1991년 11월부터 1998년 8월까지 단 한 건의 재해도 발생하지 않아 세계 최고의 안전 사업장으로 1999년 기네스북에 올랐다. 2000년에는 삼성전자·반도체 전 사업장이 해외 재보험사로부터 무재해를 기록한 보상으로 보험료 10억 원을 환급받았다. 2002년 기흥공장은 전 세계 어느

사업장도 달성 못 한 무재해 기록 60배(2억 8960만 인시人時)를 달성하기도 했다. 삼성은 국제적인 안전기준을 준수하고 있다고 자신한다. 현재까지도 삼성은 산재가 적은 기업에게 주어지는 혜택을 받아 보험료율을 50% 감액적용받고 있다. 감세로 인해 삼성전자가 얻은 혜택은 매년 143억 이상이다.

나와서는 안 된다

삼성전자에는 산업재해가 없다. 유해물질은 사용하지 않는다. 안전관리는 철저하게 이뤄진다. 이것이 삼성의 입장이지만, 2010년 반도체공장의 역학조사를 진행한 서울대 산학협력단 백도명 교수는 라인 내 벤젠 검출 사실을 발표했다. 삼성과 하이닉스 반도체 공정에서 발암물질 벤젠이 검출된 것이다. 삼성의 반발은 컸다.

 백도명 교수는 이를 두고 말했다. "삼성은 (벤젠이) '나와서는 안 된다'는 입장이다(웃음). 반면 하이닉스는 나올 수도 있다는 반응이었다."[1] 삼성은 "후진적인 노동 작업장을 가진 기업이라는 오명"[2]이라며 흥분했다. 일류기업 첨단사업에 발암물질은 있을 수 없다고 했다. (반올림의 말에 따르면) 100명이 넘게 직업병 피해자가 나오고 있지만 삼성의 관심사는 '낙후기업'으로 이미지가 전락한다는 사실뿐이다.

 그래서 삼성은 유해성 물질 사용을 부정한다. 작업환경 공개요구에는 '영업비밀'이라 답한다. 영업비밀이기에 공개가 불가하다. 삼성은 자사 직원들에게도 비밀을 지킬 것을 요구했다.

2006년, 백혈병에 걸린 황유미 씨는 병상에서 회사 동료에게 문자 메시지 하나를 받았다.

"회사에서 너 관련해서 아무 이야기도 하지 말래."

입단속이었다. 연미정 씨도 비슷한 일을 겪었다. 2009년 종격동암이라는 희귀성 암으로 세상을 떠난 오빠가 어떤 일을 했는지 알고 싶었다. 하지만 회사는 아무것도 이야기해주지 않았다. 미정 씨는 직접 알아보기로 했다. 오빠 회사 동료들과 약속을 잡았다. 동료들은 아는 데까지 전부 알려주겠다고 했다. 그러나 약속 당일 아무도 나오지 않았다. 미정 씨는 인사과 직원으로부터 그들이 일이 있어 나오지 못한다는 통보를 받았다.

2005년 백혈병으로 남편을 잃은 정애정 씨도 같은 경험을 했다고 한다.

"애기 아빠가 인간관계가 좋았어요. 이 사람이 동료도 되게 많았어요. 장례 치를 때까지만 해도 납골당까지 안치하는데 뒤를 따르는 차 행렬이 30대가 넘어서, 그곳 교통이 마비될 정도였어요. 그 정도로 애도하는 사람이 많았는데요, 이 싸움 하면서 도움을 받으려고 하니까 다 연락이 안 되네요."

과로와 스트레스로 우울증에 시달리다가 회사 기숙사에서 투신자살을 한 김주현 씨 빈소에서도 회사 동료 하나 볼 수 없었다. 김명복 씨는 말했다.

"주현이 녀석한테 마지막으로 문자 보낸 애는, 여기 빈소에 못 왔어요."

"왜요?"

"글쎄요, 그건 상상에 맡기겠어요. 삼성이라는 데가 어떤 곳인지."

"연락 오거나 이런 건 없고요?"

"예. 참 대단하다고 그랬어요."

현장을 아는 피해 당사자들은 죽었다. 살아 있어도 생사를 다투는 고통에 입을 열 수 없다. 가족들은 그들이 어떤 일을 했는지 알지 못한다. 자식이 일한 부서 이름조차 제대로 아는 가족이 많지 않았다. 반도체 노동자들은 자신의 일을 가족들에게 말하지 않았다. 말해봤자 전문용어가 많아 알아듣지 못할 거라 생각했고, 자신의 일이 고됨을 알리고 싶어하지 않았다. 괜한 걱정을 끼칠까 싶어서다. 아픈 당사자는 말할 수 없고, 가족은 알지 못하고, 회사는 입을 열지 않았다. 비밀은 영원히 지켜질 것 같았다.

그러나 2010년 3월 삼성반도체 온양공장에서 일하던 박지연 씨가 백혈병으로 숨지며 파장이 일었다.

스물네 살 오퍼레이터의 죽음

박지연 씨는 2004년 삼성반도체 온양공장에 입사해 외관 및 엑스레이 검사를 하던 스물네 살의 오퍼레이터다. 근무한 지 2년 7개월,

속이 메슥거리고 방진복에 하혈을 해 병원을 찾았다. 급성 골수성 백혈병 판정이 그녀에게 내려졌다. 방사선(엑스레이) 노출은 백혈병의 주원인이다.

생전 인터뷰에서 그녀는 어두운 병원 복도에 켜진 암병동 간판이 무섭다고 했다. 저 안으로 들어가기 두렵다고 했다. 다섯 번의 항암 치료를 받고, 골수이식 수술을 했다. 아무도 없는 무균실에서 몇 달을 버티었다. 적막뿐인 그곳에서 그녀는 합병증까지 짊어지고 싸웠다. 그러나 재발이 됐다. 마지막으로 응급실에 들어간 날, 그녀는 정신을 잃지 않기 위해 애쓰며 반올림 사람들에게 문자를 보냈다.

"저 응급실이에요."

반올림 사람들은 응급실로 달려왔다. 이미 와 기다리는 사람들이 있었다. 삼성 직원이었다. 지연 씨의 마지막을 준비하는 며칠 동안 삼성 직원들은 내내 병실을 지켰다. 병원에서 24시간 내내 교대근무를 섰다. 문병은 아닌 듯했다. 무언가를 기다리는 듯 보였다.

지연 씨가 아프던 당시 그녀의 어머니가 언론과 한 인터뷰를 볼 수 있었다.

"병원비? 상상을 초월해. 처음에는 계산을 했는데…… 억대 넘은 지는 벌써지, 벌써야. 지연이랑 나랑 벌어도 여유 없이 살았는데. 지금 돈 못 번 지가 벌써 몇 년이에요. 그리고 빚이 있어. 우리 아이가 시골에서는 도저히 치료를 할 수가 없어서. 우리 집이 강경 아주 시골이에요. 차가 하루에 두 번밖에 안 다녀. 빚을 내 전세로 얻은 집은 강경서도 교통이 안 좋지만 그래도 시내권이에요. 우리 집은 재래식 부엌에다 재래식 화장실인데요. 근데 백혈병 치료는 아주 깨끗한 곳에서 해야 한다고 하더라고요. 우리가 돈이 없어서 깨끗하게 집을 사서 꾸밀 수는 없고. 우리 애기 아빠는 술을 좋아했지만 지연이로 인해서 폐인이 돼가지고 누구하고도 대화가 안 돼요. 저도 지금은 신경과 약과 혈압 약을 계속 먹어야 해요. 학교 급식 다니는데 그것마저 놓칠까 봐, 거기다 나 자르지 말고 사람 대체해달라고, 사흘 갔다 온다고 하고 왔어요."[3)]

아픈 딸을 두고도 일거리가 끊길까 두려워 3일만 갔다 온다고 사정을 해야 하는 형편, 그것이 병에 걸린 노동자 가족의 신세였다. 삼성은 이를 잘 알고 있었다. 그래서 지연 씨가 지낼 집을 제공하겠다, 병원으로 타고 갈 차를 제공하겠다고 했다. 삼성은 지연 씨의 어머니 곁을 떠나지 않았다.

"우리 엄마가, 우리 아기는 어린것이 돈 때문에 왔다가 돈 때문에 가는구나. 우리 아기 얼굴이 많이 부었어요. 팔이 내 2배예요. 참 근데 손은 예쁘더라……. 뼈만 앙상했는데 부어서. 통통해서 예쁘더라. 우리 아기가 살아 있을 때 빨리 산재 판정 났어야 하는데 하더라고요."[4)]

예쁜 딸은 중환자실에서 3일을 버티다 세상을 떠났다. 박지연 씨의 죽음이 알려지자, 삼성반도체 직업병 의혹이 각종 언론에서 이야기됐다. 죽음이 가진 파급력이었다.

박지연 씨 장례식 며칠 후, 삼성은 나노시트 선포식을 개최했다. 정돈된 사업장에 기자들을 불러모아, 이제는 '공장이 아닌 캠퍼스

2010. 3. 31. 박지연 씨의 장례식

박지연 씨의 장례식에 또 다른 피해자인 한혜경 씨가 조문을 왔다. 몸이 불편한 그녀는 휠체어를 타고 춘천에서 서울 장례식장까지 찾아왔다. 그만큼 죽음은 슬프고도 위로받아야 하는 일이다. 장례식날 삼성은 위로금을 지급했다. 산재소송을 하지 않는다는 조건으로, 삼성 직업병 문제를 언론에 알리지 않는다는 조건으로.
ⓒ 오렌지가좋아

라 불러달라'고 했다. 그래도 언론이 수그러들지 않자 삼성은 마지못해 입을 열었다. 작업라인을 공개하겠다고 했다. 청정라인을 직접 보여주어 논란을 잠재우겠다고 했다. 공개된 라인은 지어진 지 20년이 된 5라인과 최신설비 S라인이었다. 삼성은 황유미 씨의 죽음으로 논란이 된 기흥공장 3라인과 유사한 5라인을 공개해 과거의 작업환경이 낙후되지 않았음을 확인시켜주겠다고 했다. (이에 반올림은 반발했다. 근무자들의 증언에 따르면, 노후라인 1~3라인과 다르게 5라인은 당시에도 자동화 비중이 높았다고 했다. 설비가 오래되고 누출사고가 잦아 작업자들 사이에서 '사고라인'으로 불린 것은 5라인이 아니라 1~3라인이었다.)

7 유독물질은 영업비밀이다

이런 반발에도 불구하고 2010년 4월 15일, 삼성본사 앞에 3대의 버스가 대기했다. 기흥공장으로 들어갈 버스였다. 버스에는 기자들이 타고 있었다. 버스 1대에 정애정 씨가 올라탔다.

"기흥공장에서 10년 넘게 일한 사람입니다. 제가 직접 눈으로 보고 얼마나 바뀌었는지 설명하겠습니다."

유가족과 직업병 피해자들이 견학참가를 요청한 상태였다. 삼성은 이를 거절했다. 애정 씨를 태운 버스는 출발하지 않았다. 버스가 출발하지 않자 기자들은 버스에서 내려 다른 이동수단을 찾았다. 텅 빈 버스에 애정 씨 홀로 남았다.

다음 날, 삼성반도체 기흥공장 공개견학에 대한 기사들이 앞 다투어 나왔다.

삼성전자 기흥 반도체라인 첫 공개, 눈썹조차 내놓고 다닐 수 없는 청정지역(조선일보)

삼성전자, 반도체 생산라인 문제없다…… (경제투데이)

클린룸에 티끌도 못 들어가게 통제(서울경제)

"삼성반도체 공정 백혈병과 무관"(한국경제)

로봇이 대부분 작업을 대신하는 최첨단 자동화 설비 사이로 보안경, 폴리염화비닐PVC 장갑을 완벽하게 착용한 작업자들의 모습이 언론을 통해 공개됐다. 우리가 뉴스에서 보던 반도체공장과 별 차이가 없었다. 그러나 일부 언론은 의혹을 제기했다.

조를 나눠 6명씩 들여보냈고, 각 조는 라인에 배치된 각 공정당 몇 초가량 둘러본 후 자리를 떠나야 했다. 약 10분에 걸쳐 진행된 5라인 견학에서 근무자 개개인의 근무상황을 확인할 여유도 없었다.("삼성 반도체라인 요식 공개, 실제 견학 '30분'", 《프레시안》)

'지금 얼마나 잘돼 있는가를 보고 싶은 게 아니라 3년 전 상황이 어땠는지를 설명해줘야 하는 것 아니냐'고 반복해서 물었지만 정확한 답변을 듣지 못했다.("삼성전자·반도체라인 최초 공개…… 10분 견학으로 뭘 보라고", 《미디어오늘》)

반올림은 삼성의 공개견학을 두고 초등학교 시절, 장학관 방문과 비교했다. 장학관이 오는 날을 맞추어 청소를 하고 수업내용을 미리 선생님과 정해두던 그때와 공개견학이 별 다르지 않았다고 했다.

삼성은 공정에 아무런 이상도 없으며, 앞으로 삼성전자 건강연구소를 세우는 등 직업병 의혹에 적극 대응하겠다고 밝혔다. 공개견학 날, 삼성전자 조병우 사장은 기자들을 앞에 두고 말했다.

"우리와 함께 일했던 직원들이 불의의 질병으로 운명한 것에 대해 삼가 조의를 표합니다. 삼성전자도 소중한 직원을 질병으로 잃어 몹시 안타깝습니다. 발병률이 국민평균치를 밑도는 것을 떠나 유족들을 어떻게 도울지 고민하겠습니다."

유족을 도울 길을 고민하던 삼성은 산재신청을 한 이들을 직접 찾았다. 죽어가는 지연 씨의 옆을 맴돌며 필요한 게 없느냐고 물은 것처럼 말이다.

삼성의 조의, 삼성의 도움

뇌암 투병 중인 이윤정 씨의 남편 정희수 씨는 삼성으로부터 연락을 받았다. 몇 달 전, 아내가 병이 든 까닭이 회사에 있는 것은 아닐까 하여 온양공장에 연락을 한 적이 있었다. 회사로부터 직접 찾아와 눈으로 확인하라는 식의 대꾸가 돌아왔다. 그러나 이번에는 태도가 달랐다. 삼성 직원들은 과일 바구니까지 들고 찾아왔다. 그때와 지금, 달라진 것은 희수 씨가 반올림과 만났다는 사실밖에 없었다.

"뭐 필요한 거 없냐고 묻기에, 필요한 거 없다 그랬어요. 그랬더니 반올림, 이런 단체가 도와줄 수 있겠냐 그러더라고요. 5년을 생각하고 있다, 그랬더니 5년이 지나도 안 될 거라면서 그 사람들(반올림)은 도와줄 수 없다고 그러더라고요."

한혜경 씨는 회사를 그만둔 지 10년 만에 삼성전자로부터 연락을 받았다. 안부 차 전화했다는 관리자는 혜경 씨가 입사할 때 인사과에 있었다고만 밝히고는 위로금 1억 원을 줄 테니 산재보험 신청을 취소하라 했다.[5] 병원비를 대느라 이미 집을 서너 차례 옮긴 뒤였는데 어떻게 알고 전화했는지 무서울 지경이라고, 혜경 씨의 어머니는 말했다. 그 직원은 한번 방문하고 싶다고 했다. 혜경 씨 어머니가 반올림과 함께 보겠다는 의사를 비치자 더 이상 연락이 오지 않았다.

삼성은 환자들에게 편의와 치료비를 제공하겠다고 했다. 다만 전제가 달렸다.

"인간적으로 안타까워 도움을 준 것일 뿐, 회사 입장에서 뭐가 잘

못한 게 있어서 지원한 것은 아니다."[6]

"삼성은 초일류 기업이라서 성의 표시를 하는 거다."[7]

2010년 7월, 지연 씨의 어머니는 삼성으로부터 보상금을 받고 산재신청을 취소한 사실을 고백했다. 어머니 황금숙 씨는 인터뷰를 통해 딸아이의 장례식 즈음 삼성 측이 '소송 취하, 민주노총 및 사회단체와 만나지 말 것' 등을 조건으로 억대의 보상금을 입금했다고 밝혔다.

삼성 직원들이 철야를 하며 지연 씨의 병실을 지키던 이유가 어머니의 고백으로 명확해졌다. 삼성은 지연 씨의 죽음이 언론에 나가지 않도록 해야 한다고 했다. 후에 산재신청을 할 경우 치료비용을 다시 토해내야 한다고 했다. 억에 가까운 딸의 치료비를 빚으로 떠안은, 식당 일용직 노동자인 그녀가 할 수 있는 선택은 많지 않았다.

비단 지연 씨만의 일이 아니다. 황유미 씨의 아버지 황상기 씨도 치료비 500만 원을 건네는 삼성 직원을 뿌리칠 수 없었다. 유미 씨가 재발이 되었을 때였다. 병원에 삼성 직원이 찾아왔다. 삼성은 위로금 차원에서 남아 있는 치료비를 주기로 했다. 하루에 치료비만 100만 원이 든다는 백혈병이었다. 그런데 삼성 직원은 500만 원을 내밀며 이것밖에 없으니 해결을 보자 했다. 속에서 화가 끓었지만 황상기 씨는 그 돈을 받았다.

"귀싸대기를 올려붙이고 싶었는데, 그 돈을 안 받으면 안 되는 거야. 애가 저러고 있으니까."

딸의 병이 재발됐다. 저들은 내 딸을 살릴 수 있는 돈을 가지고 있

"삼성은 그녀의 죽음을 책임져라." 삼성은 죽어간 수많은 노동자들의, 그리고 자사에서 일했고 일하고 있는 모든 이의 건강에 책임을 져야 할 것이다. ⓒ 홍진훤

었다. 삼성이 내민 돈을 받는 것은 당연했다. 이들에게는 돈이 몹시도 필요하다.

뇌종양으로 장애1급 판정을 받은 딸을 둔 혜경 씨의 어머니는 살아갈 걱정에 잇몸이 다 내려앉았다고 했다. 한시도 눈을 뗄 수 없는 딸을 두고 일을 나갈 수 없는 생활이 6년째다. 산재신청은 모두 불승인됐다. 겨울만 닥치면 부쩍 오를 가스요금, 석유값 걱정에 잠을 이루지 못하겠다는 그녀가 억대의 돈을 받지 않는 건, 무모한 일이다.

몇 년 전 백혈병에 걸려 치료를 받은 후 건강을 회복 중인 김옥이 씨도 재발 걱정을 놓을 수 없다. 그녀는 인터뷰 도중 '재발이라도 되면, 그땐 정말 끝인데……'라는 말을 흘렸다. 끝이라는 의미에는

거대기업 빌딩 아래 걸린 피해자들의 작은 플래카드
그들은 돈을 주고 부리는 기업 앞에서 작디작은 개인에 지나지 않았다. 기업들은 노동자의 죽음을 쉽게 돈으로 맞바꾸려 했다. ⓒ 홍진훤

더 이상 나올 곳 없는 치료비도 포함된다. 그녀에게 돈이란, 삶을 지속시킬 희망이다.

 삼성은 그 소중한 돈을 주겠다고 했다. 그러나 아픈 이의 가족들은 대기업의 성의를 고마워하지 않았다. 오히려 의문을 가졌다.

 '왜 잘못한 것이 없다면서 굳이 찾아와 돈을 건넨단 말인가?'

 돈을 받지 않았다. 이유는 단순했다. 억울했다. 괘씸했다.

 자식이 죽었다. 그것도 암으로 고통스럽게 죽어갔다. 그 충격에 몸져누웠다. 우울증에 걸렸다. 잠을 이루지 못했다. 일을 한 죄로 병에 걸렸다. 몸이 불구가 됐다. 더 이상 일을 할 수 없다. 어느 순간

7 유독물질은 영업비밀이다

숨이 멈출지 모른다는 공포에 시달린다.

이들의 고통을 어떻게 몇 마디 말로 표현할 수 있을까. 그러나 삼성은 그 고통을 손가락으로 짚으면서 명료하게 '계산'해주었다.

"그러니까 아버님, 하나 유미 씨 죽고, 둘 그것 때문에 유미 씨 할머니 쓰러져 돌아가시고, 셋 유미 씨 어머니 우울증 걸리고, 넷 모아둔 돈 다 유미 씨 치료비에 들어가서 집도 못 옮기고. 이거죠? 이거 4가지 회사에 전하면 되는 거지요?"

유미 씨의 아버지 황상기 씨를 앉혀두고 삼성 직원은 말했다. '손해'는 금액으로 환산됐다. 2억도, 3억도 권해졌다.[8]

"2억을 받겠느냐 했습니다. 2억이 싫으면 3억을 받으라고 했습니다."

유감이라는 말을 입에 달지만, 이들은 유감을 전하는 법을 몰랐다. 고 연제욱 씨의 동생 미정 씨는 울먹이며 말했다. 그 말은 삼성이 저지른 수많은 잘못 중 하나를 짚어주었다.

"삼성은 자식을 잃은 부모님 앞에서 돈 이야기만 했습니다."

박지연 이야기

박지연 씨는 삼성반도체 온양공장 QE그룹 검사과 1라인 검사업무를 담당했다. 1라인에서는 기흥공장 FAB(fabrication, 가공) 라인에서 웨이퍼 상태로 보내온 반도체를 낱개의 칩으로 잘라 프레임에 붙이고 여러 공정을 거쳐 완제품을 만든다. QE룸에는 방사선 발생장치 2대(모델명 SFX-125C, SMX-1000L)가 있었다. 박지연 씨는 프레임을 가져다가 방사선 설비에 넣어 와이어 상태를 점검하는 엑스레이 검사를 담당했다. 엑스레이 검사를 자주 했으니 방사선 노출 가능성이 크다. 엑스레이 검사는 보통 자재를 넣어 뚜껑을 닫고 버튼을 눌러 검사를 한 다음 다시 버튼을 끈 후 자재를 꺼내야 하는데, 바쁠 때는 가끔 실수로 장비를 끄지 않은 상태에서 뚜껑을 열기도 했다. 다른 사람이 장비를 끄지 않은 걸 모르고 그 상태로 장비를 넣거나 빼기도 했다.

　박지연 씨는 피니시Finish 공정 '품질실험 특성검사실'에서도 일을 했는데 TIN 공정(도금공정)이 끝나고 난 프레임을 하나씩 가위로 잘라 유기용제(고온 납 용액 포함)에 8시간 넣어두었다가 꺼내어 화학약품을 사용해 도금 접착성 실험을 하였다. 납 용액에 프레임을 담가 5초간 두면, 하얀 연기와 역한 냄새가 났는데, 머리가 아플 지경이었다고 한다.

＊이종란이 작성한 '재해 경위서'와 가톨릭대학교 성모병원 산업의학과 주치의가 작성한 '업무 관련 소견서'에서 발췌했다.

8
삼성이 거짓말할 기업으로 보입니까?

1964년 담배는 폐암을 유발하는 물질이 아니었다. 담배회사들은 담배와 폐암의 연관성을 강하게 부정했다. 이들은 자체 조사를 통해 흡연이 아닌 스트레스 등의 요인이 암을 유발한다고 주장했다. 오늘날, 흡연의 유해성을 모르는 사람은 없다.

1982년 석면은 발암물질이 아니었다. 석면은 저렴하고 유용한 자재였다. 건설업자들이 석면을 포기하기란 쉬운 일이 아니었다. 긴 논란 끝에 단계를 거치며 규제되던 석면은 한국에서 2009년 사용이 전면 금지된다.

2010년 삼성전자·반도체 노동자 18명이 산업재해 보상보험 지급신청을 했다. 이들 모두 산재 불승인 처분을 받았다. 근로복지공단은 병과 작업환경 간의 인과관계가 있다는 객관적인 증거가 없다며 이들에게 산재보험 급여를 지급하길 거부했다.[1] 2010년 삼성반도체 노동자들의 질병은 산업재해가 아니었다.

올봄, 삼성전자는 사원들에게 다음과 같은 내용의 전체 메일을 보냈다.

"삼성은 국제 표준인 ISO 14001과 OHSAS 18001[2]을 인증받은 글로벌 최고 수준의 환경·안전관리를 하는 사업장입니다."

일부 단체의 억지 주장에 동요하지 말라는 당부가 덧붙었다. 위험이 없으니 직업병일 리 없고 그에 따른 책임도 없다는 삼성과 반올림의 싸움은 4년째 지속되고 있다.

그게 끝이 아닙니다! 제보 못 하는 사람들도 있어요

2010년 10월 5일 고용노동부 국정감사에 반도체 노동자들의 산재피해에 대한 안건이 올라왔다. 양복을 빼입은 국회의원들과 산업안전보건공단 전문가 사이에 질의가 오갔다.

"삼성반도체 백혈병 문제가 지금 몇 번이나 국감에 올라왔어요. 아직도 해결이 안 되는 이유가 뭡니까?"

3년째 근로복지공단은 삼성반도체 노동자들의 질환이 직업병이 아니라는 판정을 내렸다. 증인으로 출석한 강성규 산업안전보건연구원장이 노동부 장관을 대신해 말했다.

"삼성반도체 백혈병 발병률이 현저히 높으면 당연히 산재임을 고려할 겁니다. 그런데 조사해본 결과, 10년 동안 19명이 발병, 7명이 사망했습니다. 이는 일반인들이 림프종이나 백혈병에 걸리는 확률과 비교했을 때와 큰 차이가 없습니다. 통계적 유의성이 떨어집니다."

반올림의 이종란 노무사가 반대의견을 냈다.

"그 조사는 신빙성에 문제가 있습니다. 저희 쪽에서 자체적으로 발병을 한 사람들의 제보를 받은 결과, 공단은 19명이라 주장하지만 저희에게 제보된 수는 42명이고 이 중 사망자가 13명입니다. 희귀질환 피해제보는 이보다 많은 46명, 사망자는 32명입니다."[3]

발병자 수가 크게 다르자 국정감사장 안은 웅성거렸다. 그때 남색 점퍼를 걸친 머리가 희끗한 남자가 검은 양복들 사이에서 소리쳤다. 삼성 백혈병의 첫 제보자인 고 황유미 씨의 아버지, 황상기 씨였다.

"그게 끝이 아닙니다! 제보 못 하는 사람들도 있어요. 제보 안 된 사람들이 더 있어요."

발언권을 얻지 못한 그의 말은 "조용히 하세요"라는 엄포 속에 묻혔다. 국회에서 양복을 입지 않은 사람은 황상기 씨뿐인 듯했다. 검은 양복들 사이로, 낡은 점퍼를 입은 그가 건물로 들어가면 경비원이 쫓아와 신분을 확인했다. 딸의 죽음이 아니었다면 국회에 한 번 와볼 일 없는 사람이었다. 배운 것 많지 않고, 평생 제 손으로 일해 번 돈으로 하루하루를 살아가는 택시기사다. 그에게 전문가와 공무원들은 당신 딸의 죽음은 회사와 무관한 자연발생적인 병이라고 했다. 그들은 통계적 유의성이라는 어려운 말을 앞세웠다.

그러나 그는 그 말이 거짓임을 알았다. 통계적으로 일반 사람보다 삼성에 다닌 사람이 암으로 죽을 확률이 낮다니. 말이 되지 않았다. 자신이 눈으로 보고 귀로 들은 것이 있었다. 그는 제보도 믿지 않았다. 분명 더 있다. 병마와 싸우느라 다른 것은 생각할 여력이 없는 노동자, 산재가 무엇인지 들어보지도 못한 부모들, 삼성이 쥐어준 보험금이나 직원들 모금액에 감동받아 의심해볼 생각을 추호도 못하는 이들이 있다. 예전 자신과 같은 사람들이 분명 있을 것이다. 그는 이제 나보다 한 자라도 더 알겠지 하며 치켜세웠던 양반들을 믿지 않는다. 이제 믿을 곳은 딸아이처럼 아픈 사람들이다.

산보연의 통계 발표에 대해 반올림 역시 반발했다.

"백혈병 피해자들은 삼성전자 기흥공장 1~3라인같이 지금은 사라진 노후라인에서 일한 노동자들입니다. 하지만 산보연은 최신식 라인을 포함한, 전체 사업장에서 근무한 노동자를 대상으로 발병률을 조사해 위험군이 나올 확률을 희석시켰습니다."

건강한 노동자 효과[4] 또한 반영되지 않은 결과다. 아픈 이들은 퇴직을 한다. 아픈 이들이 떠난 작업장에 건강한 노동자들이 남아 조사에 응해 질병비율을 낮춘다. 이들은 건강검진과 같은 선별과정을 통해 입사한, 누구보다 건강한 노동자들이다.

배운 것이 없어도 황상기 씨는 이것이 장난 같은 일임을 알았다. 그러나 처음부터 그가 이런 태도를 취했던 것은 아니다. 딸이 아팠다. 아무래도 회사에서 병을 얻어온 것 같았다. 직업병일 경우 나라에서 치료비를 보상해준다고 들었다. 그런데 산재신청을 하는 길을 알지 못했다. 들어본 적도 배운 적도 없었다. 원수 같은 회사였지만 황상기 씨는 연락을 할 수밖에 없었다. 회사에 산재신청을 해달라고 요구했다. 당연히 거절당했다.

그날 이후 삼성 직원들은 황상기 씨를 찾아와 산재가 아니라고 했다. 몇 푼의 돈을 내밀며 쓸데없는 생각 말라고 했다. 산재보험을 신청하는 법을 모르니, 황상기 씨는 회사가 만나자면 만나고, 직업병이 아니라고 하면 화를 내는 수밖에 없었다.

그 후 반올림을 통해 산재신청을 하게 된 황상기 씨는 근로복지공단 출석조사에 응했다. 회사는 유미가 화학물질을 다루는 공정에서 겨우 3개월 일했다고 공단에 보고했다. 딸아이가 해준 이야기와 달랐다. 그는 회사가 거짓말을 한다고 했다. 그러자 담당 조사관은 책상을 내리치며 말했다.

"삼성이 어떤 기업인데, 거짓말을 할 기업으로 보입니까?" 고압적인 태도에 눌려 서러운 마음만 커졌다.

억울함은 역학조사에서도 풀리지 않았다. 딸이 일한 작업장 역학조사에 황상기 씨도 따라나섰다. 유미가 일하던 곳을 실제 보게 된 것이다. 그런데 클린룸에 들어선 그는 이상한 느낌을 받았다. 생전 딸이 말해준 환경과 다른 듯했다. 딸이 그림으로 그려준 것도, 설비를 자세히 말해준 것도 아닌데 다르다는 느낌이 강했다. 이상하다. 얼마 지나지 않아 그는 무엇이 다른지 알아챘다. 쾌적했다. 유미는 말했다. "땀이 방진복 안에서 줄줄 흘렀어." 그러나 근로복지공단 직원들과 함께 들어간 클린룸은 환기가 완벽한 듯 쾌적했다.

그는 역학조사를 믿을 수 없었다. 정해진 날, 지정된 장소에 들어가 진행하는 조사였다. 근로복지공단의 조사를 믿지 못한 것은 황상기 씨만이 아니었다.

한혜경 씨는 산재 불승인 판정을 받았다. 그녀는 6년간 납을 사용했고, 뇌종양 진단을 받았다. 종양을 제거한 몸에 장애가 남았다. 그러나 근로복지공단은 그녀의 종양이 직업병이 아니라고 했다. 사용된 납은 소량이었고, 배기장치가 설치되어 있기에 질병과 업무 간의 관계가 없다고 했다.

"산업안전보건연구원의 역학조사팀은 납과 유기용제 등에 노출됨은 인정하나, 과거 근무 당시 시행된 '작업환경 측정'에 따라 그 노출량이 미비하고 …… 공정은 국소 배기장치가 가동되고 있는 밀폐장치였음이 확인되는바 …… 작업환경과 암의 발병의 상당한 연관관계가 인정되지 않는다."(산업안전보건연구원의 심사결정서 중)

그것은 그녀가 알던 작업장이 아니었다. 그녀는 휠체어에 앉아 힘겹게 말했다.

"6년간 납을 만졌어요. 그런데 산재가 아니라고요? 배기장치가 있었다고요? 분명 내 가까이에는 없었어요, 종일 납 냄새를 맡았다고요."

그러나 이를 증명할 바가 없다. 공정은 사라졌다. 한혜경 씨가 근무했던 모듈 공정은 2001년 폐쇄되고, 설비기계는 협력업체인 삼양전자에 매각되었다. 삼양전자 또한 곧 파산하였다. 공정설비는 끊임없이 변화하고, 낙후된 설비와 공정은 해외나 협력업체로 이전된다.

근로복지공단은 사라진 공정을 대신해 기록을 증거로 삼았다. '기록'이란 혜경 씨가 일한 당시의 '작업환경 측정조사'를 말한다. 조사에 따르면 혜경 씨와 같은 오퍼레이터들은 환기가 완벽한 곳에서 가끔 소량의 납을 사용했다. '작업환경 측정'은 삼성반도체의 자체 조사다. 조사에 대한 삼성 직원들의 반응은 비슷했다.

"그날은 위험한 걸 안 하는 거죠."

그날이면 작업자가 화학물질 농도를 재는 기계를 들고 일을 했다. 온양공장 도금 공정에서 일한 송창호 씨는 말했다.

"만약 그날 약품교환할 일이 있다, 그럼 안 하는 거예요."

그는 젊은 사원이 농도측정기를 약품통 안에 넣어버려 회사가 발칵 뒤집힌 일을 이야기해주었다.

"우린 만날 냄새나고 그런 물질 쓰는데, 조사한다고 눈 가리고 아웅 하는 게 짜증났던 거겠죠. 냄새 난다고 보여주려고 반항한 거죠, 반항."

근로복지공단은 의심 없이 작업환경 측정조사 결과를 판정에 반영했다. 그 결과 산재보험지급 신청자 모두 직업병을 인정받지 못했다.

삼성의 적극 개입을 요청합니다

2010년 1월 11일 이들 중 김옥이, 송창호, 고 이숙영, 고 황민웅, 고 황유미의 유족은 행정소송을 신청했다. 법원에 '유족급여및장의비

부지급처분취소' 소송을 낸 것이다. 근로복지공단의 불승인 처분을 취소해달라는 소송이었다.

첫 재판을 앞둔 10월 17일, 국정감사장에서 이미경 의원에 의해 근로복지공단 내부 공문 하나가 밝혀졌다.

"삼성전자가 보조참가인으로 소송에 적극적으로 참여할 수 있도록 조치하시기 바라며…… 소송결과에 따라 사회적 파장이 클 것으로 판단되는 사건임을 감안하여…… 소송수행에 만전을 기하여주시기 바랍니다."

근로복지공단이 산재 관련한 행정소송에 삼성이 적극 개입할 것을 요청하는 내용의 공문이었다. 19일, 산재신청자들이 공문을 복사해 들고 근로복지공단을 찾았다.

"사회적 파장이 클 것 같으니 적극 개입을 하라고? 사회적 파장이 클 거 같긴 하니? 그건 아니?"

정애정 씨가 소리를 질렀다.

"너희가 이렇게 양복 입고 펜대 굴리는 동안 산재 피해자들은 그 사인 하나에 밤잠을 못 자!"

정애정(고 황민웅), 황상기(고 황유미), 김시녀(한혜경), 정희수(이윤정) 그리고 유영종(유명화) 씨가 근로복지공단 1층 접수처에 주저앉아 이사장 면담을 요구했다. 공단은 5층 이사장실로 가는 길을 차단하기 위해 계단을 막고 엘리베이터 전원을 내렸다. 이것을 안 가족들은 로비로 뛰쳐나왔다.

계단을 막는 직원들을 향해 황상기 씨가 소리쳤다.

"내 딸만 산재인정이 안 된 거면 나는 여기서 나가도 돼. 하지만 너희가 이러고 있는 동안 이건희는 계속 사람을 죽여!"

반대편에서는 작동이 멈춰 불 꺼진 엘리베이터 안에 유영종 씨가 들어갔다. 엘리베이터 문을 닫지 못하게 하기 위해서였다.

"나오세요. 이러다가 엘리베이터가 떨어지기라도 하면 어쩝니까."

"난 괜찮아. 내 딸이 9년째 집 밖에를 못 나가. 걔는 지금 몸이 나빠져서 골수가 와도 못 받아. 걔는 골수이식을 못 받으면……. 자식이 부모 앞서 가는 건 죄지만, 부모가 먼저 가는 건 당연한 거야. 괜찮아."

그의 딸 명화 씨는 수혈에 의존해 생을 유지하고 있다. 2주에 한 번꼴로 받는 수혈로 몸에 철분 찌꺼기가 쌓여갔다. 골수이식을 받아야 하지만 그녀와 맞는 골수를 찾을 수 없어 애만 태울 뿐이다. 그런 딸을 10년을 봐왔다. 대전에서 서울까지 올라와 딸과 병원을 찾았다. 터덜터덜 수혈실로 들어가는 딸의 뒷모습에 그는 눈을 떼지 못했다. 서너 시간 동안 주사바늘을 꽂고 남의 피를 받아야 하는 딸이 안쓰럽고 또 안쓰러웠다. 그러나 딸이 돌아보기라도 할라치면 그는 눈을 황급히 딴 곳에 두었다. 딸을 어찌 봐야 할지 몰랐다. 그런 그가 눈을 감은 채 엘리베이터에 주저앉았다.

처음 근로복지공단을 찾은 정희수 씨는 조금 당황한 얼굴이었다. 그의 아내 윤정 씨는 근로복지공단에 산재신청을 한 후 판정을 기다리고 있다. (다음 해 2월 이윤정 씨는 불승인 통보를 받는다.) 희수 씨는 오세위 보험국장을 붙잡고 물었다.

"공단이 정말 깨끗합니까? 삼성과 아무 연관이 없는 게 확실합니까? 책임질 수 있으세요?"

"아니면 내 배를 째세요."

"그런데 왜 계속 불승인이 떨어지는 겁니까?"

"저희 소관이 아닙니다."

보험국장은 업무관련성 평가(역학조사)를 산보연에 의뢰했고, 단지 산보연이 내린 결과에 따랐을 뿐 자신들은 책임이 없다고 했다. 그러나 산보연은 말이 달랐다.

"역학조사를 통해서는 의학적인 업무 관련성을 판단할 뿐이지, 산재보상에 대한 판정은 근로복지공단의 몫입니다."

근로복지공단에 다시 책임을 물으면 "판정을 내리는 것은 업무상 질병판정위원회(이하 '질판위')이기에 자신들이 결정한 사안이 아니다"라는 답을 해왔다. 질판위는 자신들과 독립적인 기관이라고 했다. 불승인은 났지만, 불승인 판정을 내린 기관은 없다. 책임을 지는 곳이 없으니 산재를 인정받지 못한 가족들은 하소연할 곳도 없다. 보험국장은 말했다.

"공단이 할 수 있는 게 없습니다."

그렇다면 재판에 삼성이 적극 개입할 것을 요청하는 공단의 공문은 무엇이었을까? 그는 공문 자체를 모른다고 했다.

"책임자라면서요?"

"우리 부서 사안이 아닙니다."

2010. 7. 21. 한혜경 씨의 산재심사위원회
근로복지공단에 들어와 항의를 하는 한혜경 씨의 어머니 김시녀 씨. 그녀는 아픈 딸을 춘천에 두고 무거운 걸음으로 서울로 올라온다. 산재 인정만이 이들 모녀가 살길이기 때문이다. ⓒ 홍진훤

　이 소란 속에서 한혜경 씨의 어머니, 김시녀 씨는 전화기를 손에 붙잡고 있었다. 춘천에 두고 온 딸을 돌봐주는 사람에게서 걸려온 전화였다.

　"수면제를 먹이려나 봐. 6인실인데 애가 밤에 잠을 못 자. 잠꼬대를 하고 막 몸을 벌떡 일으키고. 한 번 그러면 주변 사람들이 잘 수가 없어서 먹여 재워야 해요. 의사 말이 쟤는 깊이 잠드는 게 10분도 안 된대요. 깨어 있을 때 몸이 불편하면, 잘 때라도 편해야 하는데……"

　그녀는 불안한 시선으로 시계를 흘끔거렸다. 그래도 이사장을 면

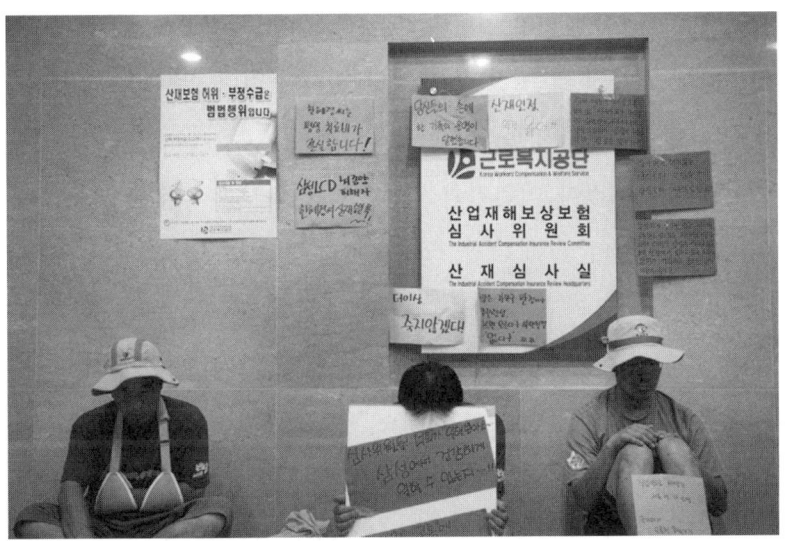

2010. 7. 21. 한혜경 씨의 산재심사위원회

2010년 7월 21일 한혜경 씨의 산재심사위원회가 열린 날. 생사가 달린 산재 신청은 혜경 씨가 일한 공장에 단 한 번도 가본 적 없는 전문가 위원들의 5분간의 논의로 끝이 난다. ⓒ 홍진훤

담하겠다며 밤새 공단 접수처를 지키고 앉았다.

산재신청자 가족들이 둘러앉아 밤을 지새웠다. 모이면 하는 이야기가 뻔하다. 이미 가버린 사람의 이야기, 삼성을 향한 욕, 반도체 작업현장, 그리고 살아가는 이야기. 오래 같이 싸웠으니 보아온 시간도 길었고, 비슷한 처지라는 것만으로도 위안이 됐다. 모이면 곧잘 서로 옛 기억을, 아픈 부분을 꺼내놓는다.

반도체공장에서 10년을 넘게 일한 애정 씨는 할 이야기가 많다. 그녀가 이야기를 꺼내면 혜경 씨의 어머니, 김시녀 씨는 귀를 세운다. 김시녀 씨는 6년간의 딸의 세월이 궁금하기만 하다. 자신이 모르는 사이, 타지에 나가 일한 딸은 납을 만지고 뇌에 종양을 키웠다. 언어장애를 가진 딸은 말해줄 수 있는 것이 없다. 딸과 입사연도가 비슷한 애정의 이야기로 답답함을 대신한다.

이날도 모여앉아 이런저런 이야기를 하다보니 작업현장 선후배 이야기가 나왔다.

"일 빨리 배우라고 일부러 더 엄하게 혼내고 그랬죠. 정신 안 차리면 설비가 죽으니까 그럼 그 손해가 엄청나잖아요. 그럴까 봐 작은 실수에도 선배들이 더 화를 내요."

애정 씨의 말을 잠자코 듣던 김시녀 씨가 한마디 했다.

"이렇게 아플 줄 알았으면, 그때 혼을 안 낼걸 그랬지?"

딸 혜경 씨가 떠올라, 후배들 편이 되는 그녀다. 달리 대꾸할 말을 못 찾은 애정 씨가 멋쩍게 웃었다.

춘천에서 혜경 씨를 만난 날에도 김시녀 씨는 그랬다. 오퍼레이터들이 화장실도 못 가고 끼니도 거르며 일한다는, 하도 들어 이제는 별스럽지 않은 이야기를 혜경 씨와 나누고 있던 참이었다. 옆에서 듣던 김시녀 씨가 불쑥 물었다.

"혜경아, 너도 그랬어? 너도 화장실도 못 가고 일했어?"

혜경 씨가 고개를 끄덕이자 그녀는 왈칵 눈물을 쏟았다. 딸의 수술 같은 험한 이야기도 덤덤히 해놓고, 그 대목에서 눈물을 보이는 그녀의 모습이 당황스러워 나는 말을 멈췄다. 몸 성할 적에도 고생만 한 딸을 생각하는 그녀의 마음을 어림잡아 추측할 뿐이었다.

아픈 이를 가족으로 둔 이들의 밤이 지났다. 다음 날 근로복지공단 이사장과의 면담이 이뤄졌다. 그 자리에서 신영철 이사장은 삼성에 재판 협력을 요청하는 내부 공문에 대해 다음과 같이 말했다.

"표현상 부적절한 부분이 있었다고 보지만, 근로복지공단이 피고일 때 기업 측에 참여 요청을 하는 것은 특별한 일이 아닙니다."

입증할 수 없습니다

10월 15일 국정감사, 신영철 근로복지공단 이사장에게 질문이 쏟아졌다.

"근로복지공단은 왜 산재신청을 불승인했습니까?"

신영철 이사장이 대답했다.

"역학조사 결과에 따라 '유해물질과 실제 질병 간의 연관관계가 있다고 인정할 수 없다'는 의견이 다수였습니다. 그에 기반해 질병판정위원회가 판단을 한 겁니다."

작업환경에 의한 질병임을 입증할 수가 없어 불승인을 내렸다는 것이다. 의원이 질문을 바꿨다.

"그렇다면 피해자들이 작업장 환경에 의해 사망한 것이 아니고, 다른 요인에 의해 사망했다는 것은 입증할 수 있습니까?"

이사장은 잠시 망설이다 대답했다.

"입증할 수 없습니다."

질병과 작업환경이 연관이 있다는 사실도 없다는 사실도 모두 입증할 수 없다. 그러나 직업병이 아니라는 판정이 내려졌다.

근로복지공단과 삼성은 말한다. '증거를 가져와라. 일하다가 병에 걸렸다는 상당한 인과관계를 입증할 증거를 가져와라.' 증거가 부족하다는 이유로 그들의 병은 작업환경과 무관하다는 결론이 난다.

증거는 당연히도 찾을 수 없다. 그들이 일한 공정은 사라졌다. 20년, 30년 전 설비를 그대로 둔 채 사용하는 반도체기업은 없다. 게다가 반도체산업은 '영업비밀'을 이유로 어떤 정보도 제공하고 있지 않다. 반도체에 쓰이는 화학물질 중 많은 수는 유해성 연구조차 되지 않았다. 반올림 공유정옥 산업의학 전문의는 말한다. 삼성과 정부가 '증거를 내놓으라'고 요구하는 이유는 '증거를 찾으려야 찾을 수 없는 상황'임을 알기 때문이라고.

노동자들에게 증거는 없다. 그들이 아는 것은 오직, 작업장에 늘 냄새가 났고(유명화), 제품을 맨손으로 만지면 몸에 발진이 일었고(이윤정), 생리를 제때에 하지 않았고(한혜경), 잦은 구토가 일어나는(신송희) 등 건강에 문제가 있었으며, 12시간 교대근무를 일상적으로 했고, 안전교육과 안전장비가 미비했다는 것이다.

이를 두고 반올림의 이종란 노무사는 말했다.

"각지에 흩어져 있는 사람들이 똑같은 이야기를 하고 있어요. 같은 증상을 겪었고, 같은 위험을 느꼈어요. 이게 대체 무엇을 의미할까요?"

그럼에도 산보연은 이들의 증언을 채택하지 않았다. 근로복지공단 앞에서 가진 것 없고 병든 노동자가 어떻게 명확하고 인과관계가

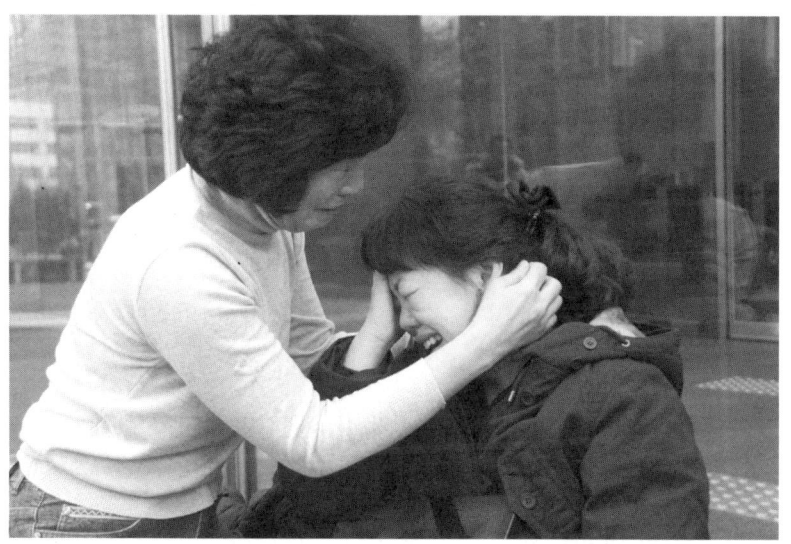

2011. 3. 6. 반도체 산재사망 노동자 추모 주간이자 고 황유미 기일, 삼성본사 항의 방문
삼성본사 앞에서 부둥켜안은 정애정 씨와 김시녀 씨. 김시녀 씨는 젊은 나이에 직업병으로 남편을 잃은 정애정 씨의 처지가 딱하기만 하다. ⓒ 오렌지가좋아

분명한 증거를 내밀 수 있을까. 반올림은 요구한다.

"산재보험의 법적 취지는 산재를 당한 노동자들에게 신속하고 공정한 보상을 제공하고 산재를 예방하는 것입니다. 그래서 '개인 질환이라는 증거가 없다'면 산재로 인정하는 것이 원칙입니다."

그러나 근로복지공단의 불승인 비율은 매년 증가하고 있다. 2010년 산재보험 신청자 중 절반을 훨씬 넘어선 64.5%가 직업성 재해를 인정받지 못했다. 암이나 신경계 질환은 직업병을 인정받기가 더욱 쉽지 않다. 직업성 암이 인정되는 비율은 신청자 10명 중 1명꼴이다. 국제노동기구에 따르면 매년 세계적으로 60만 명의 노동자가 직업성 암으로 사망하지만 한국에서 직업성 암을 인정받은 사례는 1년에 20~30건에 그친다. (2005년에 249건의 신청 중 30건이, 2010년에는 125건의 신청 중 17건이 직업성 암으로 인정받았다. 직업성 암 인정 비율도 매년 줄어가고 있다.)

산재 인정의 문턱이 높다. 현재 산업재해보상보험법은 '업무상 질병에 대한 구체적인 인정 기준'으로 크게 7가지의 발암물질만을 인정하고 있다. 1963년 제정 이후 단 한 차례도 개정된 적이 없는 발암물질 기준이다. 인정률이 낮은 산재보험법, "거기에 대기업이 추가되니 일종의 '미션 임파서블'이 된다."[5]

병에 걸린 이들은 납득할 수 없었다. 자신들의 병이 직업과 무관하다는 판정을. 입증책임을 자신들에게 미루며 보다 명확한 증거를 가져오라는 근로복지공단을. 고용노동부 국정감사가 있던 날, 고 황민웅 씨의 아내 정애정 씨는 그 납득할 수 없는 심정을 말했다.

"죽어가는 사람들보다 더 어떤 확실한 증거가 필요하다는 건지 저는 모르겠습니다."[6]

유가족들이 겪은 일에 유감을 표합니다

2010년 11월 26일 첫 재판이 열렸다.

이날 근로복지공단의 변호인으로 삼성 측 로펌이 나왔다. 피고(근로복지공단) 측 보조참가인이라고 했다. 이들은 공단의 재판에 '적극

협조'를 할 것이다. 굴지의 대기업 로펌 보조참가인이 참석한 가운데 재판이 이뤄졌다. 피고와 원고 각각의 변론을 듣는 시간이었다.

삼성 측 변호사는 변론에 앞서 소송단 가족들에게 인사를 건넸다.

"삼성과 피고인단의 책임으로 빚어진 일은 아니지만, 유가족들이 겪은 일에 유감을 표합니다."

변론이 시작됐다. 삼성반도체공장에서 찍어온 영상이 준비됐다. 은빛 설비가 빔프로젝트 화면에 반짝였다. 반올림 가족들은 발 한 짝 못 디뎌본 클린룸 영상을 삼성 로펌 변호인단이 보여주고 있었다.

"보시는 것처럼 방진복을 입고, 토시와 PVC 장갑을 끼고, 앞치마 등의 보호장구를 착용하고 일을 합니다."

정애정 씨는 고개를 저었다. 그녀는 삼성반도체에서 근무한 10년 동안 면장갑과 종이 마스크만 착용한 채 일하는 엔지니어를 수두룩이 보았다. 삼성전자 LCD공장에서 일한 희진 씨는 장갑의 질이 차차 좋아졌다고 했다. 이유를 물으니, "LCD 패널에 얼룩이 묻어나면 안 되니까요"라고 했다. 설비의 필요에 의해, 불량을 최소로 하기 위해 보호장구가 바뀔 뿐이었다.

삼성 측 변론은 계속됐다.

"온양공장 도금 공정에서 어떤 물질이 사용되는지 말씀드리겠습니다. 재료는 주석과 납이 혼합된 물질을 사용합니다. 이 물질들은 밀폐된 자동설비 내부에서만 사용이 되는 것이고 공기 중으로는 거의 노출이 안 되거나 노출되더라도 아주 극미량만 노출이 됩니다."

나는 송창호 씨를 바라봤다. 도금 공정에서 15년간 일했다는 그와의 대화가 떠올라서다.

"도금약품을 통으로 넣었던 거를, 하도 안 좋고 하니까 나중에 자동으로 모터를 써서 했어요. 왜냐면 말통으로 약품을 넣다보면 튀니까. 안에 입는 속옷도 다, 한 번 세탁하면 부서져요. 또 사람이 빠질 수 있는 정도의 큰 설비도 있었어요. 노후 설빈데 사람이 지나가다 보면 되게 위험해요."

"왜요?"

"개방돼 있으니까요. 워낙 기계가 커서, 사람이 지나가다가 탱크에 빠질 수 있어요. 나 때도 누가 한 번 빠질 뻔해서 큰일 났었죠."

변호인단은 마지막 변론을 했다.

"이 사건 근로자들은 백혈병을 유발하는 물질에 노출되지 않았습니다. 회사는 국내외 어느 사업장보다 충실하게 화학물질을 관리하고 있습니다. 합리적이고 객관적으로 판단을 해본다면 이 사건 근로자들의 질병은 참가인 회사의 업무와는 관련이 없습니다."

누구나 가슴을 탁탁 치고 싶은 표정으로 재판석을 바라봤다.

그러나 2009년 서울대 산학협력단은 반도체 웨이퍼 산화에 사용되는 감광제에서 벤젠을 검출했다. 산학협력단에 조사를 의뢰한 이는 바로 삼성전자다. 이로써 산화·식각 공정에서 일하던 중 백혈병에 걸린 황유미 씨는 벤젠에 노출되었을 가능성을 인정받았다. 그러자 삼성은 벤젠의 노출정도가 현저히 낮다고 주장했다. 공기 중에 노출된 벤젠의 양은 국가기준 1ppm에 못 미치는 소량이라고 했다.[7] 그 정도의 벤젠은 담배에도 들어가 있다고 했다. 담배를 태우는 모든 사람들의 암을 담배공사가 책임질 수 없듯, 유미 씨의 죽음은 반도체 공정과 무관하다는 입장이다. 그러나 벤젠과 같은 발암물질은 역치가 없다.

황유미가 황민웅을 만나지 못했다면……

"가스나 흄이 발생한다고 했는데, 증인이 직접 보고 확인한 사실입니까?"

"저기…… 가스는 눈으로 보고 확인이 안 되는데요. 안 보여요."

삼성 측 변호인의 질문에 증인 한수영 씨가 답변을 하자, 방청석이 키득거렸다. 3월 14일 세 번째 재판이 진행되는 중이었다.

이날 증인 섭외는 어렵게 이뤄졌다. 반올림이 증인으로 신청한 이는 2명의 엔지니어였다. 그러나 재판과정에서 엔지니어 1명의 실명이 공개되고, 그는 증인으로 서길 포기했다. 실명이 공개된 후 회사 사람들로부터 우려와 질책이 담긴 연락이 계속 와 그는 연락처마저 바꾸어야 했다.

이날 증인으로 나온 한수영 씨는 '비정상 가동', '매뉴얼에 따르지 않은 작업', '예외의 경우'가 있음을 인정해야 한다고 말했다.

"반도체가 한 공정 지나는 데 적어도 300번이 만져져요. 그사이 무슨 일이 생기는지는 모르는 거죠. 아주 미묘한 차이에도 다른 반응을 보일 수 있고요. 예상치 못한 불순물(비정상 화합물)이 만들어질 수도 있고. 늘 매뉴얼대로 언제나 똑같이, 예외나 불량이 없이 공정을 가동할 수는 없어요."

그러니, 그의 입장에서는 '매뉴얼에 따른 작업'을 외며, 이상은 있을 수 없다고 하는 옛 직장이 답답할 따름이었다.

증인 심문과 수많은 서류들이 오갔다.

첫 재판이 있은 후로 해가 바뀌었다. 2011년 6월 23일, 재판장은 조용히 판결문을 읽어 내려갔다.

"망(亡) 황유미, 망 이숙영에게 발병한 백혈병의 발병경로가 의학적으로 명백히 밝혀지지 않았다고 하더라도 각종 유해화학물질에 지속적으로 노출되어 백혈병이 발병하였거나 적어도 그 발병이 촉진되었다고 추단할 수 있으므로 업무와 상당히 인과관계가 있고, 따라서 피고(근로복지공단)의 유족급여 부지급 처분은 위법이다."

이로써 황유미 씨와 이숙영 씨는 직업병을 인정받았다. 세계적으로 반도체산업에서 직업병을 인정한 첫 판결이었다. IBM 등 세계 각국의 노동자들이 반도체회사를 상대로 법정싸움을 했지만, 공식적인 직업병 인정은 이번이 처음이었다. 그러나 백혈병 유발물질의 노출기간과 노출량이 적다는 재판부의 판단으로 나머지 3명은 직업병을 인정받지 못했다.

재판정 문이 열리고 가족들은 울음을 쏟아냈다. 제일 먼저 울음을 그친 이는 정애정 씨였다. 그녀의 남편 황민웅 씨는 직업병을 인정받지 못했다. 그러나 그녀는 말했다.

"이건 기뻐서 우는 거예요. 우리가 이긴 거예요. 우리 중에 산재를 인정받았으니 우리 모두 이긴 거예요."

황상기 씨는 표정의 변화가 없었다. 기분이 어떠냐고 물으니 그는 담담히, 그러나 4년을 통틀어 제일 기쁘다고 했다. 지난 4년 동안 자식 앞세운 부모가 제대로 기뻐나 해봤을까 싶었다. 공유정옥 산업의학 전문의를 돌아보았다. 반올림 소속의 그녀는 13층 사내 기숙사에서 떨어져 생을 마친 김주현 씨의 장례식 날 서럽게 울었다. 다가가자 그녀는 고개를 저었다. "슬퍼서 우는 거 아니에요. 억울해서 우는 거예요." 그녀와 사람들의 억울함이 조금은 풀어졌을까.

혜경 씨의 어머니, 김시녀 씨는 전화를 받고 오더니 얼굴이 환히 폈다.

"내 친구가, 바보같이 이런 싸움을 왜 하냐고 볼 때마다 구박을 하던 친구가 전화가 왔어요. 걔가 반올림 사람들 춘천 왔을 때 보고 자기는 솔직히 실망했다고, 잘나고 유명한 사람 하나 없는데 이기겠냐고 했던 친군데. 뉴스 보고, 축하한다고. 그동안 그렇게 말한 거 미안하다고 그러네."

그녀는 앞으로 있을 딸의 직업병 인정 행정소송을 기다리고 있다.

사람들은 자신의 판결과 무관하게 황유미와 이숙영 씨의 승소를 기뻐했다. 송창호 씨는 감탄하며 말했다.

"대기업하고 싸우다니, 이게 달걀로 바위치기라고 했는데…… 오늘 보니까 바위가 깨지기도 하네요."

서로 축하하느라 분주한 가운데 유명종 씨가 조용히 밖으로 나갔

2011. 6. 23. 산재 첫 인정 판결
고 황유미 씨의 병이 직업병임을 처음으로 인정받은 날. 아버지 황상기 씨는 여기저기서 걸려온 기자들의 전화를 받느라 분주했다. ⓒ 양희석

다. 떠들썩한 사람들과 달리 그는 침울하게 물었다. "내가 죽으면 산재가 인정될까? 문제가 해결될까?" 그의 딸은 앞으로 있을 산재 인정 행정소송을 기다리고 있다.

 반올림은 남아 있는 행정소송 재판을 걱정했다. 발암물질을 사용했다는 증거가 분명한 김옥이 씨 같은 이도 직업병을 인정받지 못했다. 다음 재판참여자들은 원인이 분명히 알려지지 않은 희귀병을 가지고 있다. 증거는 더 부족했다. 황유미 씨만 하더라도 삼성이 서울대 산학협력단에 의뢰한 조사에서 벤젠이 검출되지 않았다면, 아니 검출된 사실이 알려지지 않았다면 직업병으로 인정받기 어려웠을

고 황민웅 씨와 김옥이 씨는 직업병을 인정받지 못했다. 그러나 정애정 씨는 우리 모두가 이긴 것이라며 기뻐했다. ⓒ 양희석

것이다.

밤이 깊어지고 모두들 자리에서 일어섰다. 김시녀 씨는 춘천 집으로 가지 않고 딸 혜경 씨가 있는 녹색병원으로 가야 했다. 거동이 불편한 딸이 재활치료를 받기 위해 서울로 올라와 있다. 황상기 씨는 속초로 가는 차편을 알아봤다. 서울에서 기자가 속초 집으로 내려온다고 했다. 일행은 서울에서 자고 가라고 만류했다. 서울 언론사 기자들은 아버님이 서울에 있는 게 만나기 더 편하다고 했다. 그러나 황상기 씨는 속초에서 보기로 약속했다며 늦은 밤 걸음을 서두른다. 약속은 지키는 것이라 믿는 고지식한 양반이 삼성과의 긴 싸움에서

8 삼성이 거짓말할 기업으로 보입니까?

얼마나 상처를 입었을까.

판정 직후, 삼성은 억울하다며 항소를 하겠다고 발표했다. (이상한 일은 유가족들과 재판을 하는 당사자는 근로복지공단인데 항소는 삼성이 하겠다고 밝힌 것이다). 딸의 유골을 뿌린 울산바위에 갔다오겠다는 황상기 씨는 모두가 이길 때까지 싸울 것이라 했다.

오늘이 제일 기쁘다는 그는 내일부터 다시 싸움이다.

황유미 씨는 '최초의 반도체산업 직업병 노동자'가 되었다. 그러나 그녀가 또 다른 백혈병 피해자 황민웅을 만나지 못했다면, 선배인 이숙영이 퇴사를 한 후 발병했다면, '직업병 노동자' 황유미는 없었을 것이다. 그녀의 병과 죽음은 온전히 개인의 책임으로 돌려졌을 것이다.

삼성을 변호인단으로 세운 근로복지공단과 노동자들의 재판은 계속된다. 유명화, 한혜경, 이윤정, 이희진은 뒤이어 행정법원에 산재부지급 처분 취소 소송을 제기했다.

2011년 삼성반도체 노동자들의 질병은 산업재해다.

9

나, 끝까지 가보고 싶어

김옥이. 1969년생, 여성. 1991년 삼성반도체 부천공장(온양공장 전신)에서 1년 간 근무, 1992년부터 온양공장 절단·절곡 공정에서 6년간 근무. 퇴직 후 2005년 급성 골수구성 백혈병 진단

"이렇게 병에 걸리지만 않았으면 젊었을 때 최선을 다해 살고, 인생을 잘 보냈다고 생각했을 거예요."

 그러나 김옥이 씨가 말하는 작업현장은 '잘'이라는 말을 의심케 했다. 나는 번번이 되물었다.

 "지금…… 머리를 기계에 넣는다고 하신 거예요?"

 "불량이 나면 꺼내야 하니까, 기계 안에 머리를 넣고 보다가 불량이 있으면 미리 빼두려고요."

 "네? 기계 안에 어떻게 머리를?"

 "그러니까, 머리를…… 그게, 다른 분들도 그러더라고. 설명을 하니까 도저히 이해를 못 하는 거예요. 한 번이라도 눈으로 보면 좋겠

다고 그러더라고요. 지금 있는 사람들은 우리 그때 광경을 모르죠. 20년 전이니까."

요즘은 다르겠지요?

김옥이 씨는 1992년에 삼성반도체 온양공장에 들어갔다. 온양공장 1기였다. 가건물과 모래밭이 펼쳐진 공사장 같은 풍경의 온양공장에 즐거이 들어간 이유는 반도체산업의 선두주자 '삼성'이라는 두 글자 때문이었다. 지원자가 많아 관상을 본다는 역술가까지 함께한 면접을 거쳐 들어간 회사였다.

갓 지은 사업장이지만 부천공장에서 쓰던 노후한 기계들을 물려받아 사용했다. 기계가 낡으니 고장도 잦았다. 고장이 잦으니 불량이 많고, 불량을 줄이려면 수작업을 해야 했다. 수작업을 해야 하니 일이 더디고 많았다. 기계 문을 열고 지켜보다가 불량이 날 것 같으면 손을 넣어 제품을 빼내는 일 정도는 비일비재했다.

그녀는 내게 물었다.

"요즘은 다르겠지요?"

반도체산업은 마이크로칩의 직접도가 18개월마다 2배로 늘어난다는 '무어의 법칙'을 넘어 1년마다 칩의 밀도가 2배로 늘어난다는 '황의 법칙'이 지배하고 있다.[1] 기술의 발달만큼 공정도 빠르게 변화한다. 더 집적도가 높으며 작고 미세한 칩을 만들어내기 위해 새로이 공정이 개발되고 설비의 노후화는 빠르게 진행된다.

그녀는 지금의 반도체 공정을 상상하지 못한다. 지금의 이들 또한 그녀가 일한 20년 전 작업환경을 그리지 못한다. 그녀가 병에 걸리지 않았다면, 20년간의 변화는 반도체산업의 무한한 성장을 의미할 것이다. 그러나 2005년 옥이 씨는 백혈병 진단을 받았다. 20년이 지나, 그녀는 자신이 일한 작업환경이 지금과는 얼마나 동떨어져 있는지, 얼마나 낙후되어 있었는지 증명해야 했다.

"요즘은 다르겠지요?"

그녀와 같은 질문을 하는 이들이 많다. 도금 공정에서 근무한 송창호 씨는 일을 하다보면 고무장갑이 녹는다고 했다.

"약품을 만지다보면 고무장갑이 녹아요. 고무장갑이 한 번에 확 녹는 게 아니라, 만지면 미끌미끌해지면서 녹는 거 있죠?"

내가 묻고 싶은 것은 고무장갑을 녹이는 약품이 무엇이냐가 아니라, '왜 고농도 약품을 사용하는데 겨우 고무장갑을 끼고 일하느냐'였다. 납땜과 약품도금을 담당한 그는 기계에 남은 약품제거, 교체, 기계 청소 또한 직접 했다.

"(기계 내부를 청소할 때는) 물로 씻어내고, 수건이나 면 같은 거를 적셔 가지고 닦았죠. 어느 정도 시간이 지나니까 약품 빨아들이는 청소기가 나와서 그걸로 했죠."

반도체가 첨단산업이라 했지만 그 작업환경은 영세한 중소사업장과 다를 바 없었다.

김옥이 씨는 말했다.

"제가 근무했던 곳을 본다면, 어느 누구도 산재가 아니라고 말 못 할 거 같아요."

하지만 그녀의 병은 직업병으로 인정받지 못했다. (송창호 씨 또한 림프종에 걸렸지만 직업병을 인정받지 못했다.) 이상한 일이었다. 그녀는 국가가 공인한 발암물질을 사용했고, 이 사실을 삼성 또한 인정했기 때문이다. 1997년도 삼성반도체 엔지니어 내부 지급용 '환경수첩' 이 언론에 공개됐다. '환경수첩'을 통해 반도체에 사용되는 화학물질의 존재를 확인할 수 있었다. 유독 눈길을 끈 물질은 TCE[2]였다. TCE는 일찍이 정부로부터 금지된 발암물질이기 때문이다. 삼성은 1997년 '환경수첩'에 적힌 TCE는 잘못 기재된 것이며, 1995년에 모두 폐기했다고 주장했다. 삼성의 주장을 곧이곧대로 믿더라도 김옥이 씨는 적어도 4년 동안 급성 독성물질을 사용했다.

세척기능이 좋아 TCE는 마킹, 절단 업무 작업자들에게 인기가 좋았다. 옥이 씨도 TCE를 늘 가까이 두었다.[3]

"도금작업을 거치면서 하얀 도금 찌꺼기, 기름때가 항상 묻어 있으니까, 늘 옆에 비치돼 있었죠. 여기가 작업대면 코앞에 TCE가 놓인 상태였죠. TCE라고 그러면 TCE인 줄 알지, 이게 위험한 건지 물어보는 사람도 없고. 물건을 보고 '어, 이게 위험한가?' 의심부터 하는 사람은 없잖아요. 그냥 관습적으로, 의례적으로, 무속신앙처럼 자연스럽게 받아들인 거죠. 저도 TCE가 독성물질이라는 걸 반올림 만나고 처음 알았어요."

락스와 일어나는 반응이 비슷해 TCE가 락스나 세제 같은 것인 줄 알았다는 김옥이 씨에게 회사는 화학물질 안전교육을 하지 않았다. TCE가 지닌 위험성은커녕, 보호장구를 착용하라는 말도 없었다고 했다. 그녀의 공정에 내재한 위험성은 어떤 것도 입에 오른 적이 없다. 오히려 위험이 권장되는 분위기였다.

"'긴급'이라고 빨간 글씨가 써져 내려오는 제품이 있어요. 그런 건 빨리 해줘야 해요. 진짜 급할 때는 직접 받아가려고 사람이 와서 기다리고 있어요. 그럼 기계 안에 있던 칩을 빼내고 그거부터 시작해야 해요. 과장이랑 부장이 옆에서 기다리고 있어요. 그러니까 그 사람들도 우리가 속도 더뎌질까 봐 장갑 안 끼고 중간에 작동 중인 기계 열어서 제품을 빼는 걸 다 본 거죠. 그런데도 아무 말 없었어요."

관리자들이 지적하는 것이 하나 있었다. 작업자들이 창문을 열어두는 일이었다. 창문을 통해 들어온 먼지가 제품에 닿으면 불량이 날 가능성이 커지기 때문이다. 그녀가 일했던 2라인 F동은 환기시설도 제대로 갖춰지지 않은 가건물이었다. 작업장은 늘 기계열에 후끈거렸다. 납·전기도금 공정이 바로 옆 공간에 있어 늘 지독한 냄새가 났다. 그럼에도 창문을 열면 혼이 났다. 환기나 보호장구 착용은 문제가 되지 않으나, 먼지가 들어와 제품에 해가 되는 일은 지적받았다.

생산성과 원가절감이라는 이름 앞에서 그녀는 늘 주눅들어 있어야 했다.

"보통 장갑이 구멍 나면 새로 지급을 해서 작업자들이 일을 하게끔 만들어줘야 하잖아요. 근데 구멍이 나도 원가절감이라는 이유 아래, 더 사용하라고 해요. 원가절감 차원이라고. 어우, 내가 필요해서 달라는 게 아니고 작업하기 위해서 달라고 하는 것도 너무나 눈치 보이고 힘들었어요.

방진복도 교체기간이 따로 없고 우리가 가져가서 세탁을 했잖아요, 원래는 회사에서 일괄적으로 수거를 해가야 하는데 우리는 개인이 방진복을 가지고 가서 빨아서 다려서 가지고 오고. 솔로 빡빡 밀었어. 만약에 주머니가 떨어지거나 그러면 저희가 바느질해서 입고 그랬어요."

20년 전 화학약품, 유기용제라는 말조차 생소했던 시절이었다. 열심히 일했다. 지각 한 번, 결근 한 번 한 일이 없었다. 한 달에 한두 번밖에 쉬지 못했지만, '사람이 부족하다, 물량이 부족하다'고 위에서 죽는소리를 하면 잔업도 군말 없이 했다.

"참 그때 열심히 살았어요. 지금 하라고 하면 못 할 거 같아요."

옥이 씨는 정말 열심히 살았다. 4조 3교대로 구성되어 있었지만 거의 12시간 맞교대를 했다.

"얼마나 피곤하겠어요. 5시 40분까지는 라인에 들어가야 하니까. 여자들은 씻고 머리 감고 해야 하는데, 나만 있나? 한 방에 10명 정도 있으니까 빨리 씻어야 늦지 않고 갈 수 있잖아요. 화장실 차지하려고 보통 4시에 일어나고. 젊은 나이에 그 새벽에 일어나는 게 쉽지 않은데, 그래서 늘 잠이 부족했죠."

쉬는 날도 운이 좋아야 한 달에 두 번이었다. 그런데도 그만두지 못했다. 월급 때문이었다.

"우리보고 사람들이 '너희 어디로 시집을 가야 만족하고 살 수 있을까' 그런 소릴 했어요. 잘 벌고 잘 쓰니까. 그때를 생각해보면 지금 그 돈을 준대도 아가씨가 버는 돈으로는 많았구나 할 정도예요."

잘 벌 수밖에 없었다. 대다수의 근무가 시간외 근무이거나 야간근무였다. 잔업수당이 붙었다. 잠잘 시간 없이 번 돈이었다. '어디로 시집가야 만족할래?'라는 말에 그녀는 일을 그만두고 싶어서 결혼을 서두르는 것으로 응답했다.

"너무 힘든데 퇴사를 안 시켜주니까. 제일 퇴사하기 쉬운 공식적인 게 결혼이니까요. 그 지겨움에서 벗어나고 싶은 거예요. 돌이켜보면 어떻게 일했는지 몰라요."

그녀는 엷게 웃었다.

"아마 젊어서 가능했을 거예요."

그러나 곧 심각한 얼굴이 됐다.

"형편이 회사를 다닐 수밖에 없었잖아요. 벌어야 하니까. 우리 부모가 경제적으로 조금 더 나은 형편이었다면 삼성에 들어갔겠어요? 회사 때문에 받는 경제적 무엇이 있으니까 못 놓은 거죠. 내가 거기를 관두고도 생활할 수 있는 능력이 있었으면 관두었겠죠."

그러나 가난을 원망하지 않았다. 자신이 필요한 상황에서 선택한 일이라고 생각했다.

"아마 이 병만 안 걸렸으면, 고생은 했지만 젊었을 적에 큰 회사에서 내가 열심히 일해서 스스로 벌어가면서 내 생활 했었다, 그랬을 거예요."

열심히 살아온 결과

2005년, 열심히 산 결과가 나타났다.

"멍이 정말 잘 들었어요. 여름에 친구들이 '누가 보면 너 맞고 사는 줄 알겠다' 말할 정도로 멍이 많이 들고, 얼굴이 노래서 황달이 온 줄 알았어요. 그렇게 1년, 2년을 그냥 보낸 거예요. 왜냐면, 우리가 의학 쪽에 대해서는 무지하잖아요. 그리고 특히나 백혈병 쪽으로는 더 모르잖아요. 2년 정도 병을 키운 거 같아요. 그러다가 밤에 침도 못 삼킬 정도로 갑자기, 정말 말도 못 할 정도로 편도가 붓고 열이 엄청났었어요. 응급실을 갔어요. 기본적으로 하는 게 피검사잖아요? 근데 백혈구, 적혈구, 혈소판 수치 3개가 전부 안 좋다고, 위험하다고 그러더라고."

백혈병 진단을 받았다. 백혈병에 대해 내가 들은 이야기는 2가지였다. 항암치료가 그냥 죽겠다고 포기할 정도로 고통스럽다는 것, 하루 병원비가 100만 원씩 빠져나간다는 것. 이 2가지를 옥이 씨는 모두 겪었다.

"진짜 힘들어요. 막, 손톱이 다 빠져요. 항암제가 독해서. 저 같은 경우는 기차를 타고 병원을 왔다 갔다 했는데, 개표구에서 여기 주차장까지 걸어 나오는 데 네다섯 번은 쉬었어요. 힘들어서. 못 걸어서. 천안역 오면 그때 생각이 되게 많이 나요."

가장 큰 고통은 아이들과 떨어져 지내는 일이었다. 면역력이 떨어진 몸이라 갖은 세균을 보유한 사람과의 접촉을 피해야 했다. 당시 막내가 겨우 두 살이었다.

"제가 아플 때 저희 작은애는 목사님 집에서 살다시피 했고, 큰애는 친구네 집에서. 온 가족이 뿔뿔이 흩어져 있었죠. 퇴원을 하고 집에 와도 방 하나에 혼자 있고. 그렇게 감금 아닌 감금 생활을 한 거죠."

6년이 지난 지금, 옥이 씨는 일상생활이 가능할 정도로 회복됐다. 고비를 넘긴 그녀는 자신과 비슷한 시기에 같은 병에 걸린 지연 씨를 떠올리곤 했다. 박지연 씨는 끝내 회복하지 못한 채, 2년 6개월간의 투병생활을 끝으로 세상을 떠났다.

그녀가 반올림을 만나게 된 것도 박지연 씨로 인해서였다.

"하루는 여의도 성모병원에 골수검사 하러 갔는데, 온양공장에 인사과 차장이 와 있어요. 지금은 복리후생 담당인가 봐요. 재판할 때도 삼성 측으로 왔더라고요. 저희 애기 아빠랑 고등학교 때부터 친구예요. 제가 검사받고 오는데 그 사람이 있는 거예요. 그래서 내가 우리 신랑한테 '어 자기야. 저기 지금 아무개 씨가 병원에 있다?' 그랬어요. 가서 물었더니, 그때 지연이가 병원에 있었잖아요. 삼성 사람들이 와서 합의보려고 병원에 와 있었던 거예요. 그래서 그날 우연찮게 반올림 얘기를 들었어요."

"반올림 이야기를 듣기 전에는 직업병이라고 생각해보신 적이 없나요?"

"저 회사 다닐 때도, 제 위에 상사 분 아기가 백혈병으로 죽었어요. 이래저래 알게 모르게, 그렇게 죽는 사람들이 있었던 거 같아요.

그런데 거의 개인 질병으로 알고 그렇게 산 거죠."

"남편분도 산재인 거 같다고 하시나요?"

"그렇죠. 아무래도 같이…… 그 당시 환경을 누구보다도 저희 애기 아빠가 잘 아니까."

김옥이 씨 부부는 삼성 근무 시절, 사내에서 만난 커플이다. 그녀에게 남편의 의중을 물은 이유는, 그가 퇴직 후에도 삼성 협력업체에서 일하고 있기 때문이었다.

"솔직히, 너무 힘든 싸움이라는 건 알고, 처음부터 승산이 있을 거라 생각 안 했어요. 그리고 저희 신랑 때문에 많이 고민을 했어요. 산재를 신청해야 하나. 저희 애기 아빠 직속 팀장이 학교 선배였어요. 이런저런 얘기를 많이 하면서 제가 산재를 신청하고 싶다고 그러니까, 그분이 그러더라고요. 제수씨 만약에 산재를 신청하면 앞으로 삼성과의 모든 인연을 끊어야 할 거라고. 그러니까, 저희 애들이 자라서 취직을 할 때도 삼성과의 연은 다 끊어야 하다고. 그런 것까지 각오하고 하실 거면 하시라고 그러더라고요.

나는 그때 신랑 생각이 제일 먼저였죠. 신랑이 하는 일이랑 삼성이 상관이 있으니까 굉장히 걱정을 했죠. 그런데 저희 신랑이 그러더라고요. 자기는 괜찮으니까 그냥 내 마음 가는 대로 하라고."

한동안 삼성으로부터 연락이 왔다.

"솔직히 갈등을 좀 많이 했어요. 병원비 때문에 경제적인 사정도 안 좋아지고 하니까. 애기 아빠 친구도 '내가 삼성의 모든 대리권을 가지고 나올 테니까 너도 네 와이프에 대한 모든 대리권을 가지고 나와서 얘기를 하자' 계속 얘기를 해온다고 그러더라고요."

남편의 일에 지장이 있을까 봐 하루에도 열두 번 산재신청을 포기할까 생각했다. 산재심사 과정은 치욕스럽기까지 했다. 그녀가 서럽게 기억하는 것은 산재심의 변론 자리였다. 산재심사 위원인 교수와 의학의들이 판정을 하기 전, 신청자들에게 마지막 변론시간이 주어졌다.

"준비를 안 해가면 두서없이 얘기를 하니까, 지연이도 그렇고 나도 그렇고 A4용지에 정리를 해서 갔어요. 지연이가 먼저 A4용지에 써온 걸 읽고, 내가 한참 읽어가는데, 교수들 중에서도 제일 윗분이, 시간 없으니까 빨리하라고, 오전에 이걸 끝내고 오후에 올라가서 환자를 봐야 하니까 빨리하라고 해요.

근데 A4용지 한 장인데 10분이 걸리겠어요, 20분이 걸리겠어요? 진짜 길어야 5분인데. 그걸 읽는 도중에 시간 없으니까 빨리하라고. 그 사람들에게는 여러 일 중 하나겠지만, 우리는 어떻게 보면 목숨이 걸린 일이잖아요. 저도 재발하면 어떻게 될지 몰라요. 우리는 정말 최대한 절박한 심정으로 하는데 그쪽에서는 본인들 시간 없으니까 빨리하라고. 그럴 때 정말, 하…… 뭐라고 표현할 수 없을 정도로 마음이 아프고 서럽고 그러더라고요."

정당한 보상을 요구한 것인데, 병원비 몇 푼 구걸하러 온 것처럼 느껴져 자신이 작아지는 시간이었다. 그러나 자신이 당하는 수모보다 걱정되는 것은 아이들이었다. 어느 날 아들의 담임선생님에게서 전화가 왔다. 아들이 초등학교 5학년 때 일이었다.

"애가 의자를 집어서 친구한테 던졌다고 그러더라고요. 그럴 애가 아닌데요, 선생님? 그러니까 안 그래도 많이 놀랐다고 하시더라고요. 집에 와서 우리 애한테 너 학교에서 왜 그랬냐고 물었더니, 누가 엄마 죽을 거라고 그랬다고. 산재신청을 하고 그때 한창 인터넷에 제 이야기가 나오니까 애들 엄마들이 봤나 봐요. 엄마들끼리 하는 얘기를 친구 애가 듣고, 학교 가서 우리 애한테 얘기를 했나 봐요. 한창 사춘기가 올 시기였어요. 그때부터 제가 인터넷에 사진 올라가고 그런 거를 많이 꺼려 했어요. 지금도 그런 기사가 있으면 혼자 살짝 보고 말고, 자식이 있으니까 또 그렇게 되더라고요."

그 일을 겪고 나니 언론에 알려지는 것이 부담스러웠다. 근로복지공단 면담이나 항의방문 같은 반올림과 함께하는 자리에 나가지 않기 시작했다. 그런 옥이 씨가 2010년 11월 오랜만에 외출을 했다. 중요한 날이었다. 근로복지공단 산재 불승인 처분에 불복해 행정법원에 제기한 소송 첫 재판이었다.

근로복지공단의 보조참가인인 삼성이 고용한 로펌 변호사가 변론을 했다.

"모든 것이 자동화된 설비에서 이루어지기 때문에 밀폐되어 있고 격리돼 있었습니다. 오퍼레이터 경우에는 유해인자 노출 정도가 낮은 것으로 평가되었습니다."

변호인은 물뿌리개처럼 생긴 작은 병을 들었다. 그것이 TCE를 담아 사용한 병이라고 했다.

"이물질을 제거하는 업무를 하는 데 실제로 TCE는 이런 병에 담아 사용하는데요. 200ml 정도의 병을 평소에는 덮개가 있어서 닫아 놨다가 사용할 때 덮개를 열어 면봉으로 덜어 씁니다. 아주 극소량이 사용될 뿐입니다."

재판을 참관하던 옥이 씨의 표정이 굳었다.

"다 거짓말이에요. 나는 저 변호사 말을 하나하나 다 반박할 수 있어요."

그 병은 옥이 씨가 말해준, 뚜껑이 열려 있는 둥근 통과는 많이 달라 보였다. 삼성 측 변호인은 첨단설비로 이뤄진 지금의 사업장 모습의 영상을 자료로 제시했다. 20년 전 그녀가 일했던 환경에 대해서는 말이 없었다.

집으로 돌아간 옥이 씨는 남편에게 말했다.

"나, 끝까지 가보고 싶어."

억울하게 병에 걸렸는데 오히려 삼성은 그녀에게 거짓을 말하고 있다고 했다. 잘나고 똑똑한 로펌 양반들이 그녀가 직접 겪고 일한 것을 조목조목 부정했다. 정작 20년 전 그곳에서 일한 이는 바로 자신인데, 아무 말도 할 수 없었다.

"아, 삼성…… 대단하더라고요. 저건 아닌데, 저건 정반댄데. 그런데 사람들 대부분이 그걸 진실로 알고, '저런 환경인데 무슨 병이 걸리느냐' 그런 생각을 하겠다 싶더라고요. 우리 신랑한테 얘기했어요. 솔직히 삼성과 합의하고 싶은 마음도 없지 않았다, 솔직히. 우리 너무 힘들고…… 그러니까. 그런데 오늘 갔다오니까 한 번 끝까지 가보고 싶다."

그녀의 청구는 기각됐다. 법원은 '유해화학물질에 지속적으로 노출되어 급성 골수구성 백혈병이 발병하였다고 볼 수 없다'고 판단했다.

'나름대로 잘 보낸 젊은 시절'

계절이 바뀌고 김옥이 씨를 다시 만났다. 그사이 그녀의 얼굴이 눈에 띄게 밝아져 있었다. 건강이 좋아 보인다고 하니 요즘 밥 챙겨 먹을 시간도 없이 바쁘다고 했다. 무슨 일이냐고 물으니 그녀가 웃는다. 창업을 했다는 것이다.

"건강상담소를 차렸어요. 얼마 전에 자격증을 따가지고. 지금은 친구랑 동업으로 하고 있어요."

반신욕 등 좋은 습관이나 체질에 맞는 음식을 조언해주는 일이라고 한다. 초반이라 그런지 사람들이 많다며 그녀 얼굴에 화색이 돌았다. 재발을 안심할 수 없다. 생으로 된 음식을 먹지 않고 외식을 자제했다. 음식을 조심하고 건강을 유지할 방안을 찾다보니 그쪽 노하우가 쌓여, 진로를 이리 정하게 되었다고 한다.

"아픈 걸 신경 쓰지 않으려고 오히려 더 활동하게 되고 잘하는 거, 좋아하는 걸 찾게 되는 거 같아요. 이 일을 시작하니까 내가 먼저 건강해져야 사람들한테 상담을 하잖아요. 그래서 건강해지려고요."

밝게 생각하는 것이 건강에 제일 좋은 일이라 말하는 그녀는 화사해 보였다. 힘든 시간이었지만 그녀를 화사하게 만든 것은 오래 아팠던 경험이다.

"한동안 집에 어려운 일이 있었어요. 신랑이 많이 힘들어 하고. 원래 신랑에게도 나 힘든 거 얘기를 안 했는데 얼마 전에 처음으로 내가 아팠던 때 얘기를 했어요. 자기야, 내가 너무 아프고 고통스러울 때 어떻게 견뎠는지 아냐. 나는 그때 그랬어요. 그래 아파봐라, 얼마만큼 아픈지 한번 해보자, 그런 마음이었어요. 아파? 사람이 얼마만큼 아플 수 있는지 한번 보자. 맨 밑에 있는 사람에게 희망은 더 이상 내려갈 데가 없다는 건데, 대체 어디까지 내려가나 보자. 이제 올라가는 일만 남았다. 신랑한테 얘기했어요. 자기야, 우리가 힘든 거를 힘들다고 하면 안 된다. 너 얼마만큼 힘들어지나 보자, 우리 그렇게 견뎌보자, 해보자 그랬어요."

김옥이 씨는 자신의 병을 지워버릴 과거로 만들지 않았다. 아팠던 지난 시간은 그녀에게 미래를 주었다.

그녀는 말했다. 후회하지 않는다고.

"나는 그때 정말 최선을 다해 살았거든요."

삼성반도체에서 고과 A를 놓친 적이 없다는 그녀는 누구보다 성실히 일했다. 김옥이 씨는 회사가 부유해지는 것이 좋았다. 큰 회사에서 일한다는 자부심이 있었다. 관리자가 물량을 빨리 빼야 한다며 발을 동동거리면 자신도 마음이 급해져 작동 중인 기계를 열고 그 안에 머리든 손이든 집어넣었다.

후회하지 않는다. 그녀는 "이 병만 아니었으면 나름대로 잘 보낸 젊은 시절이었다"고 한다. 김옥이 씨는 후회하지 않는다. 다만 직업병이라는 당연한 사실을 인정하라 요구할 뿐이다.

김옥이 이야기

김옥이 씨는 1991년 1월 삼성반도체에 생산직 사원으로 입사하여 처음 1년은 부천공장에서 근무하다가 온양공장이 신설되면서 1992년 3월 온양공장으로 전보되었다. 온양공장에서 그녀는 납땜, 인쇄, 절단·절곡 공정 중 육안 검사와 프레임의 커팅작업을 담당했는데 커팅 후 찌꺼기를 버리는 과정과 잘못 인쇄된 부분을 지우는 과정에서 트리클로로에틸렌(TCE) 등 유기용제를 취급하였다. 1급 발암물질인 TCE를 면봉에 묻혀 닦아내는 일을 하루 100~200회 정도 하였고, 리드 프레임 전체를 닦는 경우도 있었다. 산업안전보건공단의 조사에 따르면, 삼성반도체 온양공장에서는 1995년 4월경까지 발암물질인 TCE를 사용하였고 이후 HCFC-141b로 교체하였다고 한다.

  온양공장이 완공되기 전까지는 성형, 도금, 인쇄 등 모든 공정이 구분 없이 트인 공간에서 이루어졌기 때문에 각 공정에서 사용하는 유기용제나 가스 등이 타 공정 노동자에게도 똑같이 노출되었다. 완공된 후에 칸막이가 설치되었으나 작업능률을 높이기 위해 문을 열어놓고 작업했기에 차단효과가 없었다.

* 성명애가 작성한 '재해 경위서'와 김현주, 공유정옥이 작성한 '업무 관련 소견서'에서 발췌했다.

10

당신들이 우리의 고통을 아는가?

한혜경. 1978년생, 여성. 1995년 삼성전자 LCD사업부 기흥공장 입사, 모듈 공정에서 6년간 근무. 2005년 소뇌부 뇌종양 진단, 뇌종양 제거수술 후 장애1급 판정

식당에 들어갔을 때, 일행 중 하얗고 마른 여자가 도드라져 눈에 들어왔다. 해를 보지 않은 몸이었다. 홀로 거동을 할 수 없으니 바깥출입이 쉽지 않았을 것이다. 한혜경 씨는 한쪽 알이 뿌연 안경 너머로 나를 보더니, 인사를 했다. 목에 한 깁스 때문에 고개를 숙이지는 못했지만, 순한 사람의 인사였다. "안녕하세요." 그녀의 목소리는 뚝뚝 끊기고 갈라졌다. 그녀는 손을 들어 천천히 위아래로 움직였다.

"이렇게 노래하듯, 말을 해야 해. 재활 선생님이 그랬어."

주변 사람들이 오늘은 혜경 씨가 말을 많이 하는 편이라고 귀띔해줬다. 목에 인공뼈를 삽입하는 수술이 잘되어 몸 상태가 좋다고 했다. 함께 자리한 반올림 사람들과 혜경 씨의 사이가 편해 보였다.

언니, 누나, 친근한 호칭들이 오갔다. 혜경 씨는 농담도 곧잘 했다. 누군가 "누나, 그러면 큰일 나요" 하며 장난을 치자, 그녀는 "난 눈에 뵈는 게 없어"라고 맞받아쳤다. 나는 그 말에 웃지 못했다. 그녀는 실제 시력을 크게 잃었기 때문이다.

그녀 옆에 앉은 나는 긴장을 놓을 수가 없었다. 그녀는 위태로워 보였다. 잠시라도 한눈을 팔면 뒤로 꼬꾸라질 것만 같았다. 그렇게 된다 해도 그녀가 취할 수 있는 행동은 없었다. 혼자 힘으로는 앉지도 서지도 못한다. 걸을 수 없는 것은 물론이다. 몇 년 전에는 몸이 크게 떨려 한자리에 가만히 앉아 있는 것조차 힘들었다고 한다. 시력도 성치 않다. 복시(複視)가 와 사물이 4개로 보인다. 보이는 사물의 수를 줄이려 그녀의 안경 한쪽은 뿌옇게 막혀 있다. 그녀는 보행, 언어, 시력에서 모두 장애1급 판정을 받았다.

몸 어느 한 군데 자유롭게 움직일 수 있는 곳이 없다. 그녀의 손과 발이 되어주는 이는 어머니, 김시녀 씨다. 어머니는 딸의 몸에서 손을 떼지 않았다. 오랜 습관 같았다. 몸을 부축하지 않을 때도 그녀는 딸의 무릎과 손등을 연신 매만졌다.

내가 나빠서 이런 병에 걸렸나 봐

스물여덟 나이로 혜경 씨는 뇌종양 제거 수술을 받았다. 그녀의 머리에는 8년 동안 자란 종양이 있었다. 대수술과 죽음, 2가지 선택밖에 없었다. 수술 후 혼절을 거듭했다. 소뇌에 깊이 박힌 종양을 떼어 내며 온갖 신경들이 손상됐다. 하루아침에 삶이 달라졌다. 얼마나 놀라고 화가 났을까. 그녀는 늘 악몽을 꾼다고 했다.

"그냥 쉬워요. 그냥 칼로 푹! 친구들하고 싸우기도 하고. 그런 꿈을 꿔요."

"화가 많이 나나 봐요."

"나…… 정신과 치료 받아야 하나?"

그녀는 종종 쓸쓸하게 말한다.

"내가 나빠서 이런 병에 걸렸나 봐."

"혜경 씨가 나쁜 일을 했으면 얼마나 했다고 그런 생각을 해요."

"아냐, 그러니까 이렇게 됐지."

내가 알기로 그녀는 남의 탓을 할 줄 모르는 사람이다. 순한 사람이다. 그런 사람이 화를 못 이기고 악몽을 꾼다. 잠도 이루지 못한다. 그녀의 삶은 그럴 만하다. 할 수 있는 것은 없다. 종일 집에 있다. 책을 볼 수도, 청소를 할 수도, 기지개를 켤 수도 없다. 가만히 앉아 텔레비전에 눈길을 준다. 컴퓨터를 붙잡고 느리게 마우스를 움직여 손쉬운 게임을 한다. 그것뿐이다. 느리게 하루가 간다. 외출은 재활치료를 받으러 병원에 갈 때뿐이다. 그러나 이 또한 경제적 여유가 될 때나 가능한 일이다.

수술비만 8천만 원이 넘게 들었다. 집을 팔고, 가게를 팔았다. 그녀의 어머니는 입에 풀칠하는 일이 걱정이다. 혜경 씨가 아픈 이후로, 모녀에게 수입이 없다.

"걱정이 너무 많아서 입안이 다 부르텄어요. 잇몸이 내려앉은 거 같아요. 쟤 잠시 놔두고 일이라도 다녀야 하는데, 그것도 안 되고. 겨울 되니까 더해. 가스요금, 난방비 걱정에. 우리가 벌이가 없이 지낸 지가 벌써 몇 년인데……."

얼굴에 옅은 기미가 앉은 김시녀 씨가 턱을 부여잡는다. 입에 먹을 것이 들어가고 몸을 데우기 위해서만 돈이 드는 것이 아니다. 딸은 늘 어딘가 아프고 다쳤다. 얼마 전에는 몸을 가누지 못해 코뼈를 다쳤다. 넘어지고 부딪쳐서 치료하느라, 없는 생활에 야금야금 치료비가 들어갔다. 제 몸 하나 어찌할지 모르는 딸을 보는 게 아프다. 아픈 몸으로 돈 걱정부터 하는 딸의 모습이 아리다.

"항상 쟤가 하는 말은 무슨무슨 치료 받지 말까 봐예요. 왜 그러냐면 보험이 해당 안 되니깐. 뭘 해도 돈에 신경을 쓰니깐. 엄마, 열전기 안 받으면 돈 안 내나? 아냐, 그건 공짜야 그러면, 그럼 그거 열심히 받아요. 나는 진짜 우리 혜경이가……. 그러니까, 엄마잖아요. 살아오면서, 엄마니까, 아프지 않은 새끼라도 좋은 것만 주고 싶고 그런 게 부모 마음인데. 내가 우리 혜경이한테 걱정 안 시켰으면 좋겠어요. '엄마, 나 뭐 갖고 싶어, 먹고 싶어' 얘는 그런 말을 안 해요. 왜냐, 지네 엄마 생활을 아니까. 내가 가진 게 없으니까 애를 공장에 보냈어요. 그것조차도 정말 미안한데, 그 병이 들어가지고 사지 육신 못 쓰고……."

그녀는 한탄했다.

"일하다가 다친 것도 억울한데, 치료라도 맘 편히 받게 해줘야지."

2009년, 혜경 씨는 근로복지공단에 산재신청을 했다. 모녀는 혜경 씨의 뇌종양이 직업병이라 믿고 있다. 혜경 씨가 일한 곳은 삼성전자 LCD사업부 기흥공장이다.

스스로 걸은 마지막 걸음

"우리 혜경이 초등학교 때 애들 아빠하고 이혼을 했어요. 쟤가 공부를 잘했어요. 그런데 상고를 간다는 거예요. 고등학교 진학 문제로 선생님하고 나하고 여섯 번을 만난 거야. 선생님이 공부도 잘하는데 왜 상고를 가느냐는 거예요. 쟤 하는 말이 가정형편이 어렵다보니깐, 남자는 대학 졸업장이 있어야지 취업할 수 있지만 자기는 결혼을 하면 그만이다 이거야. 나랑도 그것 때문에 많이 싸웠어요. 쟤가 순한 것 같아도 고집이 세. 제 고집대로 상고를 가고 3학년 때 삼성을 들어갔잖아요. 아들도 있지만, 쟤가 마음이 예쁘다보니까, 쟤가 나한테 하느님이자 부처님이자 전부였어요. 진짜 남편이자 친구였고 친정 엄마이자 딸이었고 그랬는데. 그래서 저 착한 애가 이제 복을 받나 했어요. 주변에서도 혜경이 지지배 똑똑하더니 취직 잘했다고 그랬어요."

실상 혜경 씨의 기본급은 100만 원도 되지 않았다. 그러나 어느 달은 200만 원도 넘게 벌어왔다. 김시녀 씨는 삼성이 좋은 회사라 월급도 세구나, 그렇게 생각했다.

"내 딴에는 애한테 미안하니깐. 자기가 하고 싶은 거 못 하고 공부도 더 못 하고, 부모 잘못 만나서 어린 나이에 일하니까. 잘해주고 싶어서 집에 온다고 하면 LA갈비도 사다가 재워놓고 잡채도 해놓고 막 이랬어요. 그런데 회사 다닌 지 7, 8개월 지나고 나서부터인가, 집에 오면 엄마하고 얘기를 하고 친구를 만나는 게 아니라, '엄마 나 잘게' 그러고 밥 한 숟가락 먹고 자요. 갈 때까지 깨질 못해요. 못 일어나요."

교대근무에 지친 혜경 씨는 집에 와서도 자기 바빴다. 혜경 씨 몸에 변화가 보인 것도 그즈음이었다. 스무 살짜리 얼굴에 빨간 여드름이 가득했다. 생리도 몇 달 넘게 하지 않는 때가 많았다. 하지만 정작 혜경 씨는 크게 걱정하지 않았다.

"자기 동료들도 다 그런다는 거예요. 생리불순이라고 하면 전자파 때문에 그래, 여기 관두면 괜찮아, 결혼하면 괜찮아, 다들 그런대요. 생리가 안 나오면 산부인과 가서 약 먹고 주사 맞는 거예요. 그곳 애들은 생리가 없어서 산부인과 다니는 거를 사람들이 감기 들어서 병원 가는 거처럼 생각하더라고요."

불순하던 생리는 입사 3년째부터 아예 끊어졌다. 보다 못한 김시녀 씨가 딸에게 회사를 그만두라고 했다. 2001년 혜경 씨는 다니던 삼성전자를 퇴사한다.

"그만두고 집에 있는데, 얘가 성격상 놀지를 못해요. 우리 집 바로 앞 마트에서 과일판매 일을 하더라고요. 과일판매를 하면서 한 달에 180만 원, 200만 원 이렇게 벌었어요. 자기가 파는 만큼 돈을 받는 거예요. 욕심도 많은 지지배야. 그런데 자꾸 아프다 그래요. 처음에는 어깨가 아프대. 과일 팔면 수박 건네줘야지, 박스 들어야지, 그래서 아픈 거다. 이렇게 생각하고 신경을 안 썼어요. 어디가 뚜렷이 아픈 건 없었어요. 엄마, 어깨 아파, 머리 아파, 그냥 그래요. 머리가 아프면 약 먹어. 병원 가봐. 병원을 갔다와서는 감기래, 그러고 약을 먹으면 또 괜찮아요. 그러고 나서 또 한 1주일 지나면 다시 아프대요. 걸음걸이도 시원찮은 거예요. 자꾸 뒤뚱뒤뚱 걸어요. 자기는 똑바로 걷는다는데 약간 게걸음으로 가더라고요. CT를 찍어봤어요. 아무 이상 없대. 아 그럼 운동부족인가? 또 그랬어요. 어디 아파, 병원 갔다와, MRI 찍어, 엑스레이 찍어, 이런 세월이 한 3년 정도 흘렀어요. 그러더니 나중에는 헛소리를 하는 거야. 문고리에 어떤 아줌마가 앉아 있다고. 농 위에서 어떤 할머니가 쳐다본다고. 뭐 이런 말을 자꾸 하는 거예요."

안 가본 병원이 없었다. 누군가 아는 보살이 있다고 해서 점집을 찾기도 했다.

"보살이라는 사람이 하는 얘기가, 신이 들렸다는 거예요. 쟤가 신이 왔대. 나한테는 정말로 청천벽력 같은 소리였어요."

결혼도 안 한 딸, 무당을 만들 수는 없어 굿을 했다. 큰돈을 들여 100일 기도를 드렸다. 소용이 없었다. 그렇게 허송세월을 보내다 마지막으로 딸아이를 데리고 춘천병원 신경과를 찾았다. 딸이 찾지 않은 유일한 진료과였다. 2005년, MRI 촬영을 했다. 혜경 씨의 소뇌에서 종양이 발견됐다.

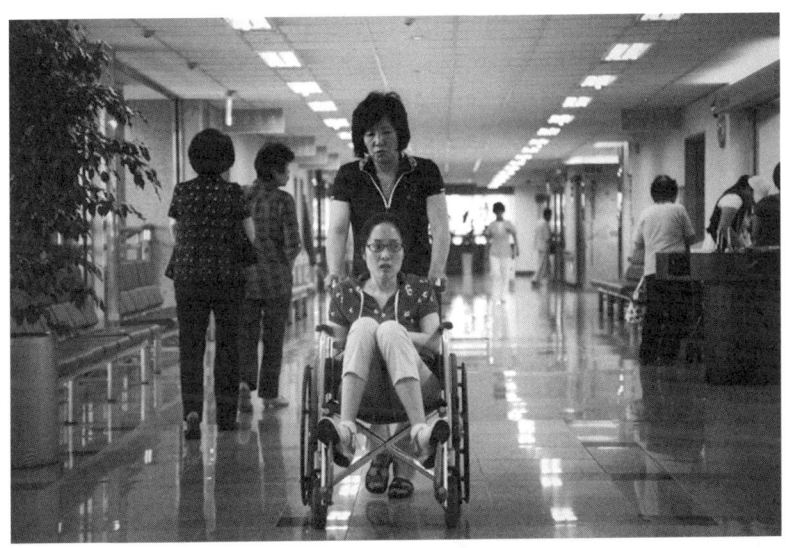

"내가 이걸 왜 타?" 하고 묻던 한혜경 씨는 6년째 휠체어를 타고 있다. ⓒ 홍진훤

"수술을 하려고 병원에 들어가는데 문 앞에 휠체어가 나와 있었어요. 타고 들어가라고. 그걸 보고 쟤가 그랬어요. '엄마, 지금 뭐하는 거야?' 병원 앞에 쟤를 데리러 온 휠체어를 보고 하는 말이에요. '내가 이걸 왜 타?' 그랬던 앤데……."

그것은 혜경 씨가 스스로 걸은 마지막 걸음이었다.

"수술하기 전에 쓰잖아요, 동의각서 같은 거? 의사 말이 99퍼센트 이상은 식물인간이 될 확률이라는 거예요. 5, 6년 전만 해도 소뇌에 이상이 있으면 수술을 안 했대요. 죽게 내버려뒀지."

수술 후 어떤 결과가 있다고 해도 다른 선택을 할 방도는 없었다. 그녀는 의사를 붙잡고 말했다.

"선생님, 그냥 내 옆에만 있게 해주세요. 내가 보고 싶을 때 보고 만지고 싶을 때 만지게만 해주세요."

수술은 끝났다. 수술실로 들어간 지 12시간이 지나서야 면회가 가능할 정도로 큰 수술이었다.

"친언니랑 중환자실에 들어갔더니 얘를 묶어놓았더라고요, 사지를. 내가 간호사 보고 왜 묶어놨냐니깐, 서울대병원의 중환자실 침대 하나가 거의 3천만 원 돈 가는 거래요. 그 침대가 부서질 정도로 다가 난리를 치더라는 거예요. 그러니까 마비는 아닌 거잖아요? 우리 언니가 '그래, 부서져도 괜찮다. 식물인간만 아니면 된다. 쟤가 뭐 나쁜 일을 했다고 그런 벌을 받겠니. 그런 거는 없을 거다' 그랬어요. 그땐 눈물도 안 나오더라고요, 너무 좋으니깐.

머리를 굵은 줄로 꿰매고 박아놓고. 집중치료실 올라가서도 제정신이 아니었어요. 엄마도 몰라보고 막 헛소리하고. 춘천에 와서도 그렇게 기절을 많이 했었어요. 정신이 들락날락했었나 봐. 그게 그냥 과정인지 알았지, 이렇게 자리 잡을 줄 누가 생각을 했겠어요? 방사선치료 41번 받고 항암치료 10번 하면 된다고 하더라고. 그래 그러면 뭐 낫겠지. 했지, 나는 저렇게 장애가 있을 거라고는 손톱만치도 생각을 못 했어요. 세월이 가면 갈수록, 머리가 빠지고 못 걷고 말 어눌해지고 나중에 눈까지 저렇게 되니까……."

머리를 연 대수술을 몸이 견뎌내기 힘들었다. 불행은 그치지 않았다. 혜경 씨가 혼자 앉을 수 있게 되었을 때, 김시녀 씨는 잠시 아르바이트를 하러 집을 나섰다. 집과 가게를 팔아 수술비를 대고, 벌이

어머니 김시녀 씨는 한혜경 씨의 몸에서 손을 떼지 못한다. 몸을 가누지 못하는 딸이 불안하고 안쓰럽기만 하다. ⓒ 홍진훤

가 없은 지 이미 1년이었다. 아무도 없는 집에서 혼자 몸을 가눌 수 없던 혜경 씨가 뒤로 꼬꾸라졌다. 이번에는 대뇌를 크게 다쳤다.

"소뇌 수술하면서 그렇게 오랜 세월을 보냈는데 머리를 또 열면, 애를 진짜 바보 만들겠더라고요. 그래서 수술 안 시키고 약물로 치료하겠다고 했어요. 쟤가 28일간 중환자실에 있으면서 항문이 다 열렸다고 하더라고요. 항문이 열리면 사람은 죽는대요. 그땐 그게 무슨 소린지 몰랐죠. 좀 괜찮다가도 갑자기 무슨, 미친 사람마냥 살라쌀라 해대고 그랬어요. 거의 20일을 그랬어요. 그걸 진짜 잘 참고 견뎠어요."

고통의 당사자는 모녀만이 아니었다. 혜경 씨의 외할머니는 작년

에 쓰러진 이후로 회복되지 못하고 있다.

"내가 이혼하면서 친정에 들어가서 산 거예요. 벌어야 되니까 내가 커튼가게도 다니고 그랬는데. 친정 엄마가 애하고 애 동생하고 밥을 먹여서 학교에 보내줬어요. 그러니깐 거의 키워주신 거지요. 애가 기흥공장에서 일할 때 어떤 날은 집에 안 오고 할머니 집에 가요. 가서 설거지 다하고 용돈도 챙기고. 애가 그랬었어요. 그랬던 애가, 전화를 하루에 한 번씩 하던 애가, 어느 날부터 연락이 안 되니깐 엄마가 이상하게 생각한 거지. 사실을 알고 심장마비가 오더라고요. 애만 보면 '우리 혜경이가 왜 저렇게 됐나' 그 말만 하시는 거예요. 엄마는 또 얼마나 사시려나……. 그니깐 엉망이죠, 뭐."

혜경 씨가 자신의 학업을 양보하면서 대학에 보냈던 남동생은 휴학을 했다. 등록금을 감당할 형편이 아니었다. 어느 날 김시녀 씨는 아들과 아들의 애인을 붙잡고 말했다.

"우리 혜경이는 내가 죽을 때까지 책임질 거다. 내가 죽어도 너희에게 짐 되지 않게 하겠다. 그러니까 너희는 너희만 생각해라."

하지만 둘은 헤어졌다. 만나고 헤어지는 게 남녀 사이지만, 혜경 씨에게는 자신을 책망할 이유가 더 늘어났다. 가족밖에 모르던 혜경 씨에게는 힘든 일이었다. 그러나 누구보다 잃은 게 많은 이는 그녀 자신이다.

"혜경이는 병원에서 운동하는 거말고는 종일 집에 있어요. 재도 눈이 있는데 자기 또래들이 옷 입은 것도 꾸민 것도 볼 거잖아요. 저도 입고 싶은 거, 하고 싶은 거 있을 거잖아요. 뭘 먹어도 맛을 아나.

슬퍼서 울고 싶어도 눈물이 나기를 해. 그렇다고 잠을 편히 잘 수 있나. ······ 너무 많은 걸 잃어버렸어요."

김시녀 씨는 딸의 머리를 쓰다듬는다. 몇 달째 미용실에 가지 못한 머리가 부스스하게 자라 있다. 머리를 다듬으려 해도 김시녀 씨는 다 큰 딸을 업고 계단을 내려와, 휠체어에 태우고, 택시를 잡아타고 시내로 나가야 한다. 이제는 옛 사진을 보아야, 훤칠한 키에 멋 부리는 것을 좋아하던 딸의 모습이 기억날 뿐이다.

삼성은 좋은 회사니까

2008년 재활치료를 받던 혜경 씨는 반올림을 만나게 된다.

"혜경이 재활치료 받는 곳에 최정희 선생님이라고 복지사가 있었어요. 그 선생님이 점심 먹고 혜경이랑 차 마시면서 얘기도 하고 그랬어요. 젊은 애가 이런 병에 걸리니까 자기네들도 이상해서 알아봤나 봐요. 애가 전자 쪽에서 일했다고 하니까, '반올림'이라는 단체를 알려준 거예요. 답답한 마음에 연락을 하긴 했는데, 솔직히 안 믿었어요. 처음엔 거기서 돈을 요구할 줄 알았어요. 주변 사람들도 '너 거기서 돈 이야기하면 절대 주지 마라!' 그랬어요. 또 우리 기억에 삼성은 참 좋았잖아요. '삼성이 좀 잘했니, 우리한테. 응?' 그랬어요. 진짜로."

김시녀 씨의 연락을 받고 반올림 사람들이 춘천으로 내려왔다. 대화 끝에 김시녀 씨는 딸이 6년간 납을 사용했다는 걸 알게 됐다.

혜경 씨는 1995년부터 2001년까지 삼성 기흥공장 LCD 모듈 공정에서 일했다. 그녀는 솔더크림을 인쇄 회로기판에 발라 열처리 기계에 넣어 땜질하는 작업을 했다. 그런데 그녀가 종일 곁에 두었던 솔더크림의 주성분은 '납'이었다. 납은 발암물질이다. 솔더크림은 종종 피부에 묻곤 했다. 작업장에는 솔더크림 타는 냄새가 가득했다. 종일 맡다보니 기숙사에 와도 냄새가 코끝을 떠나지 않았다.

혜경 씨에게 물었다.

"위험하다는 생각 안 해봤어요?"

"삼성은 좋은 회사이니까, 당연히 그런 위험한 거 안 쓰겠지 생각했나 봐요."

인체에 해로운 물질이 작업장에서 버젓이 사용된다는 사실을 알 리가 없었다. 회사는 그녀가 사용하는 약품이 무엇인지 말해주지 않았다. 선배들이 일을 가르쳐주면서 손에 크림이 묻으면 IPA로 닦으라고 말한 것이 안전교육의 전부였다. 유기용제 IPA조차 중추신경계열에 영향을 주는 독성물질을 포함하고 있다.

사실을 안 혜경 씨는 몸을 부르르 떨었다.

"말해줬어야죠. 뭘 쓰는지, 얼마나 위험한지. 그럼 내가 나 혼자라도 정기검진 받고 병원에 가고 그랬을 거잖아요. 반도체가 그렇게 중요해요? 사람이 이렇게 되지 않게 알아서 해줬어야죠."

김시녀 씨는 가슴을 쾅쾅 쳤다. 집이 풍족하지 못해 딸자식을 어린 나이에 일을 보냈더니 이런 사달이 났구나. 자신을 원망했다. 산

2010. 8. 7. 반올림 사람들이 한혜경 씨와 김시녀 씨 모녀가 살고 있는 춘천에 놀러온 날이다. 오랜만의 외출에 모녀는 모처럼 밝게 웃었다. ⓒ 오렌지가좋아

재신청을 했다. 그러나 근로복지공단은 산재보험 신청을 불승인했다. 혜경 씨의 병이 업무와 관계가 없다는 이유였다. 6년간 매일같이 납을 사용했는데 직업병이 아니라는 판정을 그녀는 납득할 수 없었다. 불량제품을 가리기 위해 납이 도포된 칩 수천 개를 코앞에 두고 검사했다. 이미 회사에 다니던 시절부터 생리가 끊기는 등 몸에 이상이 생겼다. 그녀는 2010년 4월 재심사를 요청했다. 결과는 역시 불승인이었다.

그녀의 분노는 인정받지 못했다. 근로복지공단은 혜경 씨의 병을 업무와 관련 없는 개인 질병이라고 했다. 삼성에 대한 그녀의 분노를 착각이라고 했다.

혜경 씨를 대신해 혜경 씨의 어머니가 근로복지공단, 국회, 삼성 본사를 쫓아다녔다. 서러운 일도 많았다. 가면 늘 눈물 흘릴 일뿐이었다.

"한번은 항의를 하러 갔는데, 근로복지공단 직원 애들이 못 들어가게 하는 거야. 어떻게 밀고서 올라갔어. 우리가 써온 글을 벽에 붙였어요. 그런데 그거 떼라는 거야. '못 뗀다. 이거 하나 붙이는 게 뭐가 그리 대수냐? 당신네들이 일처리 잘했으면, 이거 우리도 안 붙인다.' 과장인가 하는 높은 사람이 나와서 떼라고 막 소리 질렀어요. '못 뗀다, 당신네들이 우리의 고통을 아느냐. 내 새끼는 대가리를 꿰매고 또 그것도 모자라서 목을 찢어서 또 꿰맸다. 이렇게 사는 형편들을 아느냐?'고 했어요.

그랬더니 나한테 한다는 소리가 벽에 상처가 난대요. 내 딸은 다 죽어가는데 그깟 벽에 상처가 난다고 핏대를 세우고……. 못 뗀다고 그러니까, '아줌마 얼굴에다 붙일까요?' 그러는 거야. 그때 이종란 노무사가 막 울면서, 피해자 엄마한테 미안해해야지 어떻게 그런 말을 할 수가 있냐고 하대. 아휴, 내가 진짜 반올림 사람들한테 미안해서."

어머니의 말을 듣던 혜경 씨가 느리게 고개를 저었다.

"왜 모를까? 산재인데. 그 사람들 왜 모를까?"

이번에는 어머니 김시녀 씨가 고개를 젓는다.

"혜경아, 그 사람들이 몰라서 그러는 거 아니야. 다 알아. 이게 직업병이라는 거 다 알아. 알지만 그러는 거야. 그 사람들은 양심을 팔았어. 다 알지만, 그래서 안 해주는 거야."

수술시키면 안 돼

"믿을 수 있어요? 내가 장애인이 됐어요. 억울해요. 내가 이게 뭐예요."

그녀는 울었다. 그러나 눈자위는 말라 있다. 그녀는 눈물을 흘리지 못한다. 뇌수술로 신경세포가 잘려나갔다. 주먹을 꼭 쥐고 몸을 바들바들 떨었다. 이것이 그녀의 울음이다.

"나는 뭐하는 거지, 그런 생각이 들어. 나는 뭐하는 거야. 엄마한테 매달려 가기나 하고. 멍청해. 생각하니깐, 가슴이 터질 것 같아."

김시녀 씨가 혜경 씨의 등을 토닥였다.

"재활병원 은자 언니가 뭐라고 했어? 긍정적! 은자 언니는 몸이 불편한데도 두 남매까지 키워야 해. 그런데도 열심히 운동하고 살잖아."

"긍정적……."

"그러니깐 위를 보지 말고 밑을 보고 살아야 해, 알았지?"

그러면서 그녀는 딸의 어깨를 쓰다듬었다. 잠시 후 진정한 혜경 씨가 담담히 말했다.

"내가 갑자기 장애인이 됐어요. 이해를 하고 받아들여야 하는데 가끔씩 울컥울컥해요."

그리고 엄마를 봤다.

"엄마가 고생이 많아."

김시녀 씨가 고개를 저었다.

"아니야……. 엄마잖아……."

"나 나중에 또 병 걸리면 수술시키지 마. 진짜로, 약속."

혜경 씨는 팔을 뻗어 엄마의 손을 잡아당겼다. 약속도장을 찍으려는 모양이다. 김시녀 씨는 손을 뒤로 뺐다.

"됐어, 이 지지배야."

"수술시키면 안 돼."

"아유, 재발 안 돼."

김시녀 씨는 딸에게서 시선을 떼고 말했다.

"만약에 얘 재발됐다 그러면 진짜 얘 데리고 공장 앞에 가서 살 거예요. 가서 천막 치고 버너에다가 밥 해먹고 라면 끓여 먹으면서 그렇게 애랑 나랑 거기서 살다 죽을 거예요."

재발을 걱정하는 처지지만 요즘 혜경 씨에게는 배우고 싶은 것이 생겼다. 스포츠 마사지를 배우고 싶다고 했다. 그녀에게 앞으로의 소원이 뭐냐고 물으니, 자신이 일을 해서 받은 월급으로 가족들과 식사를 하는 것이라 했다. 몸이 불편한 자신이 유일하게 벌이를 할 수 있는 길이 스포츠 마사지라 생각하는 듯했다.

그러나 김시녀 씨는 혜경 씨의 작은 꿈마저 부담이다. 학원을 다니고, 교재를 사고, 이동을 하는, 이 모든 것에 돈이 든다. 김시녀 씨의 꿈은 딸아이가 밥숟가락이라도 혼자 들 수 있는 것이다. 그래야 자신이 나가서 한 푼이라도 벌 수 있을 테니 말이다.

인터뷰를 하는 동안 종종 김시녀 씨는 입을 부여잡았다. 잠을 잘 못 자 잇몸이 내려앉았다고 했다. 그녀가 잠 못 드는 이유는 말 안 해도 뻔했다. 김시녀 씨의 편한 잠도, 혜경 씨가 배운다는 스포츠 마사지도, 어쩌면 산재가 인정되어야 가능한 일인지 모른다. 그래도 무언가 배우고 싶은 것이 있다는 혜경 씨가 나는 다행스럽다.

"스포츠 마사지 왜 배우고 싶어요?"

"할 수 있을 것 같아요. 제가 손힘이 좋아요. 근데, 지금은 오른손이 많이 떨려서 숟가락도 못 집어요."

그녀의 손을 잡는다. 손아귀 힘이 좋다. 그리고 차갑고 거칠다. 일하며 화학약품에 노출돼 거칠어진 손, 이후 약물치료를 받느라 갈라진 손이다.

"손가락 힘 정말 세시네요?"

"근데 지금은 떨려요. 그게 문제지……."

"재활치료 받으면 괜찮아지겠죠?"

"근데 진짜 오래 걸려요. 재활치료가. 금방이 아니라. 나 6년째거든요. 근데 나 아직 걷지도 못해요."

"곧 잘 걸을 거예요."

그녀가 고개를 끄덕인다.

"그래요. 나한테 말해요. 혜경아, 금방 돼. 될 거야…… 너무 걱정하지 마."

다 알지만 안 해준다

혜경 씨의 바람은 예나 지금이나 가족과 행복하게 사는 것이다. 행복하기 위해서 그녀가 선택한 방식은 양보였다. 동생에게 대학을 양보하고, 아이 노릇을 양보하고 열아홉 살에 회사에 들어갔다. 몸의 평안도 양보하고 회사에서 하라는 대로 연장근무도 하고 특근도 했다. 혜경 씨는 불행이 가난에서 비롯될 가능성이 크다는 것을 어릴 적부터 보아왔다. 그녀는 돈을 벌었다. 그러나 그녀는 행복해지지 못했다.

병든 몸이 되어서도 그녀는 양보를 한다. 밤에 악몽을 꾸며 잠꼬대를 하는 자신 때문에 엄마가 잠들지 못할까 봐, 잠든 엄마를 확인한 후에야 눈을 감는다. 치료비가 많이 드는 재활치료는 받으려 하지 않는다.

그녀의 어머니는 고생만 한 혜경 씨를 보며 바란다. '직업병 보상을 회사가 못 하겠다면 사회가 나서서 해결을 했으면 좋겠다.' 그러나 그녀가 바란 사회는 '다 알지만 안 해준다.' 그녀는 그 사실을 '벽보를 떼서 아줌마 얼굴에 붙여라' 하는 근로복지공단 직원에게서 알아차리고, 매번 거듭되는 산재 불승인 판정에서 확인한다.

뒤늦은 확인이었을지도 모른다. 사회가 여성의 노동을 숙련되지 않은 부수적인 일로 치부하지 않았다면, 혜경 씨가 남동생에게 대학을 양보하고 직업을 찾는 일은 없었을 것이다. (그녀가 일한 삼성전자 또한 설비를 다루는 기술직 엔지니어는 대부분 남성이며 생산직 오퍼레이터는 여성으로 이뤄져 있다. 엔지니어가 초대졸 이상을 선호하는 데 비해, 여성 오퍼레이터의 학력은 고졸로 충분했다.) 미숙련 노동자인 여성들은 작업환경 정보에 있어서도 차별을 당했다. 엔지니어들이 어렴풋이 위험을 알지만 무시하거나 참아왔던 데에 반해, 대다수의 오퍼레이터들은 작업현장의 유해성을 거의 모르고 있었다. 그녀들은 같은 공정에서 일하며 동시에 생리불순에 시달리면서도 그것을 개인 질병으로 취급했다. 혜경 씨와 같은 여성 오퍼레이터들은 몸의 안위조차 양보했다.

엔지니어에 비해 단순작업을 하는 오퍼레이터의 임금은 당연히도 엔지니어보다 현저히 적었다. 그러나 이는 그녀들에게 문제가 되지 않았다. 같은 학력의 같은 성별로 비교하자면 그녀들은 상대적으로 고소득이었다. 행복해지고 싶었던 혜경 씨는 돈을 아끼고 모았다. 몸이 망가지는 것도 모른 채 돈을 모았다. 병에 걸렸고 그 돈은 모두 치료비에 들어갔다.

양보와 노동만으로 살아온 혜경 씨에게 사회와 국가는 등을 돌렸다. 그녀의 병든 몸을 외면했다. 반도체산업이 '효자산업'이라 침이 마르게 떠들지만, 이 산업에 종사한 노동자에게 돌아오는 것은 없다. 국가가 등 돌리는 것을 본 이는 혜경 씨 모녀만이 아니다. "남자 형제를 위해 자신의 학업을 포기하고, 상대적으로 고임금을 받으며 열악한 노동조건에서 장시간 일을 하고, 그렇게 번 임금을 가정에 보태고, 공장 일이 힘들다보니 자신보다 좀 더 나은 직장에 다니는 남성과 결혼해 공장에 나오지 않는 것이 욕망 중에 하나"[1]인 여성들은 1960, 1970년대부터 여공이라는 이름으로 존재했고, 이들의 노동을 기반으로 경쟁력을 높인 국가로부터 어떤 보상도 받지 못한 채 가정 속에 묻혀갔다. 혜경 씨와 같은 후배 여성들이 여전히 닮은 꼴로 노동시장에 존재한다.

"사회라도 인정을 해줘야죠." 딸이 재발되기라도 하면 공장 앞에 텐트를 치고 살겠다는, 끝까지 산재를 인정받고야 말겠다는 그녀의 어머니는 딸의 희생이 자신 탓이라며 밤마다 가슴을 쾅쾅 쳐도, 한편으론 알고 있다. 누가 딸의 희생을 보상해야 하는지를.

한혜경 이야기

한혜경 씨는 LCD 모듈과 SMT Surface Mount Technology 공정에서 인라인In Line 업무를 담당했다. 재직 중 반복해서 했던 작업은 전자 회로기판에 구멍 뚫린 마스크를 올려놓은 후, 그 위에 솔더크림을 주걱으로 떠서 올리는 일이었다.

솔더크림이 덧발라진 전자 회로기판은 고온의 설비에 넣기 전, 작업자가 1차 외관검사를 하여 칩들이 제자리에 놓여 있는지 눈으로 확인한다. 이후 설비에 들어가 고온처리된 솔더크림이 굳은 채 나오면 다시 한번 2차 외관검사를 한다.

솔더크림의 주성분은 납이다. 납은 발암물질이다. 한혜경 씨가 한 작업은 단순히 말해 납땜이었다. 설비를 이용한 납땜 과정에서 불량이 나오면 작업자가 직접 인두를 이용해 수동으로 납땜을 하기도 했다.

솔더크림 외에도 납땜을 용이하게 하기 위해 각종 유기용제, 또 설비 청소나 이물질 제거를 위해 수시로 IPA, 아세톤 등을 사용했다. 마스크를 쓰지 않을 때가 많았고, 국소 배기장치(환기장치)는 성능이 좋지 않아 자주 고장이 났으며, 방진복에는 늘 솔더크림이 묻어 있었다.

* 이종란이 작성한 '재해 경위서'와 김경일(신경외과 전문의), 손미아(산업의학 전문의)가 작성한 '업무 관련 소견서'에서 발췌했다.

| 에필로그 |

절대 잊지 않겠습니다

"KTI 약품병에는 유해표시가 붙어 있습니다. 병에 붙은 경고 라벨을 본 적 있나요?"

"아니요."

"당신은 일하면서 이 병(KTI)을 사용했습니다. 그런데 본 적이 없다고요?"

"제가 만지는 병에는 경고표시가 없었으니까요."[1)]

"화학약품이 위험하다는 말을 들은 적이 있나요?"

"아니요. 그들은 아무것도 알려주지 않았어요."[2)]

"화학물질이 장갑을 녹인다고요? 그래서 어떻게 일했죠?"
"맨손으로 일했죠."[3]

"우리는 솔직히 말해서 인간이기 이전에 실험동물이었어요. 그들은 처음부터 이 화학약품이 위험하다는 것을 알고 있었어요. 우리를 신경 쓰지 않은 거예요. 그들은 오직 돈 버는 것에만 신경을 썼어요."[4]

이것은 삼성반도체 노동자들의 증언이 아니다. 미국 실리콘밸리의 IBM 노동자들의 목소리다. 다국적 기업 IBM은 1970, 1980년대 마이크로 칩에 들어갈 반도체를 생산했다. 매사는 유방암에 걸렸다. 크리스램은 고환암 진단을 받았다. 집안 대대로 IBM에서 일을 해온 케이스 버락도 고환암에 걸렸다. 250여 명의 노동자들이 IBM을 상대로 직업병 손해배상 재판을 진행했다.

태평양 건너편 그들의 목소리를 처음 들었을 때, 나는 내가 아는 어떤 이들이 말해준 것과 몹시 흡사한 증언 내용에 놀랐다. 이후 IBM이 보여준 태도 또한 누군가와 놀랍도록 닮았다. 연구원 아담스는 IBM 의료진에게 편지를 보냈다. 그와 함께 일한 연구원 중 8명이 암에 걸렸다는 사실을 안 후였다. 아담스는 위험을 알렸지만 IBM 의료진은 이러한 답장을 보내왔다.

"암은 피할 수 없는 인생의 불운한 현실일 뿐입니다. 암과 직장 내 노출은 무관합니다."

IBM 사장 루이스 걸슨은 말했다.

"암은 가장 흔한 사망원인입니다."

20년 전 태평양 저편의 노동자들도 법정으로 문제를 가져갔다. 판사와 IBM은 입을 모아 말했다.

"유감이지만 과학적 증거는 없습니다."

IBM은 증거가 될 'IBM 소속 직원들의 30년간의 사망기록'을 숨기고 있었다. 노동자들은 정보공개를 요구했다. 그 결과 기업 사망 자료를 분석해 IBM 소속 노동자들의 암 사망 위험이 일반인들에 비해 114.6%(여성 기준)나 높다는 것을 밝혔다.[5] 그러나 2003년 IBM을 상대로 한 제임스 무어와 에르난데스[6]의 소송은 패소했다. 재판 담당 판사는 이 분석 결과가 편견에 차 있다며 증거로 채택하지 않았다.

고환암에 걸린 IBM 노동자 크리스램은 말했다.

"저 말고도 두 사람이 고환암에 걸려 생명을 잃었습니다. 우리는 같은 곳에서 같은 기간 동안 일했습니다."

"그게 무엇을 의미하지요?"

"무언가 잘못됐다는 걸 말하죠."

잘못된 일은 세계 곳곳에서 빈번하게 일어나고 있다.

1979년 캘리포니아 시그네틱스 공장 직원 4명은 이상한 인사발령을 받았다. 1년 동안 아무 일도 하지 않고 공장 식당에 앉아 있으라는 발령이었다. 4명의 노동자들은 독성이 있는 흄과 증기에 반복 노출되어왔다. 노출로 인해 건강에 이상이 생긴 노동자들에게 회사는 일하지 않아도 월급을 지급하겠다고 했다. 이로써 산재로 인한 노동손실일은 발생하지 않았다. 노동손실일 1천 일을 넘기지 않았기에 회사는 당국에 산재를 신고할 의무를 피해갈 수 있었다.

그럼에도 사건은 알려지고 미국 국립산업안전보건연구원NIOSH은 시그네틱스 공장을 조사했다. 전자산업에 이뤄진 최초의 건강 유해성 조사였다. 그러나 회사는 비협조적이었다. 결국 유해성 조사는 '더 자세한 조사가 필요하다'는 결론을 내며 끝이 났다. 추가조사는 이루어지지 않았다.

대만 RCA 타오위안 공장은 20년 동안 독성물질을 불법 배출했다. 1990년대 초 이 사실이 밝혀졌다. 공장으로부터 2km 떨어진 곳의 지하수조차 식수 안전 기준치의 1천 배가 넘는 TCE로 오염되어 있었다. 공장 기숙사에 거주한 RCA 노동자들은 필터를 거치지 않은 지하수, 즉 독극물을 식수로 사용했다. 216명에 이르는 노동자들이 암으로 사망했다. 1천여 명의 노동자들은 각종 암에 걸렸다. 노동자들이 병에 걸리는 동안 사무실에서 일하는 관리자들은 외부에서 생수를 공급해 마셨다.

대만 환경보호국의 관리 아래 1996년부터 RCA는 공장 부지와 지하수를 정화하는 작업을 했다. 이 작업에 6백만 달러가 들었다. 그러나 RCA는 전직 노동자들 가운데 암 발생자가 있다는 사실에는 관심을 두지 않았다. 정부기관인 환경보호국 또한 마찬가지였다. 현재 RCA는 대만을 떠나 더 값싼 노동력이 있는 태국과 중국으로 공장을

에필로그: 절대 잊지 않겠습니다

이전했다. 피해 노동자들은 어떤 보상도 받지 못했다.

낙후하고 유해한 산업은 한국으로도 넘어왔다. 화학물질에 의한 중독은 국내에서도 큰 문제가 되었다. 1966년 원진레이온은 인조견사 생산기계를 일본으로부터 넘겨받았다. 일본 레이온공장은 이황화탄소 중독 문제가 사회화되자 설비를 한국으로 넘긴 것이다. 위험이 알려져 있음에도 한국 정부는 인조견사 생산에 대한 욕심으로 사업을 허가했다. 노동자들은 자비로 물안경과 천마스크를 구입해 착용했지만 이황화탄소에는 무방비 상태나 마찬가지였다. 전신마비와 언어장애, 정신이상 등의 증상을 보이는 이황화탄소 중독증이 1981년 발견되었지만, 원진레이온은 중독 사실을 은폐한 채 생산을 계속했다. 1986년, 노동부는 원진레이온에 2만 5천 시간 무재해 기록증을 발급한다.

그러나 1988년 7월 갓 창간한 《한겨레신문》이 원진레이온 공장의 유해 작업환경을 기사화하면서 원진레이온 직업병 문제가 사회적으로 알려지게 된다. 이후 335명이 산재를 인정받았다. 이황화탄소 중독은 10년의 잠복기를 가지고 있기에 앞으로도 얼마나 많은 피해자가 추가 발생될지 미지수다.

첨단산업이 만들어내는 이윤에 눈이 먼 정부는 무엇인가 잘못되었음을 알지 못했다. 아니 시인하지 않았다. 삼성 백혈병 문제가 수면 위에 오르던 2008년 정부는 삼성 기흥공장의 안전성을 인정하고 34조 규모의 기흥 반도체공장 증설사업을 서둘러 허가 내주었다.

과학의 힘을 빌린 전문가 단체, 연구집단도 그들의 편이 되어주지

2011년 3월 반도체·전자산업 산재사망 노동자 추모주간에 치러진 방진복 퍼포먼스. ⓒ 양희석

않았다. 오히려 전문가 집단은 첨단산업의 구미에 맞는 연구결과를 내놓기도 하였다. 삼성만 하더라도 미국의 컨설팅 회사 인바이런에 작업환경 조사를 맡겼다. 삼성의 돈이 투여되어 진행된 작업환경 조사는 '객관적'이고 '과학적'이라는 수식어를 달고 발표되었다. (조사를 수행한 '인바이런'은 간접흡연 위험, 납 사용규제, 고엽제 독성 등을 부정하는 연구를 해왔다. 물론 인바이런에 연구를 맡긴 이는 담배회사와 납을 사용하는 기업이다.)

노동자와 그 가족들은 아무것도 몰랐다. 자신이 쓰는 화학물질이 무엇인지, 자신의 작업장이 안전한지 알지 못했다. 안전이 무엇인지도 몰랐다. 열아홉 살에 반도체회사에 들어가, '안전'이란 '사고가 나지 않는 것'으로만 배웠다. 사고는 일하는 노동자가 내는 것으로 노동자가 잘하면 그것이 '안전'이라고 했다. 사고가 나고 생산이 멈추는 것이 가장 유해한 일이라 배웠다. 유해물질을 알고, 유해물질을 사용하지 않을 권리가 진정한 의미의 '안전'이라는 말은 없었다. 병들고 죽어갔다. 생명을 위협받은 노동자들은 무언가 잘못되고 있음을 깨달았다. 기업과 정부, 전문가 단체가 입을 모아 '우연'이라 말할 동안 진실을 밝히려는 노동자들은 늘어났다. 그들은 반도체기업과 이 기업을 지원하는 정부의 말을 곧이듣지 않았다. 직업병임을 알고, 산재보상 신청을 하고, 목소리를 냈다.

IBM을 상대로 싸운 무어와 에르난데스는 패소했다. 그러나 이 소송을 계기로 IBM 노동자들의 건강과 환경 문제가 사회적으로 알려졌다. 결국 IBM은 클린룸의 공정 대부분을 자동화했고, 염화에틸렌, 글리콜에텔 등의 사용을 금지했다. 현재 IBM에 대해 지역 환경오염의 책임을 묻는 집단소송이 이뤄지고 있다.

대만 RCA 노동자들은 'RCA 노동자 상조회', '대만 산업재해 피해자 연합'을 만들었다. 이들은 노동자들에게 '경제도약'을 위한 희생을 강요하는 정부에 항의하며 환경과 산재에 관한 법률 개정을 이뤄내고 있다.

2003년 재판에서 패소한 IBM 노동자 알리다 에르난데스는 이렇게 말했다.

"나는 가난한 집에서 태어났으니 가난한 채로 죽는 건 두렵지 않아요. 내가 반도체산업의 비밀을 조금이라도 벗겨낼 기회를 가졌다는 게 자랑스러워요. 제임스 무어와 나, 그리고 많은 다른 사람들이 겪은 고통을 미래의 다른 사람들은 겪지 않을 수도 있을 테니까요."

2007년 만들어진 '반도체 노동자의 인권과 건강 지킴이, 반올림'은 현재 100여 명의 피해 제보를 확보했다.

삼성반도체 직업병 피해자들은 묻곤 한다.

"이제는 그런 일이 없겠죠?"

그 답은 "이제는 그런 일이 없겠죠?"라고 되묻던 이들이 스스로 만들어가고 있다. 반도체공장은 서서히 변해간다. 소리 내지 않을 뿐이다. 안전장비들이 증비되고 독성이 완화된 약품이 대체 사용된다. '회사와 연관 없다는 말로 외부에 대응'하지만 작업현장에서는 '기존에 없던 안전규칙이 생겨나기 시작'한다.[7] 이런 변화를 만든 것은 이건희 회장으로 대표되는 무소불위의 권력이 아니다. 국가도 전문가도 아니다. 회사의 이윤, 국가경쟁력의 논리, 전문가의 권위에 눌려 제 몸 하나 돌볼 수 없던 노동자들이다.

이들은 단 하나의 사실만을 알고 싸웠다. 병들고 죽어간 이가 있다. 이들은 누군가의 소중한 가족이다. 그것은 삼성, 그리고 노동착취와 통제, 철저한 비밀유지를 통하여 노동자들로부터 이윤을 착취하고 있는 모든 전자산업(어쩌면 더 많은 분야) 기업들이 알지 못한 사실이다.

2010. 8. 7. 정애정(아들 황희준), 연미정, 김시녀, 그리고 반올림이 함께 있다. 누구보다 서로의 아픈 부분을 잘 아는 이들은 위로하고 다독인다. 반올림과 반도체 직업병 노동자, 그 가족들은 이렇게 또 하나의 가족을 이루었다. ⓒ 오렌지가좋아

이제는 그런 일이 없겠죠?

그럼에도 가야 할 길은 멀다. 아쉽지만 "이제는 그런 일이 없겠죠?"라는 말에 흔쾌히 대답할 수는 없다.

유해물질은 사라지지 않았다. 다만 이전되었다. 노후한 설비, 유독한 물질을 사용하는 공정은 이전된다. 외부 하청업체 직원, 임시 계약직, 이주노동자의 몫으로 전가된다. 원청과 하청의 위계화된 서열 속에서 위험은 밑바닥 노동자들에게 흘러간다. 밖으로는 개발도상국[8]에 반도체산업의 그늘을 넓혀간다. 사용 화학물질 정보를 공

개하지 않아도 되는 허술한 안전규제, 저렴한 노동력이 있는 곳으로 이동한다. 몇 십 년 전, 첨단산업을 주도한 국제기업들이 취했던 모습 그대로다. 우리가 겪은 일은 10년 전 미국 IBM 노동자들이 겪은 일이며, 중국이나 제3세계 노동자들이 10년 후에 겪게 될 일이다.

10년 전 거대기업의 반대편에 서, 일하는 이들은 말했다. 위험하다고. 우리가 죽어간다고. 오늘날 한국의 반도체 노동자들은 이야기한다.

"우리는 반도체의 그늘에 대해 쉼 없이 이야기해야 한다. 너무 늦어 버리기 전에."[9]

하고 싶은 말은?
이건희 죽어. ─한혜경

하고 싶은 말은?
다시 시간을 되돌릴 수 있다면 삼성에 가지 않을 거예요. ─유명화

하고 싶은 말은?
만약 노동조합이 있었다면 내 딸은 안 죽었어요. 노동조합에서 사람들이 이렇게 많이 병이 걸리게 놔뒀겠어요? 노동조합이 생길 때까지, 노동자가 안전할 때까지 파헤치고 싸울 거예요. ─황상기

하고 싶은 말은?

제가 일했던 회사는 이익을 남기기 위해서 노동자들의 건강 같은 거는 안중에도 없었어요. 우리에게 인권이니 건강이니 하는 문제를 알려준 사람도 없었고요. 이제는 달라져야 해요. 알릴 거예요. ―정애정

하고 싶은 말은?

이런 일을 다른 부모들은 겪지 않는 편안한 세상이 왔으면 좋겠어요. 그리고…… 우리 딸 너무 예쁘고 진짜 사랑해. 가엾고. ―김시녀

우리가 기억해야 할 삼성의 노동자들

(삼성전자·반도체 피해자 제보 현황, 2011년 3월 6일 기준)
출처: 반올림(반도체 노동자의 건강과 인권 지킴이)

삼성전자 · 반도체(기흥공장, 온양공장) (총73명/사망자 25명)

1. 고 황유미 1985년생, 여성, 기흥, 3라인 디퓨전 공정 세척(식각), 2005년 6월 백혈병 발병, 2007년 3월 6일 사망(향년 23세)
2. 고 이숙영 1976년생, 여성, 기흥, 3라인 디퓨전 공정 세척, 2006년 8월 17일 백혈병(악성 림프종)으로 사망(향년 31세)
3. 고 황민웅 1974년생, 남성, 기흥, 1, 5라인 CMP 설비 엔지니어, 2005년 7월 23일 백혈병으로 사망(향년 32세)
4. 고 주교철 1960년생, 남성, 기흥, 1~6라인 디퓨전 공정 엔지니어, 2006년 급성 골수성 백혈병 진단, 2010년 11월 14일 사망(향년 51세)
5. 고 남택○ 남성, 기흥, 6라인 식각 공정 엔지니어, 흑색종 투병 중 2008년 사망 (30대)
6. 고 김경미 1980년생, 여성, 기흥, 2, 3라인 식각 공정, 2009년 백혈병으로 사망(향년 30세)
7. 고 ○○○ 1970년생, 여성, 기흥, 1988년 입사, 2002년 백혈병 진단, 2003년 5월 3일 사망(향년 34세)
8. 고 윤은진 1980년생, 여성, 기흥, 2000년 입사, 세척, 2003년 8월 28일 백혈병으로 사망(향년 24세)
9. 고 최혜○ 1976년생, 여성, 기흥, 1994년 입사, 1995년 백혈병으로 사망(향년 20세)
10. 고 권○○ 1973년생, 남성, 기흥연구소, 12년간 근무, 2010년 12월 12일 백혈병으로 사망(향년 38세)
11. 고 이민○ 1968년생, 남성, 기흥, 4라인 엔지니어, 2000년 백혈병 발병,

2001년 사망(향년 34세)
12. 고 홍정○ 1984년생, 기흥, 공정 엔지니어, 2002년 중증 빈혈 치료 중 자살(향년 19세)
13. 고 김재○ 여성, 기흥, 1라인 디퓨전 공정, 2006년경 상세불명암으로 사망(30대)
14. 고 ○○○ 여성, 기흥, 3라인 스테파/포토 공정, 쌍둥이 유산 후 암 진단, 6개월 만에 사망
15. 고 소○○ 여성, 기흥, 5라인 포토 공정, 2010년 난소암으로 사망(향년 31세)
16. 고 이○훈 남성, 기흥, 엔지니어, 1997년 위암으로 사망(향년 34세)
17. 고 ○○○ 1970년생, 여성, 1988년 입사, 2000년 백혈병 진단, 2000년 10월 2일 사망(향년 31세)
18. 고 ○○○ 1974년생, 여성, 생산직, 재생 불량성 빈혈로 1996년 12월 6일 사망(향년 23세)
19. 고 ○○○ 1978년생, 여성, 생산직, 1995년 입사, 2004년에 백혈병 진단받고 그해 12월 3일 사망(향년 27세)
20. 고 ○○○ 남성, 기흥, 반도체 엔지니어, 폐암 사망(향년 33세)
21. 고 박지연 1987년생, 여성, 온양, 엑스레이 검사, 2010년 3월 31일 백혈병으로 사망(향년 24세)
22. 고 ○○○ 여성, 생산직, 온양, 1994년 입사, 2007년 백혈병 진단, 2009년 11월 25일 사망(향년 35세)
23. 고 주재○ 남성, 생산직, 온양, 10년간 근무, 2009년 9월 혈액 이상으로 사망
24. 고 박미○ 여성, 생산직, 부천/온양, 검사, 1988~1993년 근무, 2006년 골육종으로 사망
25. 고 ○○○ 여성, 생산직, 온양, 검사과 고온 테스트, 1990년대 중반 피부암으로 사망
26. 한수영(가명) 1969년생, 남성, 기흥, 디퓨전 공정 엔지니어, 베게너육아종증 진단(34세)
27. 오상근 1959년생, 남성, 기흥, 1~6라인 임플란타 엔지니어, 1983년 입사, 2001년 뇌종양 진단
28. 신송희 1979년생, 여성, 기흥, 6~8라인, 웨이퍼 검사, 2009년 유방암 진단(31세)
29. 나경○ 1976년생, 여성, 기흥, 1993년 입사, 1라인 식각, 1998년 악성 림프종 진단

30. 조성○ 1976년생, 여성, 기흥, 6라인 디퓨전 공정, 신 필름, 염증성 다발 신경병증 진단
31. 정○○ 1985년생, 여성, 기흥, 검사부서, 2010년 백혈병 진단(26세)
32. 김○○ 1985년생, 여성, 기흥, 2003년 입사, 분석, 2007년 자궁경부이형성증 진단(23세)
33. 김난○ 20대, 여성, 기흥, 1라인 디퓨전 공정, 2004년 악성 림프종 진단
34. 유○○ 1985년생, 여성, 기흥, 2003년 입사, EDS, 2007년 뇌종양 진단(23세)
35. 김혜○ 30대, 여성, 기흥, 2라인 화학증착 공정, 신 필름, 두경부 종양으로 현재 투병 중
36. 박○○ 1977년생, 남성, 기흥, 엔지니어, 2007년 림프종 진단(31세)
37. 이윤성 1973년생, 남성, 기흥, 5라인 화학증착 공정 엔지니어로 17년간 근무, 루게릭병 진단
38. 강○○ 1969년생, 남성, 기흥, 설비 엔지니어, 1999년 백혈병 진단(31세)
39. 양성○ 1973년생, 남성, 기흥, 포토 공정 엔지니어, 2009년 백혈병 진단(37세)
40. ○○○ 여성, 기흥, 포토 공정, 자녀가 백혈병으로 투병 중
41. 윤○○ 남성, 기흥, 전산직 엔지니어, 10년간 근무, 2003년 흑색종 발병
42. ○○○ 여성, 기흥, 5라인, 유방암 발병(30대 초반), 치료 중
43. 박효○ 여성, 기흥, 2000년 초까지 4년간 근무 후 퇴사, 2010년 림프종 4기 진단, 투병 중
44. 정○구 1972년생, 여성, 부천, 식각 공정, 4년간 근무, 피부 질환, 2003년 유방암 진단
45. ○○○ 1975년생, 여성, 1994년 입사, 2004년 악성림프종 진단
46. 강○○ 1959년생, 남성, 2007년 백혈병 진단
47. 김○○ 여성, 기흥, 1라인, 백혈구 이상 증가로 퇴직(20대 초반)
48. ○○○ 1959년생, 남성, 엔지니어(전문가), 1999년 악성 림프종 진단
49. ○○○ 1960년생, 남성, 엔지니어(전문가), 2004년 악성 림프종 진단
50. ○○○ 1966년생, 남성, 2003년 악성 림프종 진단
51. ○○○ 1969년생, 여성, 2005년 백혈병 진단
52. ○○○ 1969년생, 남성, 2001년 7월 림프종 진단
53. ○○○ 1973년생, 여성, 생산직, 2004년 7월 백혈병 진단
54. ○○○ 여성, 생산직, 2000년 입사, 2006년 퇴사, 2010년 5월 백혈병 진단, 치료 중
55. 김옥이 1969년생, 여성, 온양, 절단·절곡, 퇴직 후 2005년 급성 골수구성 백

혈병 진단
56. 송창호 1970년생, 남성, 온양, 도금, 6년간 근무, 퇴직 후 2008년 악성림프종 진단
57. ○○○ 남성, 생산직, 온양, 송창호와 함께 근무, 30대에 눈의 종양 진단
58. ○○○ 남성, 생산직, 온양, 송창호와 함께 근무, 30대에 간암 진단
59. 이윤정 1980년생, 여성, 온양, 고온 테스트, 퇴직 후 2010년 5월 뇌암(악성 뇌종양) 진단
60. 유명화 1982년생, 여성, 온양, 고온 테스트, 2001년 중증 재생 불량성 빈혈 진단(20세), 투병 중
61. 이해○ 여성, 온양, 마킹/고온 테스트, 퇴직 후 2005년 직장암 진단(30대 초반)
62. 김○○ 여성, 온양, 마킹/고온 테스트, 2010년 자궁경부암 진단(26세)
63. ○○○ 온양, 마킹/고온 테스트, 1987년 입사, 2003년 퇴사, 2005년 유방암 3기 진단
64. 조○○ 온양, 검사과, 2005년 악성 림프종 진단, 완치
65. 강○○ 온양, 고온 접착(와이어 본딩), 2005년 뇌종양 진단
66. 양○○ 온양, 모듈과 검사, 뇌종양 진단
67. ○○○ 1980년생, 여성, 생산직, 1997년 입사, 2005년 악성 림프종 진단
68. 김○○ 1976년생, 여성, 온양, 절단 · 절곡/납 도금, 2008년 재생 불량성 빈혈 진단
69. ○○○ 온양, 결혼 후 자녀의 생식기 기형
70. ○○○ 여성, 온양, 팹 공정, 2005년 입사, 2010년 유방암 2기 진단
71. ○○○ 여성, 생산직, 1990년부터 마킹, 고온 테스트, 7년간 근무, 가슴 답답증, 호흡 곤란증
72. ○○○ 여성, 생산직, 기흥, 다발 경화증 투병 중
73. ○○○ 남성, 기흥, 2004년 림프종 진단(34세)

삼성전자 LCD사업부(기흥공장, 천안공장, 탕정공장)(총14명/사망자 5명)
74. 고 연제욱 1982년생, 남성, LCD 탕정, 설비 엔지니어, 2009년 종격동암으로 사망(향년 28세)
75. 고 ○○○ 남성, LCD 천안, 2008년 뇌종양 진단, 2010년 사망(향년 31세)
76. 고 김주현 1986년생, 남성, LCD 천안, 업무 스트레스로 인한 우울증으로 2011년 1월 11일 자살(향년 26세)
77. 고 김선○ 40대, 여성, LCD 기흥, 청소, 위암으로 2008년 12월 5일 사망(향

년 45세)
78. 고 ○○○ 20대, 남성, LCD 기흥, 1998년 입사, 2001년 백혈병 진단, 2002년 6월 사망(향년 23세)
79. 한혜경 1978년생, 여성, LCD 기흥, 모듈과 납땜, 2005년 뇌종양 진단, 현재 장애1급
80. 박○○ 20대, 여성, LCD 기흥, 모듈과 근무 후 불임으로 퇴사
81. 김○○ 20대, 여성, LCD 기흥, 모듈과 납땜, 다발 경화증 진단, 투병 중
82. 이희진 1984년생, 여성, LCD 천안, LCD 패널 화질 · 색상 패턴 검사, 2008년 다발 경화증 진단, 투병 중
83. 김윤○ 여성, LCD 천안, 컬러필터 생산직, 만성 골수성 백혈병 진단(26세), 투병 중
84. 윤슬○ 여성, LCD 천안, 1999년 중증 재생 불량성 빈혈 진단
85. 방현○ 여성, LCD 천안, 신경계 질환과 공황장애 진단
86. ○○○ 여성, 생산직, LCD 천안, 백혈병 진단(20대, 쌍둥이 중 1명)
87. ○○○ 여성, 생산직, LCD 천안, 2006년 백혈병 진단

삼성전자 휴대폰(구미공장 무선사업부)(총3명/사망자 2명)
88. 고 ○○○ 여성, 7년간 핸드폰 조립/납땜, 2005년 상세불명암으로 12월 사망 (향년 28세)
89. 고 이상○ 남성, 핸드폰 생산, 재생 불량성 빈혈로 2000년 사망(향년 27세)
90. 김수○ 여성, 핸드폰 검사, 급성 림프구성 백혈병 진단(24세)

삼성전자(기타)(총 6명/사망자 4명)
91. 고 이상해 남성, 삼성전자 수원, 디스플레이 개발팀 연구원, 2005년 백혈병으로 사망
92. 고 ○○○ 남성, 삼성전자 수원, DVD 연구원, 2008년 뇌종양 진단, 2009년 4월 사망(향년 46세)
93. 고 이미○ 여성, 수원, 1998년 만성 백혈병 진단, 2004년 4월 사망
94. 고 ○○○ 남성, 2008년 4월 급성 백혈병으로 사망(40대)
95. ○○○ 여성, 삼성전자 근무 중 1995년 만성 백혈병 진단(21세), 투병 중
96. ○○○ 여성, 삼성전자 근무 중 안구건조증, 불임

삼성전기(총11명/사망자 7명)

97. 고 도○헌 20대, 남성, 부산, 회로기판 제조, 2007년 백혈병으로 사망(향년 27세)
98. 고 김○정 20대, 여성, 조치원, 생산직, 2006년에 백혈병 진단받고 사망(향년 23세)
99. 고 최미희 1976년생, 여성, 연구원, 만성 백혈병 진단(27세)받고 2009년 10월 21일 사망(향년 34세)
100. 고 ○○○ 여성, 1990년대 입사, 화학약품·방사선 취급, 2005년 백혈병으로 사망
101. 고 ○○○ 여성, 4년간 CRT 제조, 2008년 자궁암으로 사망
102. 고 이은○ 30대, 여성, 수원, 튜너과 칩 불량검사/세척, 2010년 4월 3일 난소암으로 사망
103. 고 홍○표 30대, 남성, 수원, PKG 엔지니어, 2010년 10월 3일 흑색종(육종)으로 사망
104. ○○○ 여성, 연구원, 화학 및 방사선 연구, 재생 불량성 빈혈 진단(최미희 동료)
105. 권○○ 30대 여성, 조치원, 회로기판 검사(엑스레이선), 2007년 만성 백혈병 진단
106. ○○○ 남성, 엔지니어, 7년간 근무, 공황장애
107. 장○○ 3년간 근무, 1988년 일본 연수 중 심한 감시로 정신분열증 진단, 22년간 투병

삼성SDI(구 삼성전관)(총8명/사망자 2명)

108. 고 박진혁 1978년생, 남성, 울산(하청), 전자부품 세척, 2005년 11월 급성 림프구성 백혈병으로 사망(향년 28세)
109. 고 ○○○ 수원, TV브라운관 생산직, 11년간 근무, 2007년 다발 골수종으로 사망
110. ○○○ 여성, 울산, 휴대폰 생산직, 2년간 근무, 2005년 8월 급성 백혈병 진단
111. 김송○ 울산, TV브라운관 생산직, 약품 취급, 2009년 코암(비인강암) 진단
112. ○○○ 울산, 제조2공장 생산직 근무 중 만성 골수성 백혈병 진단
113. 한○○ 여성, 울산, 생산직, 기판에이징(고온 검사), 전자파 노출, 루프스 진단
114. ○○○ 여성, 울산, 생산직, 휴대폰 VDF 검사, 폐암 진단(20대 초반)
115. ○○○ 여성, 브라운관 생산직, 결혼 직후 백혈병 진단

| 미주 |

추천글 : 이것은 책이 아니다. 분노이자 절규이다
1) 라이너 마리아 릴케, 김재혁 옮김, 《전집1》, 책세상, 2002년, 432쪽.

프롤로그 : 잊지 말아야 할 사람들
1) 이것은 근로기준법 상의 기숙사 규정 위반이다. 근무시간이 다른 근로자를 동일한 방에 기숙하는 것은 법에 어긋난다(시행령 제53조 취업시간을 달리하는 2개 조 이상의 근로자를 동일한 침실에 기숙시켜서는 아니 된다).
2) 반도체 현장에서 일하는 이들은 설비와 공정 기술을 담당하는 엔지니어, 즉 기술자와 생산직 오퍼레이터들이다. 오퍼레이터는 대부분 여성들로 이루어져 있다. 엔지니어는 설비 유지보수를 담당하는 설비 엔지니어와 공정관리를 담당하는 공정 엔지니어로 나뉜다.
3) 이숙영, 황유미 씨의 조 선배이다. 기흥공장 3라인 디퓨전 공정에서 웨이퍼를 세척하는 일을 담당했으며, 2006년 백혈병으로 사망했다. 당시 나이는 31세였다.
4) '산업재해'의 준말. 산업재해란 노동과정에서 업무상 일어난 사고 또는 직업병으로 말미암아 노동자가 받는 신체적·정신적 손해를 말한다. 산업재해에 대한 보상 및 배상을 법으로 명시한 '산업재해보상보험법'이 1963년에 제정되었다. 산업재해보상보험법의 취지는 노동자의 업무상의 재해를 신속하고 공정하게 보상하고, 재해 노동자의 재활 및 사회복귀를 촉진하기 위함이다.
5) 반올림(반도체 노동자의 건강과 인권 지킴이). 2007년도 당시 명칭은 '삼성반도체 집단 백혈병 진상규명과 노동기본권 확보를 위한 대책위원회'였으나, 반도체산업 전반의 산재 문제를 알리고자 지금의 이름으로 변경했다. 건강한노동세상, 다산인권

센터, 민주노총 경기본부, 민주노동당, 사회당, 산업재해노동자협의회, 원진노동안전보건교육센터, 전국금속노동조합, 진보신당, 한국노동안전보건연구소 등 각계의 사회·인권단체가 참여하고 있다.

6) 삼성반도체 총괄 그룹 홍보 직원은 "1997년 최초 발병 이래 모두 6명이 백혈병에 걸렸고, 이 중 1명은 완치돼 다시 근무를 하고 있다. 황유미, 이숙영 씨만 화학물질을 직접 취급하는 생산라인 근무직이고, 나머지 4명은 관리직과 엔지니어이다. 유가족들이 주장하는 것처럼 백혈병을 유발하는 물질과는 전혀 연관성이 없다"라고 설명했다(《민중의 소리》, "세계일류 삼성반도체 산업재해 은폐하려 했나?", 2007년 3월 26일 자 참조). 이후 삼성 직업병 문제가 알려지면서 관리직을 포함한 공정·설비보수를 담당하는 엔지니어 또한 생산라인에서 작업하며 작업 중에 화학물질을 취급한다는 사실이 밝혀졌다.

1 삼성이 숨기고 싶은 사람들—또 하나의 가족은 없었다

1 그녀에겐 시간이 얼마 없다

1) 같은 업무를 했던 유명화 씨는 이렇게 증언한다. "긴급 런이거나 우리 조가 교대할 시간이 되면 바쁜 거예요. 시간이 촉박하면 손으로 다 '따기' 시작하는 거예요. 보드판에 반도체 칩이 심어져 있어서 보드를 기계에 넣으면 기계가 칩을 눌러서 빼는데, 이걸 '딴다' 그러거든요. 그런데 그걸 일일이 손으로 누르면서 따는 거예요. 보드판 하나는 기계에 넣어 따고 다른 하나는 사람이 따는 거죠. 동시에 해서 시간 절약하게. 손목에 무리가 가죠. 숙달돼서 기계보다 빨리 하는 언니들도 있었어요."

2 아무도 의심하지 않았다

1) 다음은 신송희 씨의 '산재신청 진술서' 일부이다.
   문) 귀하가 삼성전자 재직 당시 개인적으로 신경을 많이 쓰거나 힘들어했던 부분은 없었습니까?
   답) 라인에서 일할 때 빨리빨리 해서 런들이 쌓이지 않고 설비가 멈추지 않고 작업을 해야 할 텐데 하고 늘 마음 졸이고 일하면서 스트레스를 많이 받았습니다.

또 잠들려고 할 때면 늘 라인 걱정에 잠 못 이루기 일쑤였고, 잠을 자도 잔 것 같지 않고 눈뜨는 순간 한숨이 나왔습니다. 라인에서 근무하면서 숨을 쉴 때 역겨운 냄새들로 비위가 틀어지고, 죽고 싶다는 마음으로 정말 어쩔 수 없이 하루하루를 억지로 버티는 것이 가장 고통이었습니다.

2) 보통 반도체 클린룸에는 파티클이 1클래스 정도로 유지된다. 1클래스는 $1m^3$ 안에 먼지가 하나 들어 있는 상태를 가리킨다.

3) 《한겨레 21》 "삼성 백혈병…… '환경수첩'은 알고 있다", 811호. 2010년 5월 17일 자.

4) 천안·탕정공장은 삼성전자 사업장이며, 이들 공장 또한 반도체공장과 유사한 라인, 화학물질을 사용한다.

5) "60초 이내의 작업 사이클 중 40초라는 짧은 시간에 육안을 이용한 잔상을 검사하고, 머리와 목을 2~3초 내에 모든 방향으로 회전하고 굽혔다 폈다를 반복해야 하는 업무는 머리와 목 부위뿐만 아니라 안구피로와 정신적인 스트레스를 줄 가능성이 있다. …… 요컨대 이희진의 작업조건과 업무내용은 충분히 신체적·정신적으로 스트레스를 받을 만한 조건으로 판단되나, 현재 스트레스와 다발 경화증에 대한 업무 관련성을 판단할 만한 충분한 의학적 검토가 이루어지지 않은 상황에서 업무 관련성이 높다고 단언하기에 무리가 있다고 판단되며……" (이희진 씨에 관한 산보연의 "역학조사 결과보고" 중)

6)
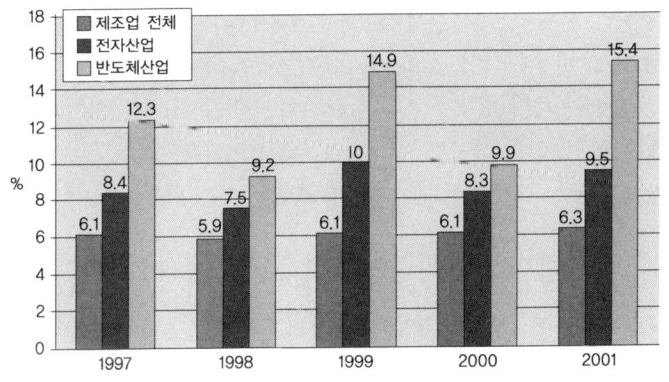

4 사진 속 여자는 늘 울고 있었다

1) 삼성전자 LCD사업부 천안공장 엔지니어 고 김주현 씨가 쓴 2010년 1월 6일 자 연수일지의 시간표를 보면 연수원의 하루 일과는 다음과 같다. "8~12시: 삼성 경영철학 강의, 1~3시: LCD사업부 소개, 3~5시: 기숙사생활 안내, 5~6시: LCD 공정 용어시험."
2) 송윤희, "반도체 산업 내 보건문제와 특수검진" 참고.
3) 국제회계기준IFRS 실적발표에 따르면 삼성전자의 2010년 1분기 순이익은 2조 7800억 원이다.
4) 크롬은 도금할 때 쓰는 약품이다. 반도체산업에서는 반도체 칩을 회로기판에 꽂을 때 다리(리드 프레임)를 사용하는데, 이 다리를 도금할 때 크롬이 필요하다.
5) 감광제PR는 웨이퍼에 산화막을 입히고 이 산화막을 입힌 면에 회로를 새길 때 사용하는 물질이다.

2 침묵하는 공장 —그곳에 사람은 없었다

5 냄새만 맡아도 불임이 된다는 화학물질들

1) HF에 한번 노출되면 기도나 폐가 손상되는데, 코의 점막과 눈의 결막이나 기도에 자극을 주고, 폐부종, 폐의 출혈성 수종, 기관지염, 췌장의 출혈 및 괴사가 보고되는 약품이다. 반복 노출되면 뼈에 불소를 침착시켜 뼈밀도를 증가시키고 뼈의 형태 변화를 일으키며, 기억 상실, 뇌하수체로부터 갑상선 기능 이상을 일으킨다.
2) 이것은 책제목이다. 최영락·이은경, 《세계 1위 메이드인 코리아 반도체》, 지성사, 2004년.
3) 삼성에서 처음으로 만든 메모리가 64kb DRAM이기에 행군의 명칭이 '64km 행군'이 되었다고 한다.
4) 디보란은 호흡기를 자극해 폐수종, 폐렴, 기관지에 영향을 일으키는 독성물질로 반복적으로 노출할 때는 신경계 중독이 나타난다.
5) Immediately Dangerous to Life or Health. 미국 노동안전보건청이 정한, 특정 화학물질이 특정 농도에서 즉각적으로 인체의 생명이나 건강에 영향을 미친다고 판

단하는 기준.
6) 노사협의회가 요구한 직원교육 시간도 삼성은 '인사부서장의 교육시간'으로 대체 가능하다는 의견으로 묵살했으며, '기본적으로 집합에 의한 노사관계 교육은 신중을 기하'라며 우려를 표했다. 김기원(한국방송통신대 경제학과 교수), "삼성재벌의 노사관계", 《진보평론》, 2003년 참고.
7) 반면 회사의 뜻을 거스를 경우에는 철저하게 배제당한다. 노사협의회 운영위원으로 여사원 유산 문제를 해결하려다가 삼성으로부터 징계와 감시를 당한 박종태 대리 사건이 있다. 사내 전산망에 노조설립을 촉구하는 글을 올린 노사협의회 위원 박종태 대리는 회사의 해외출장 명령, 빈 사무실 근무 등에 시달리다가 해고되었다.

6 자살방지용 방범창이 있는 기숙사

1) 삼성전자 연수기간 동안 사용한 김주현 씨의 교육노트에서 발췌.
2) 김주현 씨의 의무기록 일지에서 발췌.
3) 동생이 죽고서야 기숙사를 방문해본 그(김정)는 "겉만 번지르르하지 안에 들어가면 보는 사람 가슴이 아프다"고 말했다.
"기숙사 한 호를 9명이 나눠 쓰는데 퀴퀴한 냄새가 심하게 났어요. 먼지가 굴러다니고 변기가 시커멨죠. 예전에 주현이가 기숙사에 사막같이 먼지가 굴러다닌다고 해서 제가 청소하라고 했더니 '내가 청소할 시간이 어디 있냐'고 화를 내더라고요. 복도에는 정수기가 하나 있는데, 한 층에 72명이 정수기 하나를 나눠 썼어요." 김명복 씨는 "우리 집 크기가 네 식구 살기에 좁은 편이어서 '기숙사 생활하면 호텔 같아서 좋겠다'고 했더니 아들이 아무 말도 안 하더라"며 고개를 떨어뜨렸다. 그는 "기숙사에 들어갔더니 수용소 같은 느낌이 들었다"며 "한 호에 방이 3개, 한 방에 침대가 3개였는데, 침대 3개를 나란히 놓으니 다니기가 비좁아 보였다"고 회상했다.(《프레시안》, "자살 한 달째, 삼성 노동자 고 김주현 씨 빈소", 2011년 2월 11일 자.)
4) 산업재해보상보험법 제36조 제1호에 따르면, "업무상 사유로 발생한 정신질환으로 치료를 받았거나 받고 있는 사람이 정신적 이상 상태에서 자해행위를 한 경우"에 산재보상보험을 받을 수 있다고 규정되어 있다.
5) 김주현 씨의 아버지 김명복 씨가 쓴 편지에서 인용.
6) 삼성은 그녀의 죽음 또한 모텔로 유가족을 불러 해결하려 했다.《미디어충청》, "'삼

성이 내 딸을 정신병자로 몰았다' …… 또 다른 투신자살", 2011년 3월 2일 자.
7) 40여 명의 집단자살자가 생겨난 중국 폭스콘의 환경이다. 대규모의 자살자를 발생시킨 폭스콘의 환경은 삼성반도체와 흡사하다. 유사한 노동환경에서 일어난 대규모 자살사건은 노동자들의 정신적 건강에 노동환경이 어떠한 영향을 끼치는지를 보여준다. 공유정옥, 《참세상》 1월 19일 자 칼럼에서 인용.
8) 연제욱 씨가 기숙사를 나와 아파트로 이사를 한 이유는 기숙사 방을 함께 쓰던 동료가 자살했기 때문이다.

3 끝나지 않은 싸움 —진실을 돈으로 덮으려는 자들

7 유독물질은 영업비밀이다

1) 《시사인》, "서울대 역학조사가 삼성을 쏘았다", 2011년 7월 5일 자, 제198호, 백도명 교수 인터뷰 중.
2) 《한겨레21》, "삼성의 태도 반올림될까", 2011년 7월 11일 자, 제868호.
3) 《미디어충청》, "백혈병으로 생사 갈림길, 그 곁에 있는 삼성", 2010년 3월 30일 자.
4) 앞의 글.
5) 이에 대해 김충곤 삼성전자 홍보실 과장은 '도움을 드리기 위해 이야기를 하던 과정에서 그런 식으로 이야기가 나오지 않았겠느냐'라고 말하며 정확한 사실은 자신도 알지 못한다고 덧붙였다. 《시사인》, "끝나지 않은 그녀 이야기", 2010년 10월 8일 자, 제160호.
6) 반도체총괄 시스템 LSI사업부 인사그룹 관계자와 경영지원실 홍보그룹 관계자의 발언. 《민중의 소리》, "세계 일류 삼성반도체, 산업재해 은폐하려 했나?", 2007년 3월 26일 자.
7) 연미정 씨 사례. 147쪽 참조.
8) 황상기 씨는 삼성이 돈을 제시할 때의 대화 내용을 녹음했다. 이 내용은 KBS 시사 프로그램 〈추적 60분〉을 통해 공개됐다. 삼성은 곧 해명을 했다. "그것은 삼성 직원 개인의 생각이지, 삼성의 입장은 아니다." 일개 직원이 회사의 의사와 무관하게 억 단위 금액을 입에 올릴 수 있는가에 대한 의심이 이어졌다.

8 삼성이 거짓말할 기업으로 보입니까?

1) 근로복지공단 심사위원회는 김옥이, 황유미, 송창호, 황민웅, 이숙영, 김경미, 신송희, 이희진, 한혜경이 신청한 산업재해 보상보험 신청을 불승인했다.

2) 'ISO 14001'은 국제표준화기구(ISO, International Organization for Standardization) 기술위원회(TC 207)에서 제정한 환경경영체제에 관한 국제표준으로, 환경정책과 관련된 기업의 인증제도이다. 기업이 해당 환경법규 또는 국제기준을 단순히 준수할 뿐만 아니라 환경방침, 추진계획, 실행 및 시정조치, 경영자 검토, 지속적 개선들의 포괄적인 환경경영을 실시하고 있는가를 평가하는 기준으로 사용된다. 'OHSAS 18001'은 직업건강안전관리체계인증(OHSAS, Occupational Health and Safety Management System)으로 18001(적용요건)에 관한 국제표준 인증제도이다.

3) 반올림이 조사한 96명은 지난 15년 동안 발병한 수이다. 정부의 조사기간인 10년과 차이를 보이는 것은 이후 국정감사에서 해명되었다. 이종란 노무사는 "15년 동안의 결과이긴 하지만, 공단의 수치와 비교해봤을 때 거의 3배가 차이난다"고 밝혔다.

4) Health Worker's Effect. 신체적 손상이나 질병을 겪는 사람이 고용되지 않을 뿐만 아니라, 신체적·정신적 손상이 있는 노동자는 해고되거나 이직하기 때문에, 건강한 노동자만이 고용 상태를 유지한다는 것을 말한다. 결국 일반 국민 집단보다 노동자 집단이 더 건강함을 의미한다.

5) 《프레시안》, "한국 의사의 국제상 수상, 언론에 보도 안 된 이유", 2010년 9월 24일자, 공유정옥 인터뷰 중.

6) 2010년 10월 5일 기자회견에서 한 발언.

7) ppm은 100만분의 1을 나타내는 단위로, 어떤 양이 전체의 100만분의 몇을 차지하는가를 나타낼 때 사용된다. 과거 국내 벤젠 노출도 기준은 10ppm이었다. 미국의 노출도 기준은 우리나라의 10분의 1인 0.1ppm이다. 미국과 한국의 기준이 크게 다름은 물론, 발암물질의 위험 노출기준이란 '노출되어도 거의 모든 노동자(nearly all workers)들이 건강에 나쁜 영향을 받지 않을 것으로 믿어지는 기준'을 뜻한다(미국산업위생협회 기준). 상대적으로 면역력이 약한 사람은 '거의 모든 노동자'에 속하지 않는다. 게다가 발암물질은 역치(어떤 반응을 일으키는 최소한의 자극의 세기)가 없다. 비발암물질은 소량에 노출되었을 경우 독성이 나타나기 전에 인체가 이를 극복할 수 있다고 한다. 그러나 유전자에 독성을 미치는 발암물질의 경우

낮은 농도의 노출도 유전자에 영향을 끼칠 수 있다. 방사선이 인체에 미치는 영향을 보아도 그 사실이 확인된다.

9 나, 끝까지 가보고 싶어

1) 인텔의 창업자 고든 무어가 제안한 '반도체 집적도가 18개월마다 2배씩 증가한다'는 법칙을 넘어, 삼성전자 · 반도체 황창규 총괄사장이 2002년 국제반도체회로 학술대회에서 '반도체 집적도가 1년에 2배씩 증가한다'는 새 이론을 제시했다. 이는 무엇보다, 반도체를 제작하는 설비와 작업환경이 그만큼 빠르게 변한다는 것을 뜻한다. 반도체산업의 빠른 성장은 반도체(가 사용되는) 제품의 교체시기가 빨라졌음을 의미한다. 기업은 끊임없이 소비하도록 부추기고, 반도체제품은 더 나은 기능을 지닌 새로운 모델로 시장에 나온다. 버려진 전자제품은 폐기되어 개발도상국으로 보내진다. 각종 유기용제를 함유한 폐기물(컴퓨터 모니터에는 평균 2~3kg의 납이 들어있다)들은 개발도상국의 환경과 노동자들의 건강을 해치고 있다. 이 또한 전자산업의 새로운 문제로 제기되고 있다.
2) 드라이클리닝, 금속탈지, 오일이나 합성수지의 용제에 사용되는 물질이다. 이 트리클로로에틸렌에 노출될 경우 발생하는 암종으로 간암, 담도암, 비호지킨 림프종, 신장암, 방광암, 자궁경부암, 다발 골수종, 전립선암 등이 알려져 있다.
3) 심지어 2005년 환경안전팀에서 인체 유해성 때문에 TCE를 다른 종류의 약품으로 바꾸자, 유해성을 모르는 작업자들은 세정력이 약해졌다며 기존 TCE를 지급해 달라고 요구했을 정도이다.

10 당신들이 우리의 고통을 아는가?

1) 1970년 여성 노동자들의 특징 중 일부이다. 김원, 《여공 1970, 그녀들의 반역사》, 이매진, 2006년 참고.

에필로그: 절대 잊지 않겠습니다

1) 케이스 버락, IBM에서 일하다가 고환암이 발병했다.
2) 로빈 라핀스키, IBM에서 일하다가 선천성 장애아를 출산했다.

3) 아미다 매사, IBM에서 일하다가 유방암이 발병했다.
4) 케이스 버락.
5) IBM 남성 노동자의 암 표준화 사망비율은 106.8%다. '건강한 노동자 효과'로 인해 특정 공장의 암 표준화 사망비율은 60~70%가 일반적이다. 이를 본다면 IBM 노동자들의 암 사망비율은 매우 높은 수치이다.
6) 제임스 무어는 비호지킨 림프종, 알리다 에르난데스는 유방암이었다. 이들은 "IBM의 독성 화학물질로 인한 유해한 작업환경 때문에 병에 걸렸다"고 주장했다.
7) 반도체 노동자들의 건강과 인권을 위한 반올림 싸움 3년째, 제보 하나를 받았다. "요 몇 년 사이 백혈병 문제가 화두가 된 이후로 회사에서 이것저것 많이 바꾸고 있습니다. 그 전에는 별로 신경 안 썼단 이야기죠. 백혈병 문제가 터졌을 때, 회사와 연관 없다는 말로 외부에 대응하면서 내부에서는 PM(설비예방 보수) 작업 때 기존에 없던 규칙들을 만들기 시작했습니다. 제가 처음 입사했을 때는 PM 작업 때 필요한 IPA 용액을 그냥 통째로 들고 와서, IPA 용액이 묻은 웨이퍼가 구분이 안 가 냄새를 직접 맡아서 용액이 묻은 건지 아닌지 확인하는 일은 그냥 다반사였죠. 파티클 측면에 좋다는 이유로 얼마 전부터는 IPA 용액이 메탄올 용액으로 바뀌었습니다. 저는 그때 느꼈습니다. 파티클 때문에 바꾼 게 아니고 '그 전에 사용했던 IPA 용액이 건강에 많이 안 좋았던 거구나' 하고요. 현재는 그런 위험용액이 필요한 일들은 외주 전문업체에 맡기고 있어요."
8) '유해산업의 수출Export of Hazard'이라 부른다. 1990~1991년 태국 테파룩에서 하드디스크를 만들던 노동자 4명이 사망했고 약 200명이 납 중독 진단을 받았다. 1993년에는 람푼 지역에서도 노동자들이 동시에 비슷한 질환을 보이며 연이어 사망했다.
9) 《세계 전자산업의 노동권과 환경정의》(데이빗 A. 소넨펠드, 데이빗 N. 펠로우, 테드 스미스, 공유정옥 외 옮김, 메이데이, 2009년)에 실린 짐 하이타워의 글에서 인용했다.

| 반올림에서 드리는 글 |

우리에게 삼성은 '또 하나의 가족'이 아닙니다

공유정옥(산업의학 전문의)

좋은 직장에 다니는 줄만 알았던 딸이 백혈병을 얻어 돌아왔다. 갓 스물, 젊다 못해 어린 딸의 몸은 암세포에 나날이 시들어갔다. 회사에 산업재해 신청을 해달라 하니, 딸 혼자 걸린 병이지 절대로 산재는 아니라고 했다. 크고 좋은 회사, 삼성이 하는 말이었다. 믿었다.

얼마 뒤, 같이 일하던 동료마저 백혈병에 걸려 세상을 떠났다. 알고 보니 같은 공장에 백혈병 환자들이 더 있었다. 우리 딸 하나만 걸린 병이라더니. 이 큰 회사가 왜 내게 거짓말을 하는지 수상했다. 회사에 다시 물었다. 혹시 내 딸의 병이 산재가 아니냐고.

회사는 제대로 답하지 않았다. 해볼 테면 해보시오, 이 큰 회사를 상대로 이길 수 있을 것 같소? 그저 오만할 뿐이었다. 하지만 황상기 씨는 삼성의 석연찮은 대답이나 기세등등한 으름장 앞에서 물러서지 않았다. 진실을 알고 싶을 뿐이었다. 내 사랑하는 딸과 가족이 겪어온 고통, 어쩌면 다른 누군가들도 겪어왔을 이 고통이 어디에서 온 것인지를. 그는 사람들을 찾기 시작했다. 진실을 들어주고 함께 말해줄 사람들, 삼성이 진실을 말하도록 함께 싸워줄 사람들.

황상기 씨의 진심은 사람들을 불러 모았다. 2007년 월간 《말》 4월호에 '세계 일류 삼성반도체, 산업재해 은폐하려 했나? 같은 일 하던 생산직 여성 2명 백혈병 사망…… 97년 이후 6명 발병'이라는 제목으로 기사가 실렸다. 비록 백혈병을 앓던 유미는 이미 세상을 떠난 뒤였지만, 딸의 생전 모습을 마지막으로 기록하고 말해준 첫 존재였다. 뒤이어 노동조합, 인권운동, 노동안전보건운동 단체에서 힘을 보태왔다. 2007년 6월 1일 마침내 정부에 산재보상을 청구했다.

이들은 더 나아가 진실을 위해 함께 싸울 사람들을 불러 모았다. 2007년 11월 20일 삼성반도체 집단 백혈병 진상규명과 노동기본권 확보를 위한 대책위원회가 꾸려졌다(이 모임은 나중에 피해 가족들과 활동가들을 아우르는 '반도체 노동자의 건강과 인권 지킴이, 반올림'으로 이름을 바꾸었다). 이들의 활동을 통해 전·현직 삼성반도체 노동자들이 서서히 움직이기 시작했다. 작업환경의 문제점을 알려오기도 하고, 삼성 공장에서 백혈병이나 암에 걸린 동료나 가족의 소식을 전해오기도 했다. 이 가운데 김옥이, 박지연, 그리고 돌아가신 황민웅, 이숙영 씨의 유족이 산재신청을 결심하고 대책위원회와 함께 2008년 4월 28일 세계 산재사망 노동자 추모의 날을 맞아 기자회견을 열었다. 피해자들이 늘어나자 충남 지역에서도 삼성 직업병 문제를 널리 알리고 제대로 해결하기 위한 지역 대책위원회가 꾸려졌다. 이들 모두가 진실을 위해 함께 싸워갈 사람들이었다.

노동자의 사망, 사업주의 침묵. 그렇다면 진상규명은 정부의 몫이었다. 반올림은 정부가 나서서 백혈병 집단발병의 진상을 규명하도록 요구했다. 그 성과로 2008년 1월, 노동부는 '반도체 제조업체 근로자 건강실태 일제조사'를 실시했다. 그러나 그 결과는 공개되지 않았다. 반도체회사들의 영업비밀이기 때문이라고도 했고, 국제분쟁의 소지가 있기 때문이라고도 했다.

노동부 조사자료들은 산보연으로 넘겨져 '반도체 제조공정 근로자의 건강실태 역학조사'로 이어졌다. 이 결과는 2008년 12월 29일에 발표되었지만, 역시 몇십 쪽짜리 요약본만 공개되었다. 그 뒤로도 산보연을 통해 매년 반도체공장의 작업환경과 노동자 건강에 대한 연구조사들이 이어졌지만, 반올림의 정보공개 청구에 대한 정부의 답변은 한결같았다. 영업비밀이나 개인정보 보호 때문에 공개할 수 없다고 했다. 보여줄 수 있는 정보만 가려서 보여달라고 요청했다. 그럴 수 없고, 그런 적도 없단다.

그래서 반올림에 모인 직업병 피해 제보자 수가 150명(삼성 외 전자·반도체산업 직업병 피해자 제보 합산)을 넘어선 지금도, 우리는 이들이 어떤 환경에서 무슨 유해요인에 노출되었는지 잘 모른다. 5년 전, 10년 전에 이들의 건강한 몸을 시들게 만든 그 어떤 물질을 여전히 어느 현장에서 버젓이 쓰고 있을지도 모를 일이지만, 그 물질이 또 다른 150명 혹은 1,500명의 삶을 위협하게 될지도 모르지만, 우리는 확인할 길이 없다.

이미 병에 걸린 노동자들에게도 화학물질과 작업환경에 대한 정보가 필요했다. 근로복지공단은 무엇 때문에 병에 걸렸는지 증거가 충분치 않으면 산재로 인정할 수 없다고 했다. 그런데 어떤 이들은 이미 사망했고, 다른 이들은 몇 년 동안 하루 10시간씩 만지고 냄새 맡은 화학물질의 이름조차 기억할 수 없었다. 회사에서 한 번도 알려준 적이 없었으니까. 그런 정보를 밝혀내고 알려야 할 산보연과 노동부는 법을 무시하면서까지 삼성과 반도체업체들의 영업비밀을 보호해왔다. 정부기관 그 어디도 갓 스물, 서른 살을 넘겨 암 투병을 하느라 시들어간 노동자의 억울함이나, 억대의 치료비를 대느라 망해버린 그네들의 살림살이를 염려하는 기색이 없었다. 그러라고 만든 법, 그러라고 만든 기관들이 아니었던가.

정작 반도체 직업병 피해 노동자들의 고통과 그들의 투쟁에 귀를 기울인 사람들, 감추어진 진실의 조각들을 드러내고 이어붙인 사람들은 정부기관의 으리으리한 건물 밖에 있었다. 처음 황상기 씨의 외로운 목소리에 귀를 기울이고 진실을 위해 함께 외치고 싸우기로 자처했던 사람들이 그러했듯이.

이 사람들은 2010년 3월 31일 삼성반도체 온양공장에서 일하다 백혈병에 걸린 박지연 씨가 스물셋의 나이로 세상을 떠난 직후, 그리고 인터넷 언론 《프레시안》을 통해 피해자들의 사연이 소개된 후, 반올림으로 전화를 걸고 이메일을 보내고 인터넷에 글을 올리고 사무실에 찾아왔다. 그렇게 수십, 수백 명이 내어놓은 반도체공장에서의 경험들과 지식들이 모이고 모여 '질병과 업무 사이의 관련성'에 대한 증거를 만들어갔다. 수십, 수백 명이 보내온 1천 원, 5천 원의 후원금이 모이고 모여 가난한 피해 노동자들의 밥이 되고 치료비가 되었으며, 반올림 싸움을 알리는 유인물이 되고 현수막이 되었다. 전국 곳곳에서 모아온 헌혈증이 투병 중인 피해자의 피가 되고 살이 되었다.

심지어 한반도 바깥에 사는 생면부지의 사람들조차 힘을 보태왔다. 미국, 영국, 대만, 중국 등에서 반도체와 전자제품 공장 때문에 건강과 생명을 잃고 싸워온 노동자들과 운동가들이, 똑같은 고통이 머나먼 이국에서 재현되고 있다는 사실에 가슴 아파하며 어떻게 연대할 수 있겠냐고 물어왔다. 삼성과 한국 정부의 책임을 촉구하는 서명운동을 벌이고, 반올림 소식을 알리기 위한 영문 블로그를 만들었다. 피해 노동자들의 병세가 악화되면 각자의 신에게 기도하고, 기쁜 소식이 있으면 함께 행복해했다.

건강하게 일할 권리, 일하다가 병들고 다치지 않을 권리, 작업환경에 대해 알 권리, 병이 들어도 돈 때문에 고통받지 않을 권리, 사회보장제도를 통해 최소한의 생존권과 존엄을 보장받을 권리. 이런 권리들을 소중히 보듬은 건 '또 하나의 가족'을 자칭하는 삼성도, '가족처럼 든든한 희망 지킴이'라는 근로복지공단도, '일하는 사람들의 생명과 건강 보호'를 사명으로 한다는 산업안전보건공단도 아니었다. 그들은 오히려 권리를 짓누르는 큰 바윗덩어리들일 뿐이었다. 희망은 저 바위들에 짓눌려온 피해 노동자들의 고통에 공감하고, 작은 힘이라도 보태어 바위를 밀어내보자고 나선 사람들로부터 싹트고 있다.

　2011년 6월 23일, 서울 서초동의 행정법원 앞에서 마침내 작은 결실이 맺어졌다. 고 황유미, 이숙영 씨의 백혈병을 산재로 인정받은 것이다. 함께 소송을 제기했던 다른 분들이 모두 인정받지는 못하였으니 완전치는 않지만 참 소중한 첫 승리였다. 게다가 상대는 삼성이었다. 재판의 피고인은 근로복지공단이었지만, 정작 1년 반 동안 이어진 소송과정에서 피해 노동자들에게 산재보상을 해서는 안 된다는 주장을 펼친 이들은 '피고 측 보조참가인'이라는 이름으로 삼성이 고용한 변호사들이었기 때문이다.
　'이 큰 회사를 상대로 이길 수 있을 것 같소?' 하고 묻던 삼성이었다. 4년 만에 황상기 씨는 그 큰 회사를 이겼다. 스물세 해의 짧은 생이 꺼져가던 딸 유미에게 했던 유일한 약속, 네 병이 직업병이라는 걸 밝혀주겠다던 그 약속을 마침내 지켰다.

그러나 3주 뒤, 근로복지공단은 이 판결에 불복하여 고등법원에 항소장을 접수했다. 같은 날, 삼성은 또 다른 피해 노동자들이 제기한 행정소송에 또다시 보조참가인으로 들어왔다. 2007년 6월부터 2011년 10월까지 산재보상을 청구한 삼성 노동자들 20여 명 가운데 아직 아무도 산재로 인정받지 못했다. '근로자의 업무상의 재해를 신속하고 공정하게 보상'하기 위해 만들어진 제도(산업재해보상보험법 제1조)라지만 정작 보상을 받기 위해 몇 달, 몇 년이 걸릴지 알 수 없고, 보상 여부를 결정하는 과정도 전혀 공정하지 않다. 얼마나 더 살 수 있을지, 피해자들이 고통스러운 투병을 견디는 동안 정부는 시간을 끌고, 삼성은 돈을 들고 찾아온다. 보십시오. 산재로 인정받기 어렵습니다. 보상을 받더라도 너무 오래 걸립니다. 그냥 이 정도 금액에서 합의를 보고 산재를 포기하십시오.

피해 노동자들의 고통에 공감하고 감응해온 사람들이 싹틔운 작은 희망, 그 위에 저들은 다시 무거운 바위를 얹고 있다. 전보다 더 무겁고 더 힘겹다. 하지만 우리는 희망의 작은 떡잎을 길러냈고, 그것이 줄기와 잎과 꽃과 열매를 맺기까지 무엇이 필요한지를 이미 배웠다. 저 바위들을 볼 줄 아는 눈, 그것들에 짓눌린 인권의 비명을 들을 줄 아는 귀, 무거운 바위들을 치우기 위해 지렛대를 만들고 손으로 발로 몸으로 힘을 더할 줄 아는 사람, 당신들이다.

| 작가 후기 |

1차 재판 판정 이후, 김옥이 씨의 서울행이 잦아졌다. 근로복지공단 항소 포기를 요구하며 근로복지공단 로비에서 이뤄진 농성에 그녀는 적극 결합했다. 매일같이 아침에 가 저녁이 되어야 돌아오는 엄마에게 작은딸이 불만을 토로하자 그녀는 말했다고 한다.

"예전에 엄마가 왜 이런 병에 걸렸냐고 물었지? 엄마가 지금 그 이유를 말해주기 위해서 가는 거야."

아이가 이해를 했는지는 모르지만, 김옥이 씨는 여느 때보다 씩씩하게 서울행 기차를 탔다. 그날 그녀는 항의농성 중에 공단 직원에게 밀쳐졌다. 서러움에 하룻밤을 앓았다는 그녀는 다음 날 이사장 면담에서 사과를 요구했고, 우여곡절 끝에 직원에게 사과를 받았다.

*

한혜경 씨는 현재 녹색병원에서 재활치료를 받고 있다. 녹색병원은 원진레이온 직업병 피해자들의 산재보험금으로 건설된 병원으로, 산업재해를 당한 노동자들의 치료를 돕는다. 현재 병원은 혜경 씨를 무상으로 치료하고 있다.

병원을 찾은 날 혜경 씨는 어머니가 없는 틈을 타서 말했다. 산에 가고 싶다고. 나는 언제든 가자고 했다. 그녀는 고개를 저었다.

"나중에."

"나중에 언제요?"

"나 걷게 되면, 나중에. 나 걷고 싶어. 땅을 밟고 싶어."

재활치료를 받으면 왠지 걸을 수 있을 것 같다는 희망이 차오르다가도 어느 날은 모든 것이 지겹다고 했다.

"나는 이제 환자가 지겨워. 아픈 거 너무 싫어. 계속 아파. 그만 아프고 싶어."

스포츠 마사지를 배워 다시 돈을 벌고 싶다는 그녀는 자신의 재활이 너무 늦은 것을 안타까워했다. 손이 너무 떨려 손을 맞부딪치는 것도 힘들다고 했다. 보여주듯, 그녀는 손뼉을 마주쳤다. 그런데 손바닥이 부딪쳐 소리가 났다. 그녀는 몇 번 더 해보더니 웃었다.

"잘되네……."

재활치료를 받은 그녀의 몸은 한결 나아졌다. 진작 치료를 받았다면 더 좋았을 것이다. 그녀가 재활치료를 받을 수 있는 형편이 되도록 정당한 보상이 이뤄졌다면 훨씬 좋았을 것이다.

*

이윤정 씨는 의사가 말한 시한부 1년을 넘겼다. 그녀가 쓰러진 지 1년이 된 올해 어린이날, 윤정 씨는 사람들이 기념인사가 없었다고 농담을 했다. 8월, 그녀는 자신의 산재재판을 참관했다. 얼굴도 몸도 붓기가 빠져 예전의 모습을 되찾고 있었다. 그러나 이 글을 쓰던 중, 그녀가 응급실에 실려갔다는 연락을 받았다. 윤정 씨의 머리에 새로운 종양이 생겼다.

윤정 씨는 반올림 사람들에게 말했다. 인생은 참 이상하다고. 생이 얼마 남지 않아 이렇게 좋은 사람들을 만나게 된다고.

*

유명화 씨는 자신의 몸에 맞는 골수를 찾지 못했다. 여전히 기다리고 있는 중이다.

*

정애정 씨는 삼성일반노동조합에 들어갔다. 6월 12일 삼성 계열사인 에버랜드에서 노동조합이 만들어졌다. 노동조합 신고필증이 교부된 그날 바로, 노동조합을 설립한 4명 중 조상희 부위원장이 해고됐다.

*

연미정 씨는 산재재판 청구를 하지 않기로 삼성과 합의를 했다. 그녀가 원하던 사과를 받았는지는 모르겠다.

*

이희진 씨와 같은 증상인 다발 경화증 피해자들의 제보가 있었다. 이름을 밝힐 수 없는 한 여성과 김미선 씨다. 두 여성은 근로복지공단에 산재보험금 지급신청을 했다.

*

이윤성 씨는 루게릭병에 걸렸다. 루게릭은 한때 영화화되어 널리 알려진 병으로, 몸의 근육이 영구적으로 굳어가는 병이다. 그는 삼성반도체 기흥공장 화학증착 공정 설비 엔지니어로 17년간 근무했다. 이윤성 씨는 정애정 씨의 선배이기도 하다. 올 8월, 이윤성 씨는 산재 불승인 판정을 받았다.

*

이 책 작업을 하던 작년 11월, 삼성반도체 기흥공장 기술부(디퓨전 공정관리) 주교철 부장이 긴 투병 끝에 세상을 떠났다. 그의 병명은 급성 골수성 백혈병이다. 그는 1983년 입사해 삼성전자에서 23년간 일했다.

*

2011년 9월 8일 반올림은 삼성이 아닌 국내 반도체기업 노동자로는 처음으로 김진기 씨의 산재신청을 했다. 김진기 씨는 매그나칩(하이닉스) 반도체에서 14년간 일했다. 그는 올해 5월 백혈병으로 숨졌다. 전자·반도체산업의 위험성이 삼성만의 문제가 아님을 알린 산재신청이다.

*

반올림의 산재 제보자의 수는 현재 140명에 다다른다.

| 부록 |

반도체 공정에 대한 이해

장안석(건강한노동세상 사무국장)

1. 반도체란

금속에는 철사처럼 전류가 흐르는 성질이 있는 도체와 유리처럼 전류가 흐르지 않는 부도체가 있다. 반도체란, 원래는 전류가 흐르지 않는 부도체이지만 빛을 비추거나 열을 가하거나 불순물을 투입하면 전류가 흐르는 성질이 생기는 것을 말한다. 즉, 어떤 인공적인 조건을 만들어주느냐에 따라 전류를 흐르게 할 수도, 흐르지 않게 할 수도 있는 특성을 가진 물질을 반도체라고 한다.

2. 반도체 제조공정

크게 1) 웨이퍼 제조 및 가공 공정과, 2) 반도체 조립 및 검사 공정으로 나뉜다. 생산되는 반도체 칩의 성능과 용도에 따라, 아래의 가공과정을 반복하거나 순서가 바뀌어 진행되기도 한다.

1) 웨이퍼 제조 및 가공 공정(FAB, Fabrication)

반도체의 원재료는 모래 중에 산소 다음으로 많은 규소(Si, 실리콘)이다. 실리콘 원석 중 순도가 높은 실리콘을 가공하여 반도체 칩이 될 얇은 원판

웨이퍼 제조	웨이퍼 제조	고순도 실리콘(Si) 가공	
	↓	얇은 원판(웨이퍼)으로 절단	
		웨이퍼 표면 가공	
웨이퍼 가공	① 산화 공정	웨이퍼 표면 세척 Cleaning	
	↓	건식 산화 Dry Oxidation 또는 습식 산화 Wet Oxidation	
	② 광학현상 Photolithography	세척 Cleaning	김광제 자외선 회로 필름(회로 원판) 감광제 제거 감광제 남겨두기 노광 현상 식각 감광제 제거
		감광제 도포 Photoresist Application	
		건조 및 전처리 Pre-baking	
		노광 Mask Aligning and Exposure	
		현상 Developing	
		베이킹 Baking	
	↓	감광제 제거 Photoresist Stripping	
	③ 식각 (에칭, Etching)	웨이퍼에 형성된 산화막과 감광제막을 제거하여 회로패턴 완성	
		감광제 감광제 감광제 감광제 감광제 감광제 산화막 실리콘(규소)　실리콘(규소)　실리콘(규소) 산화막 제거　　감광제막 제거	
	↓		
	④ 노판트 주입 Doping	확산 Diffusion 또는 이온 주입 Ion Implantation	웨이퍼에 불순물(도판트)을 주입하여 전도 특성을 향상시키는 공정
	↓		
	⑤ 화학증착 Chemical Vapour Deposition	웨이퍼 위에 원하는 분자 또는 원자 단위의 물질을 입혀 전기적인 특성을 갖게 하는 일련의 과정	
	↓		
	⑥ 전기배선 Metallization	웨이퍼 표면에 형성된 각 회로를 금, 은, 알루미늄 선으로 연결시키는 공정	

(웨이퍼)을 만든다. 얇은 원판에 전기회로를 새기고 잘게 절단하여, 컴퓨터 등 전자제품에 사용되는 조그만 칩을 만드는 것이다.

이 칩을 만들기 전까지, 실리콘에서 웨이퍼를 만들고 웨이퍼에 전기회로를 새기는 전 과정을 웨이퍼 제조 및 가공 공정이라고 한다. 이 과정에서 수없이 많은 화학물질과 가스, 방사선 설비 등을 반복적으로 사용한다.

일반적으로 '반도체공장'은 웨이퍼를 제조하는 공정을 제외한다. 즉, 반도체공장은 제조된 웨이퍼를 공급받아서 가공하고 조립 및 검사하여 반도체 칩을 만드는 공장을 말한다.

① 산화Oxidation 공정

웨이퍼 위에 복잡한 전기회로를 새기면 전기배선끼리 합선될 가능성이 높다. 그래서 전기배선을 새기기 전에, 합선되지 않고 각 회로를 구분해줄 수 있는 길을 만드는 공정이 필요하다. 즉 산화 공정은 회로가 새겨질 길을 만들기 위해, 산소(Oxygen, O_2)를 이용하여 웨이퍼 위에 전체적으로 막을 만드는 것을 말한다. 800~1300°의 고온에서 산소나 수증기를 이용해 만들기 때문에 이 막을 실리콘 산화막(SiO_2)이라고 부른다. 산화 공정에서는 이 산화막이 잘 형성되도록 웨이퍼 위의 불순물을 제거해야 하며, 이때 다양한 세척제나 가스 등이 이용된다.

쉽게, '땅(웨이퍼)을 파지 않고 수로를 만든다'고 생각해보자. 편편한 땅을 파내어 수로를 만드는 것이 아니라, 땅 위에 층을 하나 만들어 수로를 만드는 것이다. 즉, 산화 공정은 수로(전기회로)를 내기 위해, 맨 땅을 평평하게 평탄화하는 작업(불순물 제거)을 하고 콘크리트를 부어 지반(산화막 형성)을 만드는 공정이다. 그다음 공정은 지반에 만들 수로의 설계도를 그리고 그 설계도대로 지반을 깎아내어 다시 청소하고 다듬는 일이다. 반도체도 마찬가지로, 전기배선을 만들기 위한 공정이 반복적으로 행해진다.

② 광학현상 공정 photolithography (약칭 '포토 photo 공정')

광학현상 공정 역시, 웨이퍼에 회로가 새겨질 길(회로패턴)을 만들기 위해 필요한 공정이다. 산화 공정에서 웨이퍼에 전체적으로 막을 만들었다면, 광학현상 공정은 산화막에 회로패턴을 새기고 만드는 것을 말한다. 회로패턴을 만들기 위해서는 감광제가 사용된다. 감광제는 '빛을 비추면 반응하는 물질'이다. 우선, 산화막 표면을 세척한 후 막 위에 전체적으로 감광제를 도포하여 2차 막을 만들어준다. 고루 바른 감광제가 잘 붙도록 건조과정을 거친 후, 새길 회로패턴의 모양으로 빛을 비춰준다(노광). 그러면 감광제로 인해 회로패턴의 형상이 그대로 새겨진다. 마치 인화지에 사진을 찍는 것과 같다. 이후 웨이퍼 표면에 현상액을 뿌리면 노광과정에서 빛을 받은 부분의 감광제는 제거되거나 남게 되며, 그 모양대로 회로패턴이 만들어진다.

문제는, 이 광학현상 공정에서 사용되는 감광제에 벤젠, 포름알데히드 등 발암성 유기용제가 들어 있다는 것이다.

③ 식각(에칭, Etching) 공정

'식각'은 '불필요한 부분을 깎다'란 의미이다. 이 공정은 말 그대로, 감광제로 회로패턴을 만든 후 불필요한 감광제막과 산화막을 제거하는 공정이다. 웨이퍼 위의 회로패턴을 완성하는 공정이기도 하다. 산류의 화학용액을 사용하는 방법을 습식 에칭, 에너지 상태가 높은 반응성 가스를 사용하여 막을 제거하는 방법을 건식 에칭이라고 한다. 산화막이나 감광제막 등 불필요한 부분을 제거하기 위해 사용되는 화학물질이나 가스 역시 독성

물질이다.

④ 도판트 주입Doping 공정

앞에서 반도체는 전기가 통하지 않는 부도체이지만 열을 가하거나 빛을 비추거나 '불순물'을 주입하면 전류가 흐르게 된다고 설명했다. 도판트dopant는 반도체에 전류가 흐르게 하기 위해 사용되는 불순물을 말한다. 즉, 도판트 주입 공정은 전류를 흐르게 하는 특성을 만들기 위해 불순물을 주입하는 공정으로, 확산Diffusion법과 이온 주입Ion Implantation법이 주로 사용된다.

확산법은 확산로Diffusion Furnace에서 기체나 액체의 불순물을 주입하여, 그 불순물이 '고농도에서 저농도로 확산'되면서 웨이퍼에 불순물이 주입되는 방식이다. 이온 주입법은 미세입자를 침투시켜 전기적 특성을 갖도록 하는 방식인데, 이때 사용되는 가속 이온주입기Ion Implanter는 백혈병 등 혈액암 유발물질인 전리방사선을 발생시킨다.

⑤ 화학증착Chemical Vapour Deposition 공정

도판트 주입 공정을 통해 전류가 흐르는 전기적 특성을 만들어냈다. 이젠, 각 회로마다 전기가 흐르는 정도(전기전도도)를 조절하는 것이 필요하다. 해당 전기전도도를 조절하기 위해 각 회로들 간의 전기적인 신호를 연결해주는 막(전도성막)을 만들거나 또는 전기적으로 분리하거나 오염원으로부터 차단시켜주는 막(절연막)을 만드는 공정을 화학증착 공정이라고 한다. '화학'적 방법으로 증착시키기 때문에 역시 여러 가스를 이용하게 된다. 이 공정에서 사용하는 포스핀PH_3이란 가스는 유대인 학살에 사용된 독성가스이기도 하다.

⑥ 전기배선(금속배선, Metallization) 공정

이제 웨이퍼에 다양하고 복잡한 회로가 만들어질 공간과 전기전도도를 조절할 수 있는 장치가 만들어졌다. 이 공정은 이 공간에 전기배선을 연결시키는 공정이다. 즉, 웨이퍼 표면에 형성된 각 회로를 금, 은, 알루미늄 선으로 연결시켜주는 것이다. 전기배선을 연결하는 과정에서 발암물질인 납 등이 사용되기도 한다.

2) 반도체 조립 및 검사 공정

① 웨이퍼 입고 및 절단

'1) 웨이퍼 제조 및 가공 공정'을 통해 회로배선이 만들어진 웨이퍼가 입고되면, 반도체 칩으로 절단하는 공정을 거친다. 그림과 같이 우리가 실생활에 보는 검은색의 반도체 칩이 아닌, 예쁜 빛깔을 띤 조그만 칩을 볼 수 있다.

반도체 조립 및 검사	① 웨이퍼 입고	
	연마	
	웨이퍼 절단 Sawing	
	② 칩 접착 Die Attach	
	금신 연결 Wire Bond	
	성형 Mold	
	인쇄 Marking	
	③ 도금 Plating	
	절단 및 절곡 Trim/Form	
	검사	
	포장 Tape & Reel	
	출하	

부록

277

② 칩 접착 및 성형, 인쇄

반도체 칩에는 회로기판에 연결시킬 수 있도록 '다리'가 달려 있다. 이 다리는 반도체 칩을 녹색 회로기판에 부착하기 위한 용도이다. 이 다리를 '리드 프레임Lead Frame'이라고 한다. 절단한 칩에 리드 프레임을 접착하는 공정(칩 접착)을 거치고, 칩 내부와 리드 프레임을 가는 금선으로 연결(금선 연결)하고, 해당 연결된 부분을 보호하기 위해서 화학수지로 밀봉하는 공정(성형)을 한다. 이 모든 공정을 거치면 우리가 일상생활에서 흔히 보는 반도체 칩(그림)이 완성되는 것이다. 그리고 각 칩의 성능이나 제품명, 제조시기 등을 인쇄하면 1차 조립작업이 끝난다.

③ 도금과 절단, 절곡 그리고 검사

반도체 칩과 리드 프레임을 연결하고 1차 조립이 완성되면, 리드 프레임의 부식을 막고 장기간 기능을 잃지 않도록 도금한다. 그 후 불필요한 부분을 제거(절단)하거나 원하는 모양대로 구부려(절곡)주는 작업이 끝나면 조립작업이 끝난다. 이제 남은 것은, 잘 작동하는지 검사하는 공정이다. 이 조립 및 도금 공정에서도 잘못된 부분을 수정하거나 도금하기 위해 발암물질인 TCE 등 독성물질이 사용된다. 또 검사 공정에서 방사선 실비를 이용하거나 반도체에 전기를 흐르게 한 후 고온에서 작동 여부를 검사하는 공정 등을 거칠 때 방사선과 반도체 칩이 타면서 발생하는 유해한 연기에 노출되기도 한다.

삼성이 버린 또 하나의 가족

지은이 | 희정

초판 1쇄 발행일 2011년 11월 10일
초판 2쇄 발행일 2011년 12월 19일

발행인 | 김학원
경영인 | 이상용
편집주간 | 박지홍
기획 | 박세원
책임편집 | 이소영
디자인 | 김태형 유주현 구현석
마케팅 | 이한주 하석진 김창규 이선희
저자·독자 서비스 | 조다영 함주미(humanist@humanistbooks.com)
스캔·출력 | 이희수 com.
용지 | 화인페이퍼
인쇄 | 청아문화사
제본 | 정민제본

발행처 | 아카이브
출판등록 | 제313-2010-59호(2010년 2월 24일)
주소 | (121-869) 서울시 마포구 연남동 564-40
전화 | 02-335-4422 팩스 | 02-334-3427
홈페이지 | www.humanistbooks.com

• 아카이브는 (주)휴머니스트 출판그룹의 자회사입니다.

ⓒ 글 희정, 사진 홍진훤·양희석·오렌지가좋아, 2011

ISBN 978-89-5862-440-0 03300

이 책은 저작권법에 따라 보호받는 저작물이므로 무단전재와 무단복제를 금합니다.
이 책의 전부 또는 일부를 이용하려면 반드시 저작권자와 아카이브의 동의를 받아야 합니다.

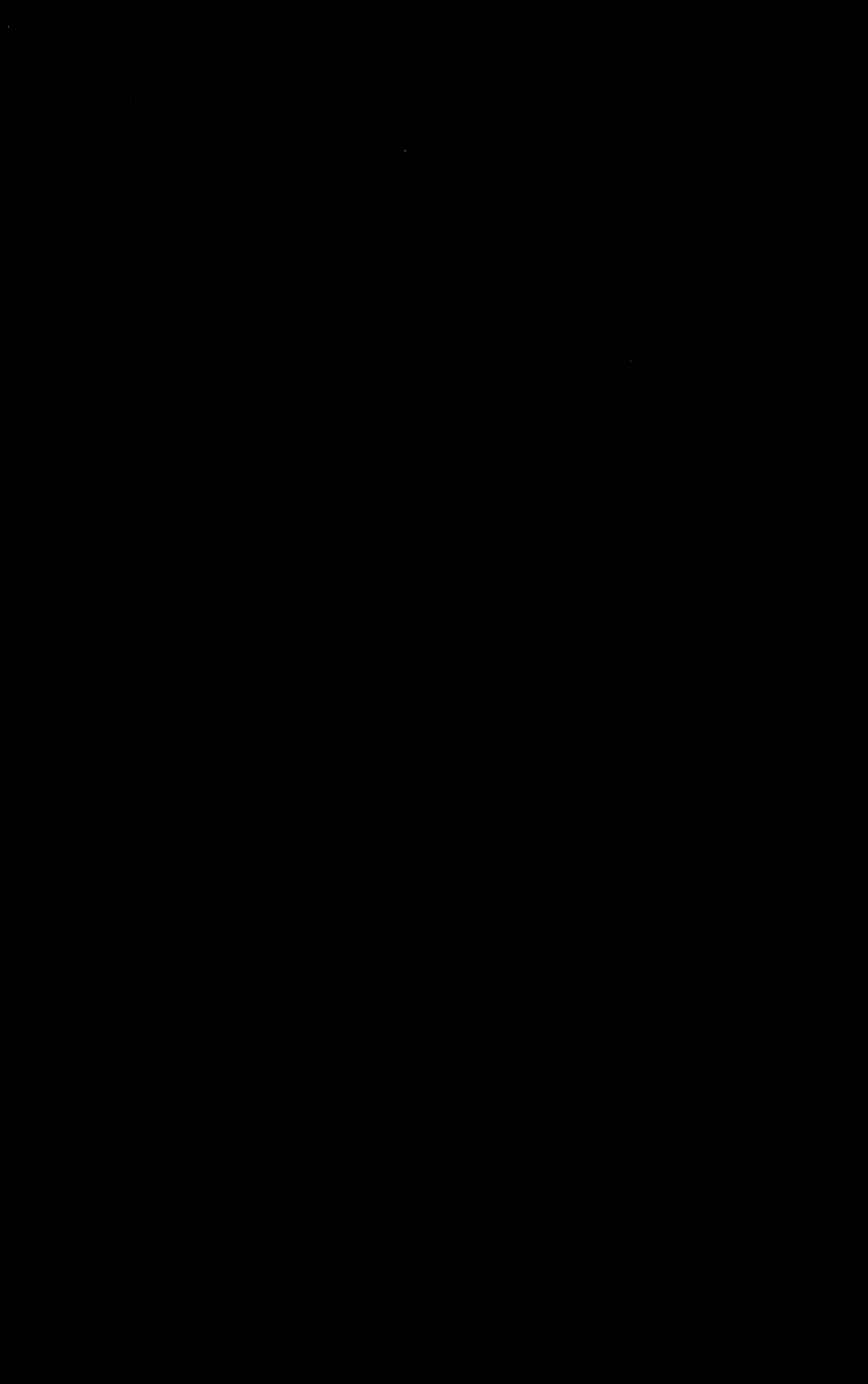